畜牧兽医专业中高职衔接系列教材

动物传染病防治技术

文贵辉　邹振兴　主编

中国林业出版社

内 容 简 介

本书为畜牧兽医专业中高职衔接系列教材，内容包括动物传染病概述，动物传染病的综合防治，多种动物共患传染病，猪、家禽、牛羊及其他动物主要传染病的流行特点、诊断与防治，共6个模块、13个项目、81个情景。每个模块设有知识目标、技能目标、知识链接、做一做、复习思考题等相关内容。其中，目标主要描述通过项目实施要求学生达到的知识目标和技能目标；知识链接主要阐述与项目相关的知识点，使学生知识面和操作能力得到拓展；做一做（职业能力训练）主要描述项目实施的路径、步骤以及操作要点与要求；复习思考题主要提供与学习内容相关的工作任务，让学生对问题进行分析与总结，从而进一步巩固学习内容。

图书在版编目(CIP)数据

动物传染病防治技术/文贵辉，邹振兴主编. —北京：中国林业出版社，2019.12
畜牧兽医专业中高职衔接系列教材
ISBN 978-7-5219-0379-9

Ⅰ.①动… Ⅱ.①文…②邹… Ⅲ.①动物疾病-传染病-防治-职业教育-教材 Ⅳ.①S855

中国版本图书馆 CIP 数据核字(2019)第 274778 号

中国林业出版社教育分社

策划、责任编辑：高红岩　李树梅　　责任校对：苏　梅
电话：(010)83143554　　　　　　　传真：(010)83143516

出版发行	中国林业出版社(100009　北京市西城区德内大街刘海胡同 7 号) E-mail:jiaocaipublic@163.com　电话：(010)83143500 http://www.forestry.gov.cn/lycb.html
经　销	新华书店
印　刷	北京中科印刷有限公司
版　次	2019 年 12 月第 1 版
印　次	2019 年 12 月第 1 次印刷
开　本	787mm×1092mm　1/16
印　张	15.5
字　数	370 千字
定　价	39.00 元

未经许可，不得以任何方式复制或抄袭本书之部分或全部内容。
版权所有　侵权必究

《动物传染病防治技术》编写人员

主　编　文贵辉　邹振兴
副主编　黄通灵　阳巧梅　史朝金　汤亦斌　夏敏中
编　者　（按姓氏拼音排序）
　　　　　邓　英（湖南省畜牧水产事务中心）
　　　　　黄通灵（湖南环境生物职业技术学院）
　　　　　李建河（湖南省永州市工商职业中等专业学校）
　　　　　李丽平（湖南环境生物职业技术学院）
　　　　　史朝金（湖南省洞口县职业中专学校）
　　　　　汤亦斌（湖南省湘潭生物机电学校）
　　　　　王　挺（湖南环境生物职业技术学院）
　　　　　文贵辉（湖南环境生物职业技术学院）
　　　　　吴支要（湖南环境生物职业技术学院）
　　　　　夏敏中（湖南省安化县职业中专）
　　　　　向思亭（湖南环境生物职业技术学院）
　　　　　阳巧梅（湖南省邵阳职业技术学院）
　　　　　曾繁荣（湖南省衡阳市农业农村局畜牧水产事务中心）
　　　　　周　灿（湖南环境生物职业技术学院）
　　　　　周　煜（湖南环境生物职业技术学院）
　　　　　邹振兴（湖南环境生物职业技术学院）

序
FOREWORD

国务院《关于加快发展现代职业教育的决定》明确提出,要推进中等和高等职业教育紧密衔接,要加快构建现代职业教育体系。中高职衔接就是落实国家部署要求,推动中等和高等职业教育协调发展,系统培养适应经济社会发展需要的技术技能人才的关键环节。2015年,湖南省教育厅公布了一批职业教育省级重点建设项目,确定湖南环境生物职业技术学院作为高职牵头单位,联合省内两所以农林牧渔大类为重点建设专业类的中等职业学校(安化县职业中专、湘潭生物机电学校),共同开展湖南省畜牧兽医专业中高职衔接试点。

2015年10月,湖南环境生物职业技术学院召集省内外11所开设有畜牧兽医专业的职业院校和6家行业龙头企业的专家代表,对建设项目进行研究论证,提出了专业课程衔接、教学资源共享等实施方案。同时,考虑到教材作为教学模式和教学方法的基本载体,是所有教学改革的落脚点,对中高职衔接及中高职衔接一体化人才培养改革的成败起着关键的作用。因此,项目试点启动之初,即研究形成了畜牧兽医专业中高职衔接系列教材建设方案。历经三年多时间,项目组形成了"畜牧兽医专业中高职衔接人才培养方案""畜牧兽医专业中高职衔接一体化教学标准""畜牧兽医专业中高职衔接9门专业课程教学标准""畜牧兽医专业中高职衔接5门核心专业课程建设标准与编写方案"等建设成果,并组织编写了《动物临床诊疗技术》《家畜生产技术》《家禽生产技术》《动物普通病》《动物传染病防治技术》5本系列教材。

在本系列教材编写中,项目主持人胡永灵教授组织项目组主要成员深入职业院校、行业协会、生产企业,对畜牧兽医的职业岗位、工作任务与职业能力进行了分析,按照一般技能人才和高级技能人才的培养规格要求,系统构建中高职衔接课程体系,确定中高职不同层次课程教学内容。依据职业岗位活动规律,以工作过程为主导,以项目为载体,以任务为驱动,以学生为主体,适应"理实一体、教学做合一"理念组织教学素材,体现职业教育特色。在内容编写上中等职业教育以"必需、够用"为度,着重突出"实践性、应用性和职业性",高等职业教育以能力拓展为主,突出"高素质、技能型、应用复合型"人才培养的需要，既体现了中高职衔接的特点，又做到了中高职教学知识内容的连贯性。重要的是避免了中、高职教材很多内容的重复。

相信本系列教材出版，对畜牧兽医专业中高职衔接一体化人才培养能发挥一定作用，对其他专业中高职衔接课程改革和教材开发也有一定的参考价值。

陈拥贤

2019 年 12 月

前言
PREFACE

本书为中高职衔接系列教材，五年制中高职畜牧兽医专业由于其自身培养目标的特殊性，在教学过程中要特别注重学生基础理论与职业技能训练的阶段性，更注重学生自主学习能力、职业岗位能力、解决问题与创新能力的培养。本书结合畜牧业生产的实际需要，在编写思路上考虑学生胜任职业所需的基础知识和职业技能，直接反映职业岗位或职业角色对从业者的能力要求，依据职业活动体系的规律，采取以工作过程为中心的行动体系，以项目为载体，以工作任务为驱动，以学生为主体，适应"理实一体、教学做合一"的项目化教学模式需要，主要讲述了动物传染病的发生与流行规律，动物传染病的综合防治体系，多种动物共患传染病，猪、家禽、牛羊及其他动物主要传染病的流行特点、诊断与防治等，并结合动物传染病防治一线岗位需要，设置了以技能训练为中心的实操内容。为便于读者学习和自我检测，本书各章后设计了识记型、理解型和应用型不同层次的复习思考题。其中，目标主要描述通过项目实施要求学生达到的知识目标和技能目标；知识链接主要阐述与项目相关的知识点，使学生的知识面和操作能力得到拓展；做一做（职业能力训练）主要描述项目实施的路径、步骤以及操作要点与要求；复习思考题主要提供与学习内容相关的工作任务，让学生对问题进行分析与总结，从而进一步巩固学习内容。

本书由湖南环境生物职业技术学院文贵辉、邹振兴担任主编，湖南环境生物职业技术学院黄通灵、湖南省邵阳职业技术学院阳巧梅、湖南省洞口县职业中专学校史朝金、湖南省湘潭生物机电学校汤亦斌与湖南省安化县职业中专夏敏中担任副主编，湖南省畜牧水产事务中心邓英，湖南环境生物职业技术学院吴支要、李丽平、周灿、王挺、向思亭、周煜，湖南省衡阳市农业农村局畜牧水产事务中心曾繁荣，湖南省永州市工商职业中等专业学校李建河参与编写。

本书适用于中高职院校畜牧兽医类专业的教学，也可作为自学考试、岗位培训及从事动物生产与动物疫病防治人员、养殖专业户的参考书。

编　者
2019年11月

目录 CONTENTS

序
前　言

模块一　动物传染病总述

项目一　动物传染病概述 ………………………………………… 2
　情景一　传染与感染 ……………………………………………… 2
　情景二　传染病的发展与流行 …………………………………… 3
　情景三　动物传染病流行过程的表现形式 ……………………… 5
　情景四　动物传染病的分布特征 ………………………………… 6
　*情景五　动物传染病的流行病学调查与分析 …………………… 7

项目二　动物传染病的综合防治 ………………………………… 9
　情景一　动物传染病综合防治的基本原则与内容 ……………… 9
　情景二　动物传染病的报告制度与诊断 ………………………… 10
　情景三　消毒、杀虫与灭鼠 ……………………………………… 12
　情景四　隔离与封锁 ……………………………………………… 14
　情景五　免疫接种和药物预防 …………………………………… 16
　*情景六　动物传染病的治疗和淘汰 ……………………………… 17
　*情景七　集约化养殖场动物传染病的综合防治措施 …………… 19

做一做
　*技能训练一　动物传染病流行病学调查 ………………………… 24
　技能训练二　制订动物传染病防疫计划 ………………………… 26

复习思考题 ………………………………………………………… 27

模块二 多种动物共患传染病

项目一 细菌性共患病 ……………………………………………………… 30
  情景一 炭疽 …………………………………………………………… 30
  情景二 结核病 ………………………………………………………… 32
  情景三 布鲁氏菌病 …………………………………………………… 36
  情景四 大肠杆菌病 …………………………………………………… 39
  情景五 沙门菌病 ……………………………………………………… 44
  情景六 巴氏杆菌病 …………………………………………………… 50
  *情景七 破伤风 ………………………………………………………… 54
  *情景八 钩端螺旋体病 ………………………………………………… 56
  *情景九 衣原体病 ……………………………………………………… 59

项目二 病毒性共患病 ……………………………………………………… 62
  情景一 口蹄疫 ………………………………………………………… 62
  情景二 狂犬病 ………………………………………………………… 66
  情景三 伪狂犬病 ……………………………………………………… 69
  情景四 流行性乙型脑炎 ……………………………………………… 73

做一做
  *技能训练一 口蹄疫的检验技术 ………………………………………… 75
  *技能训练二 鸡白痢的实验室诊断 ……………………………………… 78
  技能训练三 巴氏杆菌病的实验室诊断 …………………………………… 79
  *技能训练四 布鲁氏菌病实验室诊断 …………………………………… 81

复习思考题 …………………………………………………………………… 83

模块三 猪主要传染病

项目一 猪的主要细菌性传染病 …………………………………………… 86
  情景一 猪丹毒 ………………………………………………………… 86
  情景二 猪链球菌病 …………………………………………………… 88

情景三　猪支原体肺炎 ·· 91
　　情景四　猪传染性萎缩性鼻炎 ······································ 94
　　情景五　猪传染性胸膜肺炎 ··· 96
　　情景六　猪痢疾 ··· 99

项目二　猪的主要病毒性传染病 ·· 101
　　情景一　猪瘟 ·· 101
　　情景二　猪繁殖与呼吸综合征 ···································· 106
　　情景三　猪细小病毒病 ··· 108
　　情景四　猪圆环病毒病 ··· 110
　　情景五　猪传染性胃肠炎 ··· 112
　　情景六　猪流行性感冒 ··· 114
　　情景七　猪流行性腹泻 ··· 117

做一做
　　技能训练　猪瘟的实验室诊断 ···································· 119

复习思考题 ··· 120

模块四　家禽主要传染病

项目一　家禽的主要细菌性传染病 ·· 122
　　情景一　鸡传染性鼻炎 ··· 122
　　情景二　鸭传染性浆膜炎 ··· 124

项目二　家禽的主要病毒性传染病 ·· 127
　　情景一　新城疫 ·· 127
　　情景二　禽流感 ·· 129
　　情景三　鸡传染性喉气管炎 ······································· 133
　　情景四　鸡传染性支气管炎 ······································· 135
　　情景五　传染性法氏囊病 ··· 138
　　情景六　马立克氏病 ·· 140

情景七　产蛋下降综合征……………………………………………… 141
　　情景八　禽白血病………………………………………………………… 143
　　情景九　禽痘……………………………………………………………… 144
　　情景十　鸭瘟……………………………………………………………… 147
　　情景十一　鸭病毒性肝炎………………………………………………… 149
　　情景十二　小鹅瘟………………………………………………………… 151
　　情景十三　禽传染性脑脊髓炎…………………………………………… 153

做一做
　　技能训练　鸡新城疫的诊断和免疫监测………………………………… 156

复习思考题……………………………………………………………………… 159

模块五　牛羊主要传染病

项目一　牛羊的主要细菌性传染病…………………………………………… 164
　　情景一　牛传染性胸膜肺炎……………………………………………… 164
　　情景二　牛副结核病……………………………………………………… 166
　　情景三　气肿疽…………………………………………………………… 168
　　情景四　牛传染性角膜结膜炎…………………………………………… 170
　　情景五　羊梭菌性疾病…………………………………………………… 172

项目二　牛羊的主要病毒性传染病…………………………………………… 178
　　情景一　牛海绵状脑病…………………………………………………… 178
　　情景二　牛传染性鼻气管炎……………………………………………… 180
　　情景三　牛恶性卡他热…………………………………………………… 182
　　情景四　牛白血病………………………………………………………… 183
　　情景五　牛流行热………………………………………………………… 186
　　情景六　牛病毒性腹泻/黏膜病…………………………………………… 188
　　情景七　蓝舌病…………………………………………………………… 190
　　情景八　痒病……………………………………………………………… 192

情景九　羊痘 ………………………………………… 193
复习思考题 ……………………………………………………… 196

模块六　其他动物传染病

项目一　细菌性传染病 …………………………………………… 200
　　情景一　马鼻疽 ………………………………………… 200
　　情景二　兔密螺旋体病 ………………………………… 202
项目二　病毒性传染病 …………………………………………… 204
　　情景一　马传染性贫血 ………………………………… 204
　　情景二　兔病毒性出血症 ……………………………… 205
　　情景三　兔黏液瘤病 …………………………………… 207
　　情景四　犬瘟热 ………………………………………… 208
　　情景五　犬传染性肝炎 ………………………………… 210
　　情景六　犬传染性肠炎 ………………………………… 212
　　情景七　犬副流感病毒 ………………………………… 213
　　情景八　猫泛白细胞减少症 …………………………… 214
　　情景九　猫病毒性鼻气管炎 …………………………… 215
　　情景十　猫传染性腹膜炎 ……………………………… 216
做一做
　　*技能训练　兔病毒性出血症诊断技术 ……………… 218
复习思考题 ……………………………………………………… 219
参考文献 ………………………………………………………… 220
附　　录 ………………………………………………………… 221

动物传染病总述

知识目标

1. 能够用自己的话解释动物传染病的传染和流行过程的相关名词概念。
2. 掌握传染病的特征、动物传染病流行过程的特征与影响因素。
3. 理解动物传染病流行的基本环节及在兽医实践中的应用。
4. 了解畜禽传染病的发展阶段、感染的类型。
5. 能够用自己的话解释动物传染病综合防治的相关名词概念。
6. 掌握动物传染病综合防治的基本内容。
7. 了解动物传染病综合防治的原则。
8. 了解动物传染病的报告制度。

技能目标

1. 熟练掌握动物传染病的流行病学调查与分析的方法。
2. 熟练掌握动物传染病防疫计划的制订方法。
3. 对被检病料及动物尸体能够进行合理处理。

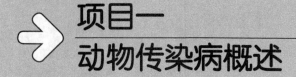

项目一 动物传染病概述

情景一 传染与感染

一、传染病的概念

凡是由病原微生物引起，具有一定的潜伏期和临床表现，并具有传染性的疾病，称为传染病。如猪瘟、口蹄疫、新城疫等。当机体抵抗力较强时，病原微生物侵入后一般不能生长繁殖，更不会出现传染病的临床表现，因为动物能迅速动员机体的非特异性免疫力和特异性免疫力而将该侵入者消灭或清除。动物对某种病原微生物缺乏抵抗力或免疫力时，病原微生物侵入动物机体后可以造成传染病的发生。

二、传染病特征

(1) 由特异的病原微生物引起　如新城疫由新城疫病毒引起、禽霍乱由多杀性巴氏杆菌引起。

(2) 具有传染性和流行性　传染性是指病原微生物由发病动物传染给健康动物；流行性是指传染病在动物群体中蔓延传播。

(3) 被感染的动物机体能发生特异性免疫反应　动物机体发生免疫生物学改变，产生特异性致敏淋巴细胞、抗体和变态反应等。

(4) 耐过动物可获得特异性的免疫力　指该动物在一定时间内或终生不再感染这种传染病。如人感染天花康复后终生不再发此病。

(5) 具有一定的临床表现和病理变化　如破伤风潜伏期一般为1~2周，最短为1d，最长可达数月；特征性临床表现为骨骼肌持续痉挛，对刺激反应兴奋性增高。

三、感染的概念及类型

1. 概念

病原微生物侵入动物机体，并在一定的部位定居、生长繁殖并引起机体一系列不同程度的病理反应的过程称为感染。

2. 类型

①外源性和内源性感染。
②单纯感染、混合感染和继发感染。
③显性感染、隐性感染、顿挫型感染和一过型感染。
④局部感染和全身感染。
⑤典型感染和非典型感染。
⑥良性感染和恶性感染。
⑦最急性、急性、亚急性和慢性感染。
⑧病毒的持续性感染和慢病毒感染。

情景二 传染病的发展与流行

一、动物传染病的发展

动物传染病在临床表现上千差万别，但其各个动物的发病过程在大多数情况下具有明显的规律性，大致可以分为潜伏期、前驱期、明显(发病)期和转归期4个阶段。

1. 潜伏期

这段时间称为潜伏期。不同的传染病其潜伏期的长短是不同的，就是同一种传染病的潜伏期长短也有一定的变动范围。这是由于不同的动物种属、品种、个体的易感性是不一致的，病原体的种类、数量、入侵门户、部位等情况也有所不同而出现差异，但相对来说还是具有一定的规律性。

2. 前驱期

从潜伏期到呈现症状这段时期称为前驱期。这一时期是疾病的征兆阶段，其特点是临床症状开始表现，但该病的特征性症状仍不明显。从多数传染病来说，这个时期仅可察觉出一般的症状，如体温升高、食欲减退、精神异常等。各种传染病和各个病例的前驱期长短不一，通常只有数小时至一两天。

3. 明显(发病)期

从前驱期到该病特征性症状开始表现出来的这段时期称为明显(发病)期。这是疾病发展到高峰的阶段。这个阶段因为很多有代表性的特征性症状相继出现，在诊断上比较容易识别。同时，由于患病动物体内排出的病原体数量多、毒力强，故应加强发病动物的饲养管理，防止病原微生物的散播和蔓延。

4. 转归期

传染病发展的最后结束阶段称为转归期。如果病原体的致病性能增强，或动物体的抵抗力减退，则传染过程以动物死亡为转归。如果动物体的抵抗力得到改进和增强，则机体便逐步恢复健康，表现为临床症状逐渐消退，体内的病理变化逐渐减弱，正常的生理机能逐步恢复。机体在一定时期保留免疫学特性。在病后一定时间内还有带菌(毒)排菌(毒)现象存在，但最后病原体可被消灭清除。

二、动物传染病流行过程的基本环节

(一)传染源

传染源(也称传染来源)是指有某种传染病的病原体在其中寄居、生长、繁殖,并能排出体外的动物机体。具体来说传染源就是受感染的动物,包括患病动物和病原携带者。

(1)患病动物　患病动物是重要的传染源,处于不同病期的患病动物,其作为传染源的意义也不相同。

(2)病原携带者　是指外表无症状但能携带并排出病原体的动物。在临床上,病原携带者又分为潜伏期病原携带者、恢复期病原携带者和健康病原携带者。

①潜伏期病原携带者:是指从感染后至出现症状前就能排出病原体的动物。少数传染病(如狂犬病、口蹄疫和猪瘟等)在潜伏期后期能够排出病原体。

②恢复期病原携带者:是指某些传染病的病程结束后仍能排出病原体的动物,如猪支原体肺炎。

③健康病原携带者:是指过去没有患过某种传染病但却能排出该病病原体的动物。通常认为这是隐性感染的结果,如巴氏杆菌病、沙门菌病和猪丹毒等。

(二)传播途径

1. 概念

病原体由传染源排出后,通过一定的方式再侵入其他易感动物所经历的途径称为传播途径。

2. 类型

传播途径可以为水平传播和垂直传播两大类,前者是指病原体在动物群体之间或个体之间横向平行的传播方式;后者则是病原体从亲代到其子代的传播方式。

(1)水平传播　分为直接接触传播和间接接触传播2种方式。

①直接接触传播:是指在没有外界因素参与的前提下,通过传染源与易感动物直接接触如交配、舔咬等所引起的病原体传播。传染一个接一个地发生,形成明显的链锁状,不易造成广泛流行。

②间接接触传播:是指病原体必须在外界因素的参与下,通过传播媒介侵入易感动物的传播。大多数传染病(如口蹄疫、牛瘟、猪瘟、新城疫等)以间接接触传播为主,同时也可以通过直接接触传播,这类传染病被称为接触性传染病。

经空气传播:经飞散于空气中带有病原体的微细泡沫而散播的传染称为飞沫传染。主要见于呼吸道传染病,如口蹄疫、结核病、猪支原体肺炎、猪流行性感冒等。病例常常连续发生,患病动物多见于传染源周围的易感动物。

经污染的饲料和饮水以及物体传播:以消化道为主要侵入门户的传染病。如猪瘟、新城疫、沙门菌病等。

经污染的土壤传播:如炭疽、破伤风、恶性水肿等。

经活的媒介者传播(节肢动物、野生动物、人类):如日本乙型脑炎经蚊子传播。

(2)垂直传播　从母体到后代两代之间的传播。一般可归纳为下列3种途径。

①经胎盘传播:是指产前被感染的妊娠畜能通过胎盘将其体内病原体传给胎儿的现

象。如猪瘟、猪细小病毒病、伪狂犬病、布鲁氏菌病、牛黏膜病、蓝舌病等。

②经卵传播：是指携带病原体的种禽卵子在发育过程中能将其中的病原体传给下一代的现象。见于禽类，如鸡白痢、禽腺病毒、鸡传染性贫血病毒等。

③经产道传播：是指存在于妊娠畜阴道和子宫颈口的病原体在分娩过程中造成新生胎儿感染的现象。如大肠杆菌病、葡萄球菌病、链球菌病、疱疹病毒等。

（三）动物群易感性

动物易感性是指动物个体对某种病原体缺乏抵抗力、容易被感染的特性。动物群体易感性是指一个动物群体作为整体对某种病原感受性的大小和程度。受内在因素、外界因素和动物的特异免疫状态的影响。

(1) 内在因素　由遗传因素决定的。

(2) 外界因素　饲养管理因素(饲料质量、卫生条件、饲养环境等)。

(3) 特异免疫状态　发生流行的可能性不仅取决于动物群体中有抵抗力的个体数量，也与个体间接触的频率有关，动物群体中70%～80%有抵抗力，就不会发生大规模的暴发流行。

情景三　动物传染病流行过程的表现形式

在动物传染病的流行过程中，根据一定时间内发病率的高低和传染范围大小(即流行强度)可将动物群体中疾病的表现分为以下4种表现形式。

一、散发性

散发性是指动物动物发病数量不多，在一定时间内呈散在性发生或零星出现，而且各个病例在时间和空间上没有明显联系的现象。这种形式的原因主要有3个方面：

①动物群对某种传染病的免疫水平相对较高。

②某种传染病通常主要以隐性感染形式出现。

③某种传染病的传播需要特定的条件，如破伤风等。

二、地方流行性

地方流行性是指动物的发病数相对较多，在一定地区或动物群中，传染病流行范围较小并具有局限性传播的特性，如猪支原体肺炎、猪丹毒、炭疽和气肿疽等。

三、流行性

流行性是指在某一时间内一定动物群中某种传染病的发病率超过预期水平的现象，且在较短的时间内传播的范围比较广。流行性是一个相对的概念，仅说明传染病的发病率比平时升高，不同地区中出现同一种传染病流行时，其发病率的高低并不一致。

暴发是指在局部范围的一定动物群中，短期内突然出现较多病例的现象。实际上，暴发是流行性的一种特殊形式。

四、大流行性

大流行性是指某些传染病具有来势猛、传播快、受害动物比例大、波及面广的流行现象。此类传染病的流行范围可达几个省、几个国家甚至几个大洲，如牛瘟、口蹄疫、禽流感、新城疫等传染病在一定的条件下均可出现这种流行方式。

情景四　动物传染病的分布特征

动物传染病的分布特征是指动物群体间、时间和空间（地区）的分布状况特征，又称三间分布特征，也就是将有关调查或日常记录的资料按动物群、时间、地区等不同特征分组，计算其发病率、死亡率、患病率等，然后通过分析比较即可发现该病的流行规律。

一、动物传染病的动物群体分布

①年龄分布。
②种和品种分布。
③性别分布。

二、动物传染病的时间分布

(1)季节性　动物传染病流行的季节性指某些动物传染病经常发生于一定的季节，或在一定季节内出现发病率明显升高的现象。传染病流行的季节性分为以下3种情况：
①严格季节性。
②季节性升高。
③无季节性。

(2)周期性　动物传染病流行的周期性是指在经过一个相对恒定的时间间隔后，某些传染病（如牛流行热、口蹄疫等）可以再次发生较大规模流行的现象。

传染病周期性流行出现的原因主要是：
①某些传染病的传播机制容易实现，动物群受到感染的机会多。
②某些传染病在一次流行后，动物获得的免疫力会随着时间的推移而降低，而且易感动物数量增多，从而引起再度流行。

三、动物传染病的地区分布

传染病在不同地区分布具有明显的差异。探讨传染病的地区分布时，可按国家或大洲为单位划分，或按省、市、县、乡镇、村或农场划分，也可按不同地理条件（如山区、湖泊、森林、草原或平原等）来划分。同种传染病在不同地区、不同养殖场或自然村镇的发病率也常常不一致。了解疾病的地区分布特点，可为探讨传染病的病因和影响流行的因素提供线索，进而为制定传染病的防治对策和措施提供科学依据。

四、动物传染病流行过程的影响因素

(1)自然因素　对流行过程有影响的自然因素主要包括气温、湿度、阳光、雨量、地形、地理环境等，它们对3个环节的作用错综复杂。
(2)社会因素　影响动物传染病流行过程的社会因素主要包括社会制度、生产力和人

们的经济、文化、科学技术水平以及法律法规的执行情况等。

*情景五 动物传染病的流行病学调查与分析

一、概念

动物传染病的流行病学是研究动物传染病在动物群中发生、发展和分布的规律以及制定并评价防治传染病措施，达到预防和消灭动物传染病为目的的一门科学。即着重研究如何预防疾病，从而促进动物的群体健康，首先是预防疾病的发生，其次是控制疾病的蔓延，降低其病死率并拟出有效的防疫措施。

二、动物传染病的流行病学调查与分析

1. 目的和意义

流行病学调查与分析是人们研究动物传染病流行规律的主要方法，其目的在于揭示动物传染病在动物群中发生的特征，阐明其流行的原因和规律，以做出正确的流行病学判断，迅速采取有效的措施，控制动物传染病的流行。

2. 主要方法

(1)询问调查　这是流行病学调查的一种最简单而又基本的方法。

(2)现场观察　应仔细观察疫区的情况，以便进一步了解流行发生的经过和关键问题所在。可根据不同种类的疾病进行重点项目调查。如发生肠道传染病时，应特别注意饲料来源和质量、水源卫生状况、粪便和患病动物尸体处理情况等；发生由节肢动物传播的传染病时，应注意当地节肢动物的种类分布、生态习性和感染情况。并要调查疫区的兽医卫生措施、地理和气候条件等。

(3)实验室检查　检查的目的主要是确定诊断、发现隐性传染、证实传播途径、摸清动物群免疫水平和有关病因等。一般在已经获得初步调查印象的基础上，为了确诊，应用病原学、血清学变态反应、尸体剖检和病理组织学、分子生物学等各种诊断方法进行实验室检查。

(4)统计学方法　在流行病学分析中常用的频率指标有下列几种。

①发病率：表示动物群中在一定时期内某病的新病例发生的频率。

发病率＝(某期间内某病新病例数/某期间内该动物群动物的平均数)×100％

②感染率：指用临床诊断法和各种检验法(微生物学、血清学、变态反应等)检查出来的所有感染动物头数(包括隐性患者)，占被检查动物总头数的百分比。

感染率＝(感染某动物传染病的动物头数/检查总头数)×100％

③患病率(流行率、病例率)：是在某一指定时间，动物群中存在某病的病例数的比率。代表在指定时间动物群中动物传染病数量的一个侧面。

患病率＝(在某一指定时间动物群中存在的病例数/在同一指定时间动物群中动物总数)×100％

④死亡率：指某病病死数占某种动物总头数的百分比。

死亡率=(因某病死亡头数/同时期某种动物总头数)×100%

⑤病死率(致死率):指因某病死亡的动物头数占该病患病动物总数的百分比。它能反映某病的严重程度,比死亡率更为具体、精确。

病死率=(因某病致死头数/该病患病动物总数)×100%

项目二
动物传染病的综合防治

情景一 动物传染病综合防治的基本原则与内容

一、现代防疫工作的理念

现代动物防疫包括传染病的预防、控制、扑灭和动物、动物产品的检疫。发展畜牧业离不开动物防疫，防疫是动物保护工程的基础，动物防疫是现代畜牧业发展的重要标志，没有完整的动物安全保护体系，就不可能实现现代畜牧业跨跃式发展。

1. 群防群治

在动物传染病的综合防治过程中应确立群体保健、防疫、诊断及治疗，而不是个体防治的观点，所采取的措施要从群体出发，要有益于群体。但这并不否认对动物个体的情况予以重视，因为在动物群体中，个体的价值虽然低，通过个体防治可以从中得到启发。因此，应根据本场实际，制订免疫程序，对一些重要细菌性动物传染病，应在动物传染病发生之前给予药物预防。

2. 长远规划

集约化养殖场兽医防疫工作是一项长期的任务，必须有一个长远的计划，有计划地分期完成各项防疫措施，使传染病防疫体系不断完善。

3. 多病因论

动物传染病的发生往往涉及多种因素，通常是多种因素相互作用的结果。因此，诊断动物传染病，不仅应查明致病的病原，还应考虑外界环境、管理条件、应激因素、营养状况、免疫状态等因素，用环境、生态及流行病学的观点进行分析研究，从设施、制度、管理等方面，采取综合措施，才能有效地控制动物传染病的发生。

4. 多学科协作

兽医、畜牧、生态、机械设备等学科应密切配合，从场址选择、场舍建筑、种群引进、种源净化等方面，均应考虑防疫问题。

二、动物传染病综合防治的原则

① 健全机构的原则。

②预防为主的原则。
③法规建设的原则。
④调查监测的原则。
⑤突出重点的原则。

三、动物传染病综合防治的基本内容

动物传染病的流行是由传染源、传播途径和易感动物3个相互联系的环节而形成的一个复杂过程。因此，采取适当的措施来消除或切断3个环节的相互联系，就可以使动物传染病的流行终止。在采取具体防疫措施时，必须从"养、防、检、治"4个方面采取综合性的防疫措施，方可控制动物传染病的发生和蔓延，具体包括以下内容：

养：饲养管理，提高动物的非特异性抵抗力。
防：预防接种，防止环境污染，成为病原体的传播媒介。
检：检疫，畜禽检疫，畜产品检疫。
治：治疗，特异性的生物制剂，抗生素。

1. 平时预防性措施

①控制和消灭传染源：动物饲养场建设应符合动物防疫条件；要建立并严格实行卫生防疫制度；严把引进动物关；定期开展检疫和疫情监测；科学使用药物预防等。

②切断传播途径：定期开展消毒、杀虫、灭鼠工作；实行全进全出饲养制度；严防饲料和饮水被病原微生物污染等。

③提高动物机体的抵抗力：科学饲养、科学管理、科学免疫等。

2. 发生动物传染病时的扑灭措施

①迅速报告疫情。
②尽快做出正确诊断和查清疫情来源。
③隔离和处理患病动物。
④封锁疫点、疫区。
⑤受威胁区要严格防范，防止传染病传入受威胁区。
⑥解除封锁。

情景二　动物传染病的报告制度与诊断

一、疫情报告制度

为了使动物防疫部门及时掌握动物传染病的流行情况，制定有效的防疫措施以便迅速准确地控制疫情，相关人员应根据国家有关规定的时间和程序，及时向上级政府和动物防疫监督机关报告动物疫情。

(1) 法定报告人　按照《中华人民共和国动物防疫法》规定，任何与动物及其产品生产、经营、屠宰、加工、运输等相关的单位或个人，都可作为法定的动物疫情报告人，在发现动物传染病或疑似传染病时，都应及时向当地动物防疫机构或乡镇畜牧兽医站报

告；任何单位和个人都不得以自身利益或其他原因为借口，瞒报、谎报或阻碍他人报告动物疫情。

(2)报告内容　动物疫情的报告内容包括我国法定的一类、二类和三类动物传染病。

(3)报告方式　动物疫情的报告方式有口头报告、书面报告、电话报告和电子邮件报告等方式。当疑似传染病或误诊传染病经过确诊或排除后，也应及时报告。

(4)报告时间　要求发现传染病时立即报告，不能拖延时间，以免疫情扩散。若发生重要传染病或扩散蔓延迅速的紧急疫情，特别是怀疑为口蹄疫、禽流感、牛瘟、蓝舌病、牛肺疫、猪瘟、猪水疱病、炭疽、新城疫等重要传染病时，要求有关人员或机构应以最迅速的方式上报疫情。

(5)疫情报告处理　有关部门接到动物疫情报告后，应及时派人深入现场进行传染病诊断和疫情紧急处理，并根据具体情况逐级上报，同时通知邻近单位及有关部门注意防疫。

(6)传染病发生现场处理　当动物突然死亡或怀疑发生传染病时，除立即报告动物防疫监督机构外，在兽医人员未到现场或未做出诊断前，应将患病动物进行隔离并派专人管理，对患病动物污染的环境和用具进行严格消毒，患病动物的尸体应保留完整，未经兽医检查同意不得擅自急宰和剖检，以便为传染病的准确、快速诊断提供材料，并防止病原体的扩散。

二、动物传染病的诊断

动物传染病的诊断就是依靠人的感官或利用其他方法对患病动物进行检查，从而做出诊断。及时准确有效的诊断，是扑灭动物传染病工作成败的关键。及时准确诊断动物传染病能有效地组织扑灭措施，做到有的放矢，从而尽早有效、彻底地控制乃至消灭动物传染病。诊断动物传染病的常用方法有：临床诊断、流行病学诊断、病理学诊断、病原学诊断和免疫学诊断等。现将常用的诊断方法简介如下。

1. 临床诊断

这是最基本、最简便易行的方法，也是动物传染病诊断的起点和基础。它是利用人的感官或借助一些最简单的器械(如温度计、听诊器等)直接对患病动物进行检查，有时也需要结合血、尿、粪的常规检查方可做出诊断。对某些具有典型症状的病例，通过临床诊断一般可以确诊，如破伤风、放线菌病、马腺疫、猪支原体肺炎等。但应当指出这种方法有一定的局限性和片面性，如对发病初期特征性症状尚不明显的病例和非典型病例；通过临床诊断难以确诊，只能提出可疑动物传染病的大致范围，必须结合其他方法才能做出确诊。在进行临床诊断时，应注意对整个发病动物群所表现的综合症状加以分析判断，不要单凭个别或少数病例的症状轻易下结论，以防误诊。

2. 流行病学诊断

流行病学诊断经常与临床诊断是联系在一起的。流行病学诊断是在流行病学调查(即疫情调查)的基础上进行的，疫情调查可在临床诊断过程中进行，如以座谈形式向畜主询问疫情，并对现场进行仔细检查，取得第一手资料，然后对材料进行分析，做出诊断。由于动物传染病不同，流行病学诊断的重点也不一样。一般应调查以下几个问题。

(1)本次流行的情况　最初发病的时间、地点、随后蔓延的情况,目前的疫情分布。疫区内各种动物的数量和分布情况、发病动物的种类、数量、年龄、性别。查明其感染率、发病率、病死率和死亡率以及治疗效果等。

(2)疫情来源　本地过去曾否发生过类似的动物传染病?何时何地?流行情况如何?是否经过确诊?有无历史资料可查?何时采取过何种防治措施?效果如何?如本地未发生过,附近地区曾否发生?这次发病前,是否在其他地方引进动物、畜产品或饲料?输出地有无类似的动物传染病存在。

(3)传播途径和方式　本地各类有关动物的饲养管理方法,使役和放牧情况,牲畜流动、收购以及防疫卫生情况如何?交通检疫、市场检疫和屠宰检验的情况如何?病死畜处理情况如何?有哪些助长动物传染病传播蔓延的因素和控制动物传染病的经验?疫区的地理、地形、河流、交通、气候、植被和野生动物、节肢动物等的分布和活动情况,它们与动物传染病的发生及蔓延传播有无关系。

综上所述,可以看出,疫情调查不仅可给流行病学诊断提供依据,而且也能为拟定防治措施提供依据。

3. 病理学诊断

大多数的动物传染病都有不同程度的特殊病理剖检变化,对于诊断动物传染病具有重要价值,如新城疫、猪瘟、禽霍乱、猪支原体肺炎等。但有些病例,如最急性和非典型病例,其病理变化不太典型,尤其是非典型病例,需多剖检一些病例进行综合分析方可发现某病典型病理变化,如非典型新城疫。

4. 病原学检查

病原学检查是诊断动物传染病最重要的方法之一,是确诊动物传染病的重要依据。常用病原学诊断方法有病料涂片镜检、分离培养和鉴定、动物接种试验、免疫组化技术。

5. 免疫学诊断

免疫学诊断是动物传染病诊断和检疫中常用的重要方法,包括血清学试验和变态反应两类。

情景三　消毒、杀虫与灭鼠

一、消毒

1. 概念与目的

消毒是指通过物理、化学或生物学方法杀灭或清除环境中病原体的技术或措施。目的是消灭被传染源散播于外界环境中的病原体,以切断传播途径,阻止动物传染病的蔓延。

2. 种类

(1)预防性消毒　是指在平时的饲养管理过程中,对畜舍、空气、场地用具和饮水或动物群等进行定期消毒,以达到预防一般动物传染病的目的。

(2)随时消毒　是指在发生动物传染病后到解除封锁期间,疫源地内有传染源存在,为了及时消灭刚由传染源排出的病原体而进行的反复多次的消毒。消毒对象是患病动物及带菌(毒)动物的排泄物、分泌物以及被其污染的畜舍、用具、场地和物品等。

(3)终末消毒 是指疫源地内的患病动物解除隔离、痊愈或死亡后，或者在疫区解除封锁时，为了消灭疫区内可能残存的病原体而进行的一次全面彻底的大消毒。消毒对象是传染源污染和可能污染的所有畜舍、饲料饮水、用具、场地及其他物品等。

3．方法

(1)物理消毒法 是指通过机械性清扫、冲洗、通风换气、高温、干燥、照射等物理方法对环境和物品中病原体的清除或杀灭。

①机械性清除：主要通过清扫、冲洗、洗刷、通风、过滤等机械方法清除环境中的病原体，是常用的一种消毒方法，但本方法不能达到消毒的目的，作为一种辅助方法，必须与其他消毒方法配合进行。

②日光、紫外线消毒：日光消毒是利用阳光光谱中的紫外线、热线及其他射线进行消毒的一种常用方法。一般病毒和非芽孢性病原菌在直射阳光下照射几分钟至几小时可以被杀死；抵抗力强的细菌、芽孢在强烈的阳光下反复暴晒，也可使之毒力减弱或被杀死。

消毒灭菌使用的紫外线为 C 波紫外线，其波长范围在 200～275nm，杀菌作用最强的波段是 250～270nm。紫外线对细菌的繁殖体和病毒消毒效果好，但对细菌的芽孢无效。

③焚烧：仅适用于带芽孢粪便的销毁。

④干热灭菌法：包括火焰烧灼灭菌法和烘烤灭菌法。

⑤湿热灭菌法：包括煮沸消毒、高压蒸汽消毒和间歇蒸汽消毒等。煮沸消毒是日常最为常用而且有效的消毒方法。

(2)化学消毒法 是用化学药物杀灭病原体的方法。临床实践中常用的消毒剂种类很多，根据其化学特性分为：酚类、醛类、醇类、酸类、碱类、氯制剂、氧化剂、碘制剂、染料类、重金属盐和表面活性剂等。

(3)生物消毒法 利用一些生物及其产生的物质来杀灭或清除病原微生物的方法。例如，传统的污水净化可通过缺氧条件下厌氧微生物的生长来阻碍需氧微生物的存活；粪便、垃圾的发酵堆肥，可利用嗜热细菌繁殖时产生的热杀灭病原微生物。

4．程序和制度

(1)消毒程序 根据消毒的类型、对象、环境温度、病原体性质以及传染病流行特点等因素，将多种消毒方法科学合理地加以组合而进行的消毒过程称为消毒程序。

(2)消毒制度 养殖场通常应将各种消毒工作制度化，明确规定和记录消毒工作的管理者和执行人，使用消毒剂的种类、浓度和方法，消毒的间隔期限，消毒剂的轮换使用情况以及消毒设施、设备的管理和维护等内容。

5．消毒效果的检查

①房舍机械清除效果的检查。

②消毒药剂选择正确性的检查。

③灭菌器消毒效果的检查。

④污染区消毒效果的检查。

⑤空气消毒效果的检查：空气中微生物样品的采集方法有自然沉降法和冲击采样法。

二、杀虫、灭鼠

1. 杀虫、灭鼠在畜禽疾病预防中的意义

对养殖场有计划地进行体内外寄生虫的驱杀，每年定期对养殖环境进行彻底的灭蚊蝇和灭鼠处理，可有效切断那些借助昆虫、老鼠等传播动物疾病的途径，减少疾病发生。

2. 常用驱虫、灭鼠、杀蚊蝇的方法

(1)驱虫方法　仔猪断奶后第2周、后备种猪转群前组织1次保健性驱虫，母猪产后组织1次驱虫，集约化育肥猪一般不驱虫，散养育肥猪一般组织1~2次驱虫。

(2)灭鼠、杀蚊蝇

①机械法：通过机械手段直接对老鼠和蚊蝇进行杀灭的方法。如利用捕鼠器、电子灭鼠器、水淹、蚊蝇诱杀灯等。

②化学法：通过化学手段对老鼠及蚊蝇进行有计划的驱杀措施。

③生物法：通过饲养部分老鼠的天敌(如猫、无毒蛇等)或在饲料中添加一些益生菌改善粪便排泄物的生物菌群，抑制蚊蝇附着。

情景四　隔离与封锁

一、隔离

1. 概念

隔离是指将患病动物和疑似感染动物控制在一个有利于防疫和生产管理的环境中进行单独饲养和防疫处理的一种措施。它是控制和扑灭动物传染病的重要措施之一，一般适用二、三类动物传染病的控制和扑灭也是发生一类传染病实行强制性封锁前采取的措施。其目的是为了控制传染源，防止动物继续受到传染，控制动物传染病蔓延，以便将疫情控制在最小范围内加以就地扑灭。根据诊断检疫结果，可将全部受检动物分为患病动物群、可疑感染动物群和假定健康动物群3类，以便分别对待。

2. 类型

(1)患病动物群　对患病动物要设专人护理，禁止闲散人员出入隔离场所。饲养管理用具要专用，并经常消毒，粪便发酵处理，对人畜共患病还要做好个人防护。

(2)可疑感染动物群　是指在发生某种动物传染病时，与患病动物同群或同舍，并共同使用饲养管理用具、水源等的动物。这些动物有可能处在潜伏期中或有排菌(毒)危害，故应经消毒后转移隔离(应与患病动物分别隔离)，限制活动范围，详细观察。有条件时可进行紧急预防接种或药物预防。根据该种动物传染病潜伏期的长短，经一定时间观察不再发病后，要在动物消毒后解除隔离。

(3)假定健康动物群　是指与患病动物有过接触或患病动物邻近畜舍的动物临床上没有任何症状假定健康的动物。对假定健康动物应及时进行紧急预防接种加强饲养管理和消毒等以保护动物群的安全。

二、封锁

1. 概念

封锁是指当某地或养殖场暴发法定一类传染病和外来传染病时,为了防止传染病扩散以及安全区健康动物的误入而对疫区或其动物群采取划区隔离、扑杀、销毁、消毒和紧急免疫接种等强制性措施。

2. 原则

按"早、快、严、小"的原则进行。"早"是早封锁;"快"是行动果断迅速;"严"是严密封锁;"小"是把疫区尽量控制在最小范围内。

3. 具体措施

(1)封锁的疫点应采取的措施

①当某地暴发一类传染病、外来传染病以及人畜共患病时,其疫点内的所有动物,无论其是否实施过免疫接种,在兽医行政部门的授权下,宰杀感染特定传染病的动物及同群动物,并在必要时宰杀直接接触动物或可能传播病原体的间接接触动物,尸体一律焚烧或深埋处理。扑杀政策是动物传染控制上采取的一项最严厉的强制性措施,也是兽医学中特有的传染病控制方法。

②严禁人、动物、车辆出入和动物产品及可能污染的物品运出。在特殊情况下人员必须出入时,需经有关兽医人员许可,经严格消毒后出入。

③对病死动物及其同群动物,县级以上农牧部门有权采取扑灭、销毁或无害化处理等措施,畜主不得拒绝。

④疫点出入口必须有消毒设施,疫点内用具、圈舍、场地必须进行严格消毒,疫点内的动物粪便、垫草、受污染的草料必须在兽医人员监督指导下进行无害化处理。

(2)封锁的疫区应采取的措施

①交通要道必须建立临时性检疫消毒卡,备有专人和消毒设备,监视动物及其产品移动,对出入人员、车辆进行消毒。

②停止集市贸易和疫区内动物及其产品的采购。

③未污染的动物产品必须运出疫区时,需经县级以上农牧部门批准,在兽医防疫人员监督指导下,经外包装消毒后运出。

④非疫点的易感动物,必须进行检疫或预防注射。农村城镇饲养及牧区动物与放牧水禽必须在指定疫区放牧,役畜限制在疫区内使役。

(3)受威胁区及其应采取的措施

①对受威胁区内的易感动物应及时进行预防接种,以建立免疫带。

②管好本区易感动物,禁止出入疫区,并避免饮用疫区流过来的水。

③禁止从封锁区购买牲畜、草料和畜产品,如从解除封锁后不久的地区买进牲畜或其产品,应注意隔离观察,必要时对畜产品进行无害化处理。

④对设于本区的屠宰场、加工厂、畜产品仓库进行兽医卫生监督,拒绝接受来自疫区的活畜及其产品。

⑤解除封锁。

情景五　免疫接种和药物预防

一、免疫接种

1. 概念

免疫接种是给动物接种各种免疫制剂（菌苗、疫苗、类毒素及免疫血清），使动物个体和群体产生对动物传染病的特异性免疫力。

2. 预防接种

（1）概念　预防接种是指在经常发生某些动物传染病的地区，或有某些动物传染病潜在的地区，或受到邻近地区某些动物传染病经常威胁的地区。为了防患于未然，在平时有计划地给健康动物群进行的免疫接种。

（2）注意事项

①调查研究，做好宣传进行有计划的预防接种。

②应注意预防接种反应：正常反应、严重反应、合并症。

③几种疫苗的联合应用。

④制订合理的免疫程序：制订免疫程序通常应遵循如下原则。

a. 动物群的免疫程序是由传染病的分布特征决定的。

b. 免疫程序是由疫苗的免疫学特性决定的。

c. 免疫程序应具有相对的稳定性。

d. 幼畜幼禽的母源抗体水平。

⑤实行免疫监测制度，合理免疫。

⑥预防接种失败的原因：免疫失败是指经某病疫苗接种的动物群，在该疫苗有效免疫期内，仍发生该动物传染病；或在预定时间内经检测免疫力达不到预期水平，即预示着有发生该动物传染病的可能。造成疫苗接种失败的原因如下。

a. 幼动物体内存有高度的被动免疫力（母源抗体），可能中和了疫苗。

b. 环境条件恶劣、寄生虫侵袭、营养不良等应激，影响了动物的免疫应答。

c. 传染性法氏囊病、传染性贫血、马立克氏病、霉菌毒素中毒等引起的免疫抑制。

d. 动物群中已潜伏着传染病。

e. 活苗因保存、运输或处理不当而死亡或使用超过有效期的疫苗。

f. 可能疫苗不含激发该动物传染病保护性免疫所需的相应抗原，即疫苗的毒（菌）株或血清型不对。

g. 使用饮水法或气雾法接种时，疫苗分布不匀，使部分动物未接触到或因剂量不足而仍然易感。

3. 紧急接种

紧急接种是指在发生疫情时，为了迅速控制和扑灭动物传染病的流行，而对疫区和受威胁区尚未发病的动物进行的应急性免疫接种。紧急接种原本使用免疫血清，或注射血清2周后再接种疫苗，效果较好。但因血清价格高、用量大、免疫期短，且大批量动物接种供不应求，因此实践中使用少。实践证明，在疫区和受威胁区有计划地使用某些疫（菌）苗进行紧急接种是可行而且有效的。如在发生猪瘟、新城疫等一些急性传染病时，应进行相应疫苗的紧急接种，效果良好。

在受威胁区进行紧急接种时，其划定范围视传染病的性质而定。如口蹄疫等烈性传染病，则在周围 5~10km 进行紧急接种，建立"免疫带"以包围疫区、防止扩散，就地扑灭。但这一措施必须与疫区的封锁、检疫、隔离、消毒等综合措施密切配合，才能收到良好的效果。

二、药物预防

1. 概念及意义

（1）概念 药物预防是为了预防某些动物传染病，在畜群的饲料或饮水中加入某种安全的药物进行群体的化学预防，在一定的时间内可以使受威胁的易感动物不受动物传染病的危害，这也是预防和控制动物传染病的有效措施之一。这种群体的利用药物预防的方法又称为化学预防。

（2）意义 一是能够对整个养殖场的传染病进行群防群治，便于宏观调控；二是方便经济，对于细菌性感染性传染病，不需要兽医花很多时间和精力对每头（只）动物进行注射或内服给药；三是可以减少应激，降低应激性疾病的发生；四是通过长期连续或定期间断性混饲或混饮用药，能对在养殖场扎根的某些顽固性细菌性传染病进行根治。

2. 注意事项

①预防剂量的控制。
②配合饲料中原本添加药物的确认。
③药物与饲料混合。
④添加方式。
⑤掌握一次给药的化疗药物在饲料中的添加方法。
⑥注意防止产生耐药性。

3. 常用的药物种类

常用于生产的有呋喃类、氟喹诺酮类、磺胺类和抗生素、生态制剂、中草药饲料添加剂等。

*情景六 动物传染病的治疗和淘汰

一、动物传染病的治疗目的意义

一方面是为了挽救患病动物，减少损失；另一方面在某种情况下也是为了消除传染源，是综合性防疫措施中的一个组成部分。

二、针对病原体的疗法

1. 特异性疗法

应用针对某种动物传染病的高免血清、痊愈血清（或全血）等特异性生物制品进行治疗，因为这些制品只对某种特定的动物传染病有效，而对其他病无效，故称为特异性疗法。

2. 抗生素疗法

抗生素主要用于细菌性传染病的治疗，在兽医实践中被广泛应用并获得显著成效。合理地应用抗生素是发挥抗生素疗效的重要前提，不合理的应用或滥用抗生素往往引起多种不良后果。一方面可能使敏感的病原体对药物产生耐药性；另一方面可能对机体造成不良反应，甚至中毒，也有可能使药效降低或抵消。使用抗生素时一般应注意以下几个问题：

①掌握抗生素的适应症(最好结合药敏试验结果选药)。

②要考虑用量、疗程、给药途径、不良反应、经济价值等问题。

③不要滥用。

④抗生素的联合应用。一般适合用于下列情况：病因不明，病情危害的严重感染或败血症；单一抗菌药不能有效控制的感染或混合感染；需长期用药的传染病；对某些抗生素不易渗入的感染病灶，如中枢神经的感染；毒性较大，联合用药减少剂量后可降低不良反应的抗生素。

3. 化学疗法

使用化学药物帮助机体消灭或抑制病原微生物的治疗方法，称为化学疗法。常用的化学药物有磺胺类药物、抗菌增效剂、硝基呋喃类药、氟喹诺酮类药物、其他抗菌药。

三、针对动物机体的疗法

1. 加强护理

对患病动物的护理是治疗工作的基础，对患病动物的治疗应在严格隔离的条件下进行，冬季应注意防寒保暖，夏季应注意防暑降温。隔离舍必须光线充足，通风良好，供给优质的饲料和饮水，并经常消毒。防止患病动物彼此接触。根据病情需要，也可注射葡萄糖、维生素或其他营养物质以维持生命、帮助机体渡过难关。

2. 对症治疗

在动物传染病的治疗过程中，为了减缓、消除某些严重的症状，调节和恢复机体的生理机能所采取的疗法，称为对症治疗。如使用退热、止痛、止血、镇静、兴奋、强心、利尿、清泻、止泻、输氧、防止酸中毒和碱中毒、调节电解质平衡等药物，以及采取某些急救手术或局部治疗等都属于对症治疗范畴。

3. 针对群体的治疗

目前，集约化饲养规模日益扩大，在大的饲养场传染病的危害更为严重。除对患病动物进行护理和对症治疗外，主要是针对整个动物群体的紧急预防性治疗，除使用药物外，还需要紧急注射疫苗、血清等生物制品。

四、微生态制剂调整治疗

微生态制剂是利用正常微生物群的成员制成的活的微生物制剂，它具有补充或调整充实微生物群落的作用，维持或调整微生态平衡，达到治疗传染病、增进健康的目的。如调痢生，主要用于仔猪黄痢、仔猪白痢等。

五、中药制剂的治疗

中药制剂的治疗作用主要是通过调整动物机体的整体功能，直接或间接起治疗作用。

①中药制剂的一些有效成分对动物机体直接起缓解症状的作用，即对症治疗作用。如柴胡的有效成分柴胡皂苷，有显著的镇静作用和较强的镇咳作用。

②有些中草药被动物机体吸收后，通过从不同方面对动物机体的功能进行综合调整，可增强机体的免疫功能和抗病力。如党参、黄芪、白术、何首乌、熟地黄等具有增加营养、增强体质、提高机体免疫机能和抗病力的作用。

③有些中草药的有效成分可直接具有抗菌和抗病毒的作用。如金银花含氯原酸类等具有抑制金黄色葡萄球菌、痢疾杆菌、伤寒杆菌、肺炎球菌等的作用。

中药的治疗作用，往往是以上几种兼而有之，这就是中药治疗疾病的独到之处。

六、患病动物的淘汰

淘汰动物传染病患病动物，是扑灭传染源的有效手段。淘汰患病动物时，应遵循以下原则。

1. 危害大的新传染病患病动物

当某地传入过去从未发生过的危害较大的新传染病时，为防止传染病蔓延扩散等，应在严密消毒下将患病动物淘汰处理。

2. 严重的人畜共患病患病动物

当动物患上了对周围人畜有严重传染威胁的传染病时，患病动物应予以淘汰。

3. 无法治愈的患病动物

目前对各种动物传染病的治疗方法虽有所改进，但仍有一些传染病尚无有效的疗法。当认为患病动物无法治愈或传染病已经发展到了后期，疗效甚微，此时患病动物应予以淘汰。

4. 无治疗价值患病动物

治疗需要时间长，治疗费用超过治愈后的价值时，此类患病动物应予以淘汰。

*情景七　集约化养殖场动物传染病的综合防治措施

一、现代集约化养殖场动物传染病综合防治观点

1. 群防群治

即确立对动物群体诊断、防疫、治疗而不是个体防治的观点。所采取的措施要从群体出发，要有益于群体。当然也要对个体动物的情况予以重视，因为庞大的动物群中，个体虽然价值较低，但通过个体检查可从中获得较大启示。因此，应根据本场实际，制订免疫计划。对一些主要细菌性动物传染病，应在动物传染病发生之前给药物预防，而不是发病一头治疗一头。

2. 群体保健

即确立动物群保健特别是妊娠、哺乳和保育期的保健预防而不是病后治疗的观点。对一些动物传染病除了从动物群中消灭和根除病原或用无特殊病原动物建立动物群加以处理外。还要做好群体中个体动物的免疫，并要测定疫苗接种效果。疫苗接种后不仅要注意平均滴度，而且对滴度分布也要加以注意。因此，应根据本场实际制订动物群健康标准及经济效益指标，掌握动物群生产状态，经常巡视动物群的体况、毛色、粪便等情况。发现问题及时处理，并根据本场的设备和条件开展免疫监测、消毒药剂的选择及消毒效果监测、动物传染病净化水平监测等工作。

3. 多病因论

即改变单纯病原学而建立多种病因论的观点。动物传染病的发生往往涉及多种因素。如同一来源的种猪，在有的猪场会出现严重的临床型萎缩性鼻炎，而在另一些猪场症状轻微或不发生。这与饲养管理、环境卫生等因素有关。随着养殖场设备的老化，因素病对养殖场的危害也越来越严重。因此，诊治动物传染病，不仅应查明致病的原发性及继发性病原，还应考虑外界环境、管理条件、应激因素、营养水平、免疫状态等与动物传染病发生有关联的各种因素，用环境、生态及流行病学的观点进行分析研究。从设施、制度、管理等方面，采取综合措施，才能有效地控制动物传染病的发生与流行。由于疾病病因学认识的发展不可避免地导致了治疗方法的改变。就典型的动物传染病来说，待微生物相关领域专家鉴定出病原后便可制备疫苗进行免疫接种。

4. 健康监测

健康监测将使动物的饲养方法及兽医业务范围发生变化。兽医工作的重点将是群体。健康监测将使研究方法发生改变，即不再孤立地考虑某种单一因素，而是更加重视各因素间的相互影响涉及的学科增加。健康监测的重点是集中解决一些繁殖障碍和多病因性疾病。健康监测还将通过调整投入和管理方式，使动物发挥最大的生产能力使经济效益发生改观。

5. 长远规划

集约化养殖场兽医防疫工作是一项长期的任务，必须有一个长远的计划，有计划地分期完成各项防疫措施，使兽医防疫体系不断完善。养殖场的场长、主管兽医及技术骨干应相对稳定，以保证兽医防疫工作的连续性。

6. 预防为主

应改变过去传统养殖的兽医工作方法，由应用临床兽医学向预防兽医学转变，由被动防疫转为主动防疫。从产前、产中、产后着手，切实做好隔离饲养、全进全出、消毒、免疫接种等各项工作，在人、动物、饲料、环境等方面。采取可行措施，逐步控制、消灭场内已有疫源，防止新的动物传染病传入。

7. 共同协作

兽医、畜牧、生态、机械设备等学科应密切配合。从场址选择、场舍建筑、种群引进、种源净化等方面，均应考虑兽医防疫问题。在实践中理论联系实际，不断总结经验和教训，不断完善兽医防疫体系，以保证集约化生产的健康发展。

总之，兽医实践方法正在从对个体动物的治疗转向群体。从预防疾病的疫苗接种、预防性用药及治疗病畜转向健康监测及改善管理以防止疾病发生。从对疾病的单一病因观念转向多病因认识，从单一学科转向多学科以维护动物生产。很显然，通过消灭动物传染病，生产效益能大大提高，但将来这种提高的作用将越来越小，随之而来的将是健康监测发挥作用。

二、集约化养殖场动物传染病综合防治措施建立的原则

1. 场址的选择

养殖场应建在地势高燥、排水方便、水源充足、水质良好、交通和供电方便、离公路、河道、村镇、工厂500m以外的上风向处，尤其应远离其他养殖场、屠宰场、畜产品加工厂。场周围应筑围墙，外设防疫沟宽8m、深2m，在养殖场沟外设防疫林带宽10m。

2. 场内的布局和要求

①生产区与饲料加工区、行政管理区、生活区必须严格分开。

②在猪场、母猪、仔猪、商品猪应分别饲养，猪舍栋间距离为30m左右。在鸡场，原种鸡场、种鸡场、孵化厅和商品鸡场以及育雏、育成车间必须严格分开，距离500m以上。各场之间应有隔离设施，栋舍与栋舍之间的距离应在25m以上。

③患病动物隔离舍、兽医诊断室、解剖室、病、死动物无害化处理和粪便处理场都应建在场外的下风向，距离不少于200m。粪便须送到围墙外，在处理池内发酵处理。

④养殖场周围不准养狗、猪和禽。本场职工家属，一律不准私自养猪、禽或其他动物。场内食堂肉或禽、蛋应自给，驻场职工家属用肉、蛋及其制品也应由本场供给不准外购。已出场的动物及其产品不准回流。

3. 建立经常性消毒制度

(1)养殖场消毒制度　养殖场大门、生产区入口，要建宽于门口、长于汽车轮1.5周的水泥消毒池，加入适量消毒液，动物舍入口建消毒池，生产区门口须建更衣室、消毒室和消毒池，以便车辆和人员更换作业衣服、鞋后进行消毒。养殖场谢绝参观，外来人员不得进场。场外运输车辆和工具不准入场，场内车辆不准出场。

(2)养殖场要严格执行全进全出饲养制度　原有的动物转出后，要对栏舍、饲养用具等进行彻底消毒，空闲1~2周后方可进动物。种动物舍更应严格消毒。孵化室要经常保持清洁，孵化器、种蛋、蛋箱、蛋盘、出雏器、出雏盘、运雏盘等都要进行消毒。

(3)其他　经常保持舍内通风良好，光线充足。每天打扫卫生，保持清洁，注意通风换气，饲槽、饮水器每天洗刷，做好定期消毒。场区的环境应保持清洁，每年春、秋季各进行1次消毒。经常开展灭鼠、灭蚊蝇工作。

4. 建立疫情监测制度

(1)大型养殖场必须建立兽医诊断室　应用微生物、寄生虫学、血清学和病理学等方法对动物传染病进行检疫和监测。

(2)日常检查　兽医人员应每天早晚深入动物舍巡视，检查舍内外的卫生状况，观察动物的精神状态、运动、采食、饮水等是否正常，再结合饲养员的报告，及时将有异常变化的动物剔出，送隔离舍隔离观察，进行确诊和处理。对死亡的动物应及时送解剖室解剖和化验，并做好记录和分析，以了解动物传染病动态。

(3)定期监测　对某些动物传染病,如新城疫、鸡败血支原体病、鸡白痢、鸡伤寒等,可用血清学诊断方法进行定期疫情监测,以便检出病动物掌握疫情动态。

(4)引进动物　从外地或外国引进场内的动物,要严格进行检疫,隔离观察20～30d,确认无病后方准进入舍内。

5. 建立计划免疫、驱虫制度

(1)制订切合本场实际情况的动物传染病的免疫程序和驱虫程序　疫菌苗可采用注射、饮水、口服和气雾等方法进行免疫接种。

(2)做好免疫接种前、后的免疫监测　以确定免疫时机和免疫效果,做好驱虫前、后的虫卵和虫体监测,以确定驱虫时机和驱虫效果。

6. 建立药物预防制度

通常用抗生素、磺胺类药物、呋喃类药物、抗菌增效剂、抗球虫药、饲料保健添加剂等预防猪和鸡沙门菌病、大肠杆菌病、鸡慢性呼吸道病、曲霉菌病和球虫病等。

7. 病死动物及其尸体的处理

(1)在养殖场内发现患病动物时　立即送隔离室,进行严格的临床检查和病理检查,必要时进行血清学、微生物学、寄生虫学检查,以便及早确诊。

(2)病死动物　尸体直接送解剖室剖检,必要时进行微生物学、寄生虫学检查,加以确诊。然后集中烧毁或深埋,不得乱扔或食用。

8. 发生动物传染病时的措施

在养殖场发生动物传染病时,应立即采取检疫、隔离、封锁、消毒、处理患病动物及其尸体等综合性扑灭措施。也可根据情况,对发病动物群采取紧急屠宰加工,及时控制和扑灭动物传染病。

三、疫情时的扑灭措施

①及时发现、诊断和上报疫情,并通知邻近单位做好预防工作。

②迅速隔离患病动物,污染的环境和器具紧急消毒。实验用动物应停止实验观察或淘汰。

③若发生危害性大的传染病,如鼠痘、流行性出血热等,应采取封锁等综合性措施。疫情扑灭经消毒处理后1个月方可解除封锁。

④病死和淘汰动物应采取焚烧等措施合理处理。应及时报上级管理部门和防疫部门。

知识链接

动物传染病的分类

根据不同的分类方法可以将动物传染病分为不同的种类,下面分别介绍几种分类方法。

1. 按病原体的种类分类

可以分为病毒病、细菌病、支原体病、衣原体病、螺旋体病、放线曲病、立克次氏体病和霉菌病等，其中除病毒病外，其他病原体引起的动物传染病通常称为细菌性传染病。

2. 按动物种类分类

可以分为猪传染病、鸡传染病、鸭传染病、鹅传染病、牛传染病、羊传染病、犬传染病、猫传染病、兔传染病以及人畜共患传染病等。

3. 按动物传染病的危害程度分类

国内通常根据动物传染病对人和动物的严重程度、造成经济损失的大小和国家扑灭措施的需要，我国政府将动物传染病分为一类、二类和三类。

(1)一类动物传染病　是指对人和动物危害严重、需要采取紧急、严厉的强制预防、控制和扑灭措施的传染病。主要有：口蹄疫、猪水疱病、猪瘟、非洲猪瘟、高致病性猪蓝耳病、非洲马瘟、牛瘟、牛传染性胸膜肺炎、牛海绵状脑病、痒病、蓝舌病、小反刍兽疫、绵羊痘和山羊痘、高致病性禽流感、新城疫、鲤春病毒血症、白斑综合征。

(2)二类动物传染病　是指可能造成重大经济损失，需要采取严格控制和扑灭措施的传染病。主要有：

多种动物共患病：狂犬病、布鲁氏菌病、炭疽、伪狂犬病、魏氏梭菌病、副结核病、钩端螺旋体病。

牛病：牛结核病、牛传染性鼻气管炎、牛恶性卡他热、牛白血病、牛出血性败血病。

绵羊和山羊病：山羊关节炎脑炎、梅迪-维斯纳病。

猪病：猪繁殖与呼吸综合征(经典猪蓝耳病)、猪乙型脑炎、猪细小病毒病、猪丹毒、猪肺疫、猪链球菌病、猪传染性萎缩性鼻炎、猪支原体肺炎、猪圆环病毒病、副猪嗜血杆菌病。

马病：马传染性贫血、马流行性淋巴管炎、马鼻疽。

禽病：鸡传染性喉气管炎、鸡传染性支气管炎、传染性法氏囊病、马立克氏病、产蛋下降综合征、禽白血病、禽痘、鸭瘟、鸭病毒性肝炎、鸭浆膜炎、小鹅瘟、禽霍乱、鸡白痢、禽伤寒、鸡败血支原体感染、低致病性禽流感、禽网状内皮组织增殖症。

兔病：兔病毒性出血病、兔黏液瘤病、野兔热。

蜜蜂病：美洲幼虫腐臭病、欧洲幼虫腐臭病。

鱼类病：草鱼出血病、传染性脾肾坏死病、锦鲤疱疹病毒病、淡水鱼细菌性败血症、病毒性神经坏死病、流行性造血器官坏死病、斑点叉尾鮰病毒病、传染性造血器官坏死病、病毒性出血性败血症、流行性溃疡综合征。

甲壳类病：桃拉综合征、黄头病、罗氏沼虾白尾病、对虾杆状病毒病、传染性皮下和造血器官坏死病、传染性肌肉坏死病。

(3)三类动物传染病　是指常见多发、可能造成重大经济损失，需要控制和净化的传染病。主要有：

多种动物共患病：大肠杆菌病、李氏杆菌病、类鼻疽、放线菌病、Q热。

牛病：牛流行热、牛病毒性腹泻/黏膜病、牛生殖器弯曲杆菌病。

绵羊和山羊病：肺腺瘤病、传染性脓疱、羊肠毒血症、干酪性淋巴结炎、绵羊地方性流产。

马病：马流行性感冒、马腺疫、马鼻腔肺炎、溃疡性淋巴管炎。

猪病：猪传染性胃肠炎、猪流行性感冒、猪副伤寒、猪密螺旋体痢疾。

禽病：鸡病毒性关节炎、禽传染性脑脊髓炎、传染性鼻炎、禽结核病。

蚕、蜂病：蚕型多角体病、蚕白僵病、白垩病。

犬猫等动物病：水貂阿留申病、水貂病毒性肠炎、犬瘟热、犬细小病毒病、犬传染性肝炎、猫泛白细胞减少症。

鱼类病：鲴类肠败血症、迟缓爱德华氏菌病、链球菌病。

甲壳类病：河蟹颤抖病、斑节对虾杆状病毒病。

贝类病：鲍脓疱病、鲍立克次体病、鲍病毒性死亡病。

两栖与爬行类病：鳖腮腺炎病、蛙脑膜炎败血金黄杆菌病。

*技能训练一　动物传染病流行病学调查

一、训练目标

通过完成本次技能训练，使学生学会动物传染病疫情的一般调查方法。

二、训练内容与方法步骤

1. 农牧场及居民点的名称及地址

2. 疫场或疫点的一般特征

包括地理情况、地形特点、气象资料(季节、天气、雨量等)、农牧场的兽医和畜牧人员人数、文化程度、技术水平和对职责的态度；该居民点与邻近居民点在经济和业务上的联系；家畜数目(按种类)、品种和用途。

3. 疫场的兽医卫生特征

(1)动物的饲养(群体或是单独的)、护理和使役。

(2)畜、禽舍及其邻近地区的状况(从卫生观点来看)。

(3)饲料的品质和来源地，其保藏、调配和饲喂的方法。

(4)水源的状况和饮水处(水井、水池、小河等)的情况。

(5)放牧场地的情况和性质。

(6)畜、禽舍内有无啮齿类动物。

(7)厩肥的清理及其保存，厩肥贮存场所的位置和状况。

(8)预防消毒和一般预防性措施的执行情况。

(9)尸体的处理、利用和毁灭的方法，有无运尸体的专用车。

(10)畜墓尸体发酵坑和废物利用场的位置、其设备和卫生状况，兽医监督等。

(11)有无检疫室、隔离室、屠宰场、产房及其兽医卫生状况。

(12)污水处理及排出情况。

4. 一般流行病学资料

(1)农牧场补充牲畜的条件、预防检疫规则的执行情况。
(2)由该场运出家畜和原料的时间以及运往地点。
(3)该农牧场的家畜既往疫情记录(何时患过何种传染病、患病家畜数和死亡数)。
(4)邻近地区的疫情。

5. 该次传染病流行过程的特征

(1)诊断结果。
(2)所采用的诊断方法。
(3)鉴别诊断。
(4)最早一些病例出现的时间。
(5)在发现最早的一些病例之前有无不明显的病例。
(6)推测传染源　推测传染病暴发的原因或传染病由外面传入和传播的途径及有利于传染病的传播条件(是否由于放牧场、贮水池、饲料、处理尸体欠妥,昆虫、蝉和啮齿类动物所引起;是否由于动物去过市场和疫点,或从这些地方运来,以及饲料和生的畜产品带入引起)。
(7)按照月、日登记发病率。
(8)患病的和死亡的家畜总数,死亡家畜的数目和患病家畜的比例。
(9)传染病的散播情况。
(10)临床资料(明显型的、顿挫型的、典型的、非典型的和并发的病例数目)。
(11)隐性病畜的数目(按细菌学、血清学、变态反应等检查的资料)。
(12)病理变化的资料。
(13)已采取的措施及其效果(如紧急预防接种、隔离、消毒等)。

6. 补充资料

执行和解除封锁的日期,封锁规则有无破坏,最终的措施是如何进行的,等等。

7. 结论

8. 建议

调查者签名:
调查的日期:

三、注意事项

上述格式所包括的内容,只适用于疫区的一般调查,如果调查特定的传染病的流行病学特征及其发生、发展以及终止的规律时,还须另订该特定传染病的调查项目。

四、训练报告

1. 根据对某地区的疫情调查情况撰写一份疫情调查报告。
2. 设计一份禽流感疫区疫情调查表格。

技能训练二 制订动物传染病防疫计划

一、训练目标

通过完成本次技能训练,使学生了解和掌握动物传染病防疫计划的编制方法;了解和掌握养殖场动物传染病预防计划的编制方法。

二、训练内容与方法步骤

1. 动物传染病防疫计划的内容

各级动物传染病防疫机构和基层动物传染病防疫部门,每年年终以前都应制订出翌年的动物传染病防疫计划。

动物传染病区域性防疫计划的范围包括一般传染病的预防、慢性传染病的检疫及控制遗留疫情的扑灭等问题。编写计划时可分基本情况、预防接种、诊断性检疫、兽医监督和卫生措施、生物制品和抗生素库存、耗损及补充计划、普通药械补充计划、经费预算等。

(1)基本情况 简述所属地区与流行病学有关的自然概况和社会、经济因素;畜牧业的经营管理;动物数目及饲养条件;兽医人员的工作条件,包括人员、设备、基层组织和以往的工作基础等;本地区及周围地带目前和最近两三年的疫情,对第2年的疫情估计。

(2)预防接种计划表(表1-1)。

表1-1 预防接种计划表

接种疫苗名称	地区范围	畜别	应接种头数	计划接种的头数				
				1季度	2季度	3季度	4季度	合计

制表人_____   审核人_____   ____年___月___日

(3)检疫计划表 格式与预防接种计划表,只需将表中的接种改为检疫。

(4)兽医监督和卫生措施计划 除了预防接种和检疫以外的传染病,以消灭现有传染病及预防出现新疫点为目的的一系列措施的实施计划。

(5)生物制品及抗生素计划表(表1-2)。

表1-2 生物制品及抗生素计划表

名称	单位	全年需要量					库存		需要补充量					备注
		1季度	2季度	3季度	4季度	合计	数量	失效期	1季度	2季度	3季度	4季度	合计	

制表人_____   审核人_____   ____年___月___日

(6)普通药械计划表(表1-3)。

表1-3 普通药械计划表

名称	用途	单位	现有数	需补充数	需要规格	代用规格	需用时间	备注

制表人_____   审核人_____   ____年___月___日

2. 动物传染病防疫计划的编制

编制动物传染病区域性防疫计划时，首先要了解该区域的全部情况。熟悉本地区的地理、地形、植被、气候条件及气象资料；了解区域养殖户的养殖方向，尤其是研究和明确目前和以往的有关动物传染病的资料、传染病流行资料、病原微生物化验资料及尸体剖检报告等。切实分析本地区存在哪些有利于或不利于某些传染病发生和传播的自然因素及社会因素，以便充分考虑利用或避免这些因素的可能性。

为了正确的制订计划，应掌握本地区各种动物现有的以及一年内可能达到的数量；应充分考虑到兽医人员的配备和技术力量；应估计到在开展防疫计划的过程中培训基层力量的可能性。另外，还要考虑应用新的科学成果，但推广前应进行试点，效果良好而又符合经济原则的新成果，才具有推广的价值。

在计划使用的药械时，应坚持经济有效的原则，尽量避免使用不易获得的药械。

计划初稿拟定并在本单位讨论、修订通过后，再征求有关方面的意见，最后报请上级审批备案。

3. 动物养殖场的传染病预防意义

动物饲养场动物密集，如果传染病预防不严，易引起传染病蔓延，必然导致重大损失，饲料导致重大损失。甚至某些本来不很严重的传染病，也会使动物生长停滞，饲养期延长，饲料消耗增多。控制动物养殖场的传染病，制定切实可行的卫生防疫制度，做好检疫、免疫、消毒和药物防治，严格杜绝传染病传入。

三、训练报告

根据对某地区的疫情调查编制该地区某种动物传染病预防计划。

复习思考题

1. 名词解释：动物传染病、感染、潜伏期、传染源、传播途径、垂直传播、直接接触传播、间接接触传播、疫源地、疫区、散发性、流行性。
2. 动物传染病具有哪些特征？
3. 感染有哪些类型？
4. 简述构成传染病流行的3个基本环节。在防治动物传染病中有什么重要的实际意义？
5. 传染源包括哪几类？为什么说患病动物是主要的传染源，而带菌动物是更主要的传染源？
6. 简述传染病流行过程的表现形式及其特点。

7. 流行过程的季节性和周期性。
8. 简述动物传染病流行病学的概念。
*9. 动物传染病流行病学调查的主要有哪些？
*10. 影响传染病流行的"3个环节""两大因素"是什么？当某种传染病在一个国家或地区流行比较严重并不可能在短期内控制和清除时，应采取以针对哪个环节的措施为主？
*11. 潜伏期在防治传染病的实际工作中有何意义和用途？
*12. 如何切断传染病发生和流行的3个环节？试举出切断每个环节的2种以上的措施。
*13. 传播方式和传播途径有何不同？
*14. 降低动物易感性的措施有哪些？
*15. 如何改变传染病发生季节性和周期性？
16. 如何理解现代防疫工作的理念与畜禽传染病综合防治应遵循的原则？
17. 试述畜禽传染病综合防治的基本内容。
18. 对畜禽传染病流行病学进行调查和分析有什么意义？常用的方法有哪些？
19. 简述动物检疫的范围、种类、对象。
20. 举例说明制订畜禽传染病防疫计划的意义、内容和范围。
21. 怎样才能做好预防接种工作？
22. 制订合理的畜禽传染病免疫程序应考虑哪些问题？
23. 什么叫免疫程序？如何制订一个合理的免疫程序？
24. 发生畜禽传染病时进行紧急接种有何意义？
25. 对畜禽传染病进行药物预防有什么意义？应注意哪些问题？
*26. 简述消毒的种类和方法及意义。
*27. 简述畜、禽舍空气消毒的方法。
28. 发生畜禽传染病时及时报告和诊断有何意义？
29. 怎样理解治疗畜禽传染病的意义？如何合理治疗？
*30. 畜禽传染病的诊断方法有哪些？
31. 畜禽传染病的控制与扑灭包括哪些技术环节？
*32. 如何理解封锁与隔离的意义？发生畜禽传染病后，怎样根据不同的情况进行封锁与隔离？

模块二

多种动物共患传染病

知识目标

1. 重点掌握大肠杆菌病、沙门菌病、巴氏杆菌病、口蹄疫、伪狂犬病等传染病的病原、流行特点、临床症状、诊断方法及防治措施。
2. 掌握炭疽、结核病、布鲁氏菌病、破伤风、狂犬病、流行性乙型脑炎等传染病的流行特点、诊断方法及防治措施。
3. 了解衣原体病、钩端螺旋体病等传染病的临床特征和分布状况。

技能目标

1. 能够正确操作布鲁氏菌病检验技术、口蹄疫血清中和试验。
2. 熟练掌握牛结核菌素变态反应诊断的方法及布鲁氏菌病的试管凝集试验的操作。

项目一 细菌性共患病

情景一 炭疽

炭疽是由炭疽杆菌引起的多种家畜、野生动物和人类共患的一种急性、热性、败血性传染病。在临床上常表现败血症，发病动物以急性死亡为主，天然孔出血，血液凝固不良，脾脏显著肿大，皮下、浆膜下组织有出血性胶样浸润。

本病在世界各国几乎都有分布，我国近年不断有该病发生，对养殖业生产和一些从事畜禽生产与产品加工的人员身体健康造成了严重影响。

一、病原

炭疽是由炭疽杆菌引起的。该菌为革兰染色阳性大杆菌，菌体两端平直，呈竹节状，无鞭毛。本菌在病畜体内和未剖开的尸体中不形成芽孢，但暴露于充足氧气和适当温度下能在菌体中央处形成芽孢。细菌的繁殖体对外界的抵抗力不强，一旦形成芽孢则表现出较强的抵抗力。

二、流行病学

1. 易感动物

各种家畜、野生动物和人都有不同程度的易染性，不分年龄大小。草食动物最易感，猪发病较少，犬、猫易感性最低，家禽一般不感染，野生动物（如狼、狐狸、豹等）吞食炭疽尸体而发病，并可成为本病的传播者。人主要通过污染炭疽杆菌的畜产品而感染。

2. 传染源

本病的传染源主要是病畜和带菌尸体。病畜的排泄物、分泌物和尸体中的病原体一旦形成芽孢污染环境，可在土壤中长期存活而成为长久的疫源地，随时可以传播给易感畜禽。

3. 传播途径

本病可以通过消化道、呼吸道及伤口感染，主要是经采食受污染的饲料、饲草及饮水或饲喂带菌的肉类而感染。

4. 流行特点

本病多为散发性，偶呈地方流行性，一年四季都可发生，洪水及干旱季节多发。

三、临床症状

本病自然感染的潜伏期一般为 1~5d，最长可达 14d。

1. 最急性型

常见于绵羊和山羊，山羊比绵羊更为敏感，羊群中常引起大批死亡。病羊病程很短，常见突然倒地，全身痉挛，瞳孔散大，磨牙，天然孔出血，约数分钟即死亡。有时是头天晚上入圈羊健康如常，次日早上发现死亡。羊群放牧外出时，病羊常掉群、喜卧，不爱吃草，行走摇摆，可视黏膜暗紫色，战栗，心跳加快，呼吸困难，突然倒地，头向后背，咬牙，瞳孔散大，0.5~2h 死亡。

2. 急性型

多见于牛，病牛常突然发病，体温升高，可视黏膜发紫，肌肉震颤，步行不稳，呼吸困难，心悸亢进，濒死时可见天然孔流血。可于数小时内死亡。

3. 慢性型

多发生于猪、马等。猪多表现为慢性咽炎和咽周炎。马多表现为肺痈和肠痈。

本病最急性型和急性型病死率高，可达 100%，慢性型也常导致急性发作而死亡，猪则较少死亡。

四、病理变化

怀疑为炭疽的病畜尸体在一般情况下，禁止剖检。必须进行剖检时，应在专门的剖检室进行，或离开生产场地，准备足够的消毒药剂，人员应有安全的防护装备。

1. 急性型

常表现败血症的病理变化，尸体迅速腐败而膨胀，尸僵不全，天然孔流出带泡沫的血液。黏膜呈暗紫色，有出血点，剥开皮肤可见皮下、肌肉及浆膜下结缔组织有黄色胶样出血性浸润，并有数量不等的出血点。血液黏稠，颜色为黑紫色呈煤焦油样，不易凝固。脾脏高度肿大，比正常大 3~5 倍，包膜紧张，切面脾髓软如泥状，黑红色，用刀可大量刮下。淋巴结肿大，出血。肺充血、水肿。心、肝、肾也有变性。胃肠有出血性炎症。

2. 慢性型

慢性炭疽常见于肠、咽及肺等局部形成坏疽样病理变化，病灶周围呈胶冻样浸润。

五、诊断

炭疽病畜的经过很急，死亡较快，根据临床症状诊断比较困难。确诊要靠微生物学检查及血清学诊断。

1. 临床诊断

对于原因不明而突然死亡或临床上出现体温升高、腹痛、痈肿、血便、病情发展急剧，死后天然孔出血，血液凝固不良呈煤焦油样等病状时，首先要怀疑为炭疽病，同时调查本地区有关炭疽发生情况，病畜种类、季节性、发病和死亡率等。调查历年炭疽死尸掩埋情况，炭疽预防注射情况等，为进一步确诊提供依据。

2. 细菌学诊断

简便的方法是死畜耳静脉或四肢末梢的浅表血管采取血液涂片，用姬姆萨或瑞氏染色液染色镜检,如看到典型炭疽杆菌,即可确诊。猪体局部炭疽涂片的菌体形态常不典型。如果尸体不新鲜时,要注意与类炭疽杆菌相区别,所以,腐败病料不适于镜检。

3. 动物接种

将病料用无菌生理盐水稀释 5～10 倍,对小鼠皮下注射 0.1～0.2mL,或豚鼠 0.2～0.5mL,经 2～3d 死亡。取死亡动物的脏器、血液等制成抹片,经瑞氏染色镜检,可见多量有荚膜的成短链的炭疽杆菌。

4. 血清学诊断

炭疽沉淀反应(Ascoli 反应)是诊断炭疽简便而迅速的方法,即使腐败的炭疽材料,仍可出现阳性反应,对于基层兽医及时确诊本病有现实意义,但不是特异性的。

六、防治措施

1. 定期预防接种

对炭疽常发地区或威胁地区的家畜,每年应定期进行预防注射,是预防本病的根本措施。目前常用的疫苗有以下 2 种:

①无毒炭疽芽孢苗:1 岁以上马、牛皮下注射 1mL;1 岁以下马、牛 0.5mL;绵羊、猪皮下注射 0.5mL(对山羊不要应用)。注射后 14d 产生免疫力,免疫期为 1 年。

②Ⅱ号炭疽芽孢苗:各种家畜均皮下注射 1mL,注射后 14d 产生免疫力,免疫期为 1 年。不满 1 个月的幼年动物,临产前 2 个月的母畜,瘦弱、发热及其他患病畜禽不宜注射。应用时应严格执行兽医卫生制度。

2. 合理治疗

抗炭疽血清是治疗炭疽的特效药,病初应用可获良好效果。抗生素和磺胺类药物治疗有效,可选用的药物有青霉素、土霉素、四环素、链霉素及磺胺类药物,尤其以青霉素疗效高,单独使用青霉素或与土霉素、四环素同时使用。

3. 妥善处理畜禽尸体,全场彻底消毒

尸体及排泄物、患病动物污染的褥草、饲料、表土等,在指定的地点覆盖生石灰或 20%漂白粉深埋或焚烧。患病动物污染的圈舍、饲养管理用具、车辆等用 10%～20%漂白粉、3%～5%热氢氧化钠(俗称火碱)溶液消毒。患病动物污染和停留地面的表土要铲除 15～20cm,与 20%漂白粉液混合再深埋。污染的饲料、粪便、垫草和废弃物烧掉。被炭疽杆菌污染的毛、皮可用 2%盐酸或 10%食盐溶液浸泡 2～3d 消毒,或者用福尔马林熏蒸消毒。

七、公共卫生

人的炭疽主要是从事畜禽生产和畜禽产品加工人员从伤口感染或吸入带芽孢的尘埃感染,导致局部痈疽甚至于引起败血症而死亡。常表现为皮肤炭疽、肺炭疽和肠炭疽 3 种类型,还可继发败血症及脑膜炎,一旦发生应及早送医院治疗。

情景二 结核病

结核病是由结核分枝杆菌所引起的一种人畜共患慢性传染病。临床特征是进行性消瘦、咳嗽、衰竭，在机体多种组织中形成结核结节和干酪样坏死或钙化病灶。

本病呈世界性分布，在我国奶牛中发生较多，黄牛、猪、鸡也有发生。

一、病原

本病的病原是分枝杆菌属的 3 个种，即结核分枝杆菌、牛分枝杆菌和禽分枝杆菌。本菌的形态，因种别不同而稍有差异。结核分枝杆菌是直或微弯的细长杆菌，呈单独或平行相聚排列，多为棍棒状，间有分枝状。牛分枝杆菌稍短粗，且着色不均匀。禽分枝杆菌短而小，为多形性。本菌不产生芽胞和荚膜，也不能运动，革兰染色阳性，用一般染色法较难着色，常用的方法为 Ziehl-Neelsen 抗酸染色法。

分枝杆菌为严格需氧菌，生长最适温度为 37.5℃，最适酸碱度结核分枝杆菌为 pH 7.4~8.0、牛分枝杆菌为 pH 5.9~6.9、禽分枝杆菌为 pH 7.2。在培养基上生长缓慢，初次分离培养时更是如此，需用牛血清或鸡蛋培养基，在固体培养基上接种，3 周左右开始生长，出现粟粒大圆形菌落。牛分枝杆菌生长最慢，禽分枝杆菌生长最快。

分枝杆菌含有丰富的脂类，在自然环境中生存力较强，对干燥和湿冷的抵抗力很强。在干痰中能存活 10 个月，在粪便、土壤中可存活 6~7 个月，在病变组织和尘埃中能生存 2~7 个月或更久，在水中可存活 5 个月，在冷藏奶油中可存活 10 个月。对热的抵抗力差，60℃ 30min 即可死亡，在直射阳光下经数小时死亡。常用消毒剂经 4h 可将其杀死，在 70%乙醇或 10%漂白粉中很快死亡。

二、流行病学

1. 易感动物

本病可侵害多种动物，约 50 种哺乳动物、25 种禽类可患病。在家畜中以牛最敏感，其中以奶牛发病最多，其次为黄牛、耗牛、水牛；也常见于猪和鸡；绵羊、山羊少发，单蹄兽罕见。野生动物中猴、鹿多发，狮、豹也有发生。

2. 传染源

结核病畜（禽）是主要的传染来源，特别是向体外排菌的开放性畜禽是最危险的传染源。

3. 传播途径

本病传染方式有 3 种：

①呼吸道：病牛咳嗽喷出的飞沫，通过呼吸道而传染。

②消化道：污染的草料和饮水被健康动物食入。犊牛多因喝带菌的牛奶而感染；猪、鸡大多经消化道感染。

③交配感染：生殖道结核主要由这种方式传染。

4. 诱发因素

外界环境不良、饲养管理不当、营养不良等促进本病发生。本病多为散发性或地方流行性。

三、临床症状

本病的潜伏期长短不一，从十几天到数年不等。具有病程长、治愈慢、易传染、易复发、易恶化的特点。由于患病器官不同，症状也不一致。

1. 牛

(1)肺结核　牛患结核以肺结核为主，潜伏期较长。开始食欲、反刍和精神无明显变化，表现为早晚、起立、运动、吸入冷空气或含尘土的空气时发生有力的干性短咳。随着病情发展，咳嗽次数增加，干咳或变为湿咳。有黏性或脓性鼻液，呼吸次数增多，严重者呼吸困难。胸部听诊时，肺泡音粗糙，有干性或湿性啰音。胸膜发生结核时，还可以听到摩擦音。肺部叩诊时有浊音区。病牛日渐消瘦、贫血和易于疲劳。体表淋巴结肿大。发生全身性粟粒结核或弥漫性结核肺炎，病情恶化时病牛体温升至40℃以上，呈弛张热或稽留热，精神及食欲不振，呼吸更加困难，最后因心力衰竭而死亡。

(2)乳房结核　乳上淋巴结肿大，有局限性或弥散性无痛无热的硬结。泌乳量减少，乳汁初期无明显变化，严重时变为水样稀薄或混有脓块。有的乳房发生萎缩，两侧不对称，乳头变形，甚至停止泌乳。

(3)肠结核　多见于犊牛，表现为食欲不振，消化不良，发生顽固性腹泻，消瘦，粪便半液体状，混有黏液和脓液。

(4)生殖器官结核　比较少见。病牛表现性机能紊乱，母牛发生流产、不孕，发情频繁，性欲增强，慕雄狂。有的病牛生殖器官形成结节或溃疡，从阴道流出白色或微黄色分泌物，其中混杂有絮片状和黏脓性物质，甚至混杂有血丝，公畜附睾或睾丸肿大，硬而痛。

(5)淋巴结结核　可见于结核病的各种病型。可见于体表的颌下、肩前、股前、腹股沟、咽及颈部淋巴结。表现淋巴结肿大、硬结，无热痛，常出现高低不平，不与皮肤粘连。

2. 猪

多表现为淋巴结核，如颌下、咽、颈及肠系膜淋巴结肿大，高低不平，有的破溃排出脓块或干酪样物质，常形成瘘管，不易愈合，但很少出现临床症状。

3. 禽

主要危害鸡和火鸡，以成年鸡和老鸡多发。主要经消化道感染。多发生于肝、脾、肠浆膜或内脏器官，临床上无特殊症状，仅表现贫血、消瘦、鸡冠萎缩、跛行及产蛋减少或停止。

四、病理变化

1. 牛

牛结核病灶常见于肺、肺门淋巴结、纵隔淋巴结，其次为肠系膜淋巴结。病牛内脏器官有很多突起的小结节，大小不一，从针头大至鸡蛋大，白色或黄色，坚实。病程呈急性经过的新鲜结节，四周有一圈红色区，并有较小的结节。慢性时结节切开有干燥的坏死物质，形同奶酪，有的见钙化的石灰质，切开时有砂砾感觉，四周形成较厚的结缔组织。有的干酪样坏死中心变为脓性液体，在肺脏可见坏死溶解组织排出后，形成肺空洞。在胸、腹膜上有时可见到粟粒至豌豆大的小结节，呈灰白色或灰黄色，质硬，似珍珠状，故有"珍珠病"之称。乳房结核多发生于进行性病例，切开乳房可见大小不等的病灶，内含干酪样物质。肠的病变多发生于小肠和盲肠，往往形成溃疡，如同钮状，大小不一。

2. 猪

猪结核病灶多见于头颈部淋巴结、肠系膜淋巴结和扁桃体。在颌下、咽、肠系膜淋巴结及扁桃体等发生结核病灶，表现干酪化坏死和钙化。

3. 禽

禽结核病灶多见于肠道、肝、脾、骨骼和关节，其他部位少见。

五、诊断

根据畜群有咳嗽、淋巴结肿大、肺部异常、乳房内有硬结及不明原因的消瘦等表现时，可疑为本病。通过病理剖检的特异性病变不难做出诊断。

(1) 结核菌素变态反应试验　诊断本病的主要方法，也是国际贸易规定的试验，可作为常规检疫列为制度来执行。目前各地采用皮内注射法和点眼法同时进行。具体操作及判定按农业农村部颁发的检疫程序进行。

(2) 细菌学检查　常采取病料涂片用抗酸染色后镜检，一般不进行细菌分离培养。近年来采用酶联免疫吸附试验(ELISA)、PCR 等方法也用于本病的诊断，具有较好的应用前景。

六、防治措施

本病的综合性防疫措施包括加强引进动物的检疫、培育健康动物群、加强饲养管理和消毒等工作。

1. 引进动物严格检疫

对从异地引进的牛只必须进行检疫，结核菌素变态反应试验健康牛方可引进、混群饲养。

2. 牛群定期检疫

对牛群每年定期用结核菌素进行变态反应检查，阳性牛全部淘汰。通常 3 个月进行 1 次检疫。连续 3 次均为阴性为健康牛。

3. 分群隔离饲养

在定期检疫普查的基础上，将牛分成健康群、假定健康群、结核菌素阳性群和犊牛培育群。各群分隔饲养，固定用具和人员，并坚决执行有关防疫措施。

4. 培育健康犊牛

从病牛群培育健康牛只是一项积极的措施。病母牛所产犊牛立即隔离于犊牛群，喂初乳 3~5d，然后喂给消毒奶。出生后 1 个月进行第 1 次检疫，3~4 月龄进行第 2 次检疫，6 月龄进行第 3 次检疫，3 次检查都是阴性反应，可放假定健康育成牛群饲养，阳性反应者淘汰处理。

5. 加强兽医卫生措施

每年定期进行 2~4 次环境彻底消毒，发现阳性牛时要及时进行 1 次临时大消毒。常用药物为 20% 石灰水或漂白粉悬液。

七、公共卫生

人结核病主要由结核分枝杆菌引起,牛、禽分枝杆菌也可以引起感染发病。主要临床症状表现为身体不适,长期出现低热,常呈不规则性,多在午后发热,傍晚下降,晨起或上午正常,倦怠,易烦躁,心悸。食欲不振、消瘦、体重减轻。植物性神经紊乱。盗汗多发生在重症患者。各种器官结核主要有肺结核、颈淋巴结核、肠结核、结核性腹膜炎、结核性脑炎、结核性胸膜炎及肾结核、骨关节结核等。

防治人结核病的主要措施是早期发现,严格隔离,彻底治疗。牛乳应煮沸后饮用,婴儿普遍注射卡介苗,与病人、病畜禽接触时应注意个人防护。治疗人结核病有多种有效药物,以异烟肼、链霉素和对氨基水杨酸钠等最为常用。在一般情况下,联合用药可延缓产生耐药性,增强疗效。

情景三 布鲁氏菌病

布鲁氏菌病简称布病,是由布鲁氏菌引起的一种人畜共患慢性传染病,各种动物临床表现不完全一致,以生殖器和胎膜发炎,引起流产、不育和各种组织局部病状为特征。

本病广泛呈世界性分布,给畜牧业和人类健康造成危害,我国某些地方人畜均有发生。我国将其列入二类动物疫病。

一、病原

本病是由布鲁氏菌引起的。布鲁氏菌属有6个种,即牛、羊、猪、林鼠、绵羊和犬布鲁氏菌,共20个生物型。即马尔他布鲁氏菌(又称羊型)有3个生物型,流产布鲁氏菌(又称牛型)有9个生物型,猪布鲁氏菌有4个,林鼠布鲁氏菌,绵羊布鲁氏菌,犬布鲁氏菌。这6个种及其生物型的特征相互间有差别,但形态及染色性无明显差别。本菌为短杆菌,无芽孢和鞭毛,革兰阴性球状短杆菌,用病料涂片镜检时,常密集成堆、成对或单个排列。由于本菌吸收染料过程较慢,较其他细菌难于着色,所以,常用科兹洛夫斯基染色,布鲁氏菌呈红色,其他细菌呈绿色。

本菌为需氧或兼性厌氧菌,在普通培养基上可以生长,但以在肝汤、马铃薯培养基上生长最好,有些菌株生长需要吐温-40,牛型和绵羊型布鲁氏菌初分离时需要在$10\%CO_2$环境中生长。

本菌的抵抗力较强,在土壤中可存活24～40d,在干燥的胎膜中甚至存活更长时间,在咸肉中可存活40d,在羊毛中可存活1.5～4个月,但对湿热和消毒剂较敏感。兽医常用的一般消毒药,如3%石炭酸、1%来苏儿、5%漂白粉、5%石灰水等,都能在较短时间内将其杀死。

二、流行病学

1. 易感动物

范围很广,主要有羊、牛、猪。一般母畜的易感性大于公畜,年龄上以性成熟后的成年动物最易感,而幼龄动物有抵抗力。人感染有明显的职业性。

2. 传染源

病畜或带菌动物(包括野生动物)是主要传染来源。以感染的妊娠母畜最危险,它们在流产或分娩时,大量的细菌随胎儿、羊水、胎衣排出而污染周围环境,流产后3年内阴道分泌物仍带菌,乳汁及感染的公畜精液中也含有布鲁氏菌。

3. 传播途径

本病主要经消化道传播,还可经交配、损伤的皮肤、黏膜及呼吸道传播。

4. 流行特点

①本病流行多见于牧区,虽然各型菌有其主要的感染宿主,但也能转移于其他宿主,在转移储存宿主过程中,常出现由典型株变成非典型株的现象。

②有一定季节性,如羊型布鲁氏菌病的发生是春季开始发生,夏季为发病高峰期,秋季逐渐下降。

③母畜中以头胎发病较多,可占50%以上,多数母畜只发生一次流产,而二次流产的较少;在老疫区,发生流产的较少,但子宫炎、乳房炎、关节炎、局部脓肿、胎衣不下、久配不妊娠的情况较多。

三、临床症状

1. 母牛

本病潜伏期长短不一,一般为14～120d。最显著的症状是流产,多发生于怀孕的第6～8个月(妊娠期282d),产出死胎或弱胎儿,流产前有分娩预兆象征,还有生殖道的炎症,流产常见胎衣不下,阴道内继续排出褐色恶臭液体,便可发生子宫炎而长期不孕,流产后的母牛可再度流产,一般流产时间比第1次推迟。公牛常见睾丸炎和附睾炎,初肿胀有热痛,后变坚硬,严重者可能发生坏死,失去配种能力。病牛还常见关节炎,如膝关节和腕关节等,关节肿胀、疼痛,滑液囊炎时出现水瘤,初有波动,后被逐渐吸收,甚至关节发生愈着,病牛表现跛行。

2. 羊

主要表现也是流产,发生在妊娠后的第3～4个月(妊娠期150d),其他症状还有乳房炎、支气管炎、关节炎、滑液囊炎,公羊发生睾丸炎。

3. 猪

最明显症状也是流产,大多发生在怀孕的30～50d或80～110d,早期流产的胎儿和胎衣多被母猪吃掉,常不被发现,极少数流产后胎衣不下,引起子宫炎和不育。公猪主要症状是睾丸炎和附睾炎,一侧或两侧无痛性肿大,有的极为明显。有的病状较急,局部有热痛,并伴有全身症状。有的病猪睾丸发生萎缩、硬化,性欲减退,丧失配种能力。无论公母猪都可能发生关节炎,大多发生在后肢,偶见于脊柱关节。局部关节肿大、疼痛,关节带囊内液体增多,出现关节强硬,跛行。

四、病理变化

1. 胎儿

牛流产胎儿胃水肿,淋巴结、脾和肝肿胀、坏死,皮下肌间有出血性浆液性浸润。浆膜上有絮状纤维素块，胸、腹腔有微红色液体及混有纤维素。第四胃（真胃）中有黄色或白色黏液和絮状物，有的黏膜上见有小出血点。胃、肠、膀胱黏膜及浆膜上可能有出血点。猪胎儿变化同上，但常有木乃伊化。

2. 胎衣

绒毛膜下胶样浸润，胎膜增厚，覆有纤维素和脓生物，呈灰黄绿色，有时见充血或出血。子叶充血、肿大及发生糜烂。流产的猪胎衣充血、出血和水肿，表面覆盖淡黄色渗出物，有的还见坏死区域。

3. 母体子宫

黏膜充血、出血和炎性分泌物。母猪可见黏膜上有许多如大头针帽至粟粒大的淡黄色化脓或干酪样小结节，内含脓液或豆腐渣样物质。

4. 公畜生殖器官

睾丸、附睾有化脓坏死灶，鞘膜腔充满浆性渗出液。慢性者睾丸及附睾结缔组织增生、肥厚及粘连。精囊可能有出血及坏死灶。公猪睾丸及附睾肿大，切开见有豌豆大小的化脓和坏死灶、化脓灶，甚至有钙化灶。公猪还见有关节炎，滑液囊有浆液和纤维素，病重时见有化脓性炎症和坏死，甚至还见脊柱骨、管骨的炎症或脓肿。

五、诊断

根据流行病学、临床症状及病理变化可做出初步的诊断，但确诊有赖于实验室细菌学、血清学及变态反应的检验，特别是本病多呈隐性感染，只有反复多次检验，方可达到早期诊断的目的。

1. 病原学检查

病原学检查常取母畜胎衣，绒毛叶水肿液，流产胎儿的胃内容物及有病变的肝、脾、淋巴结涂片，或进行细菌培养，发现本菌即可确诊。

2. 血清学检查

(1) 凝集试验　最为常用，感染1周即产生凝集抗体，一般流产后1～2周达最高峰，经半年开始下降，可持续2～4年，具体方法上又分为试管法和平板法。

(2) 牛全乳环状试验　适宜于对牛群的初筛，取鲜牛奶1mL于小刻度管中，加环状反应抗原0.5mL，混匀于37℃ 1h后观察结果，乳柱不显色，而乳脂环显色时为阳性，反之为阴性。

(3) 补体结合反应　出现稍迟（感染1～2周产生补反抗体），敏感性比凝集反应高，持续时间也较长，当凝集反应为可疑或阴性时，补体结合反应仍为阳性，但操作较复杂，只能作为辅助诊断。

(4) 变态反应　仅用于山羊和绵羊布鲁氏菌病的诊断，出现迟，持续1～2年。

六、防治措施

1. 加强检疫，坚决保护健康畜群

对从未发生过布鲁氏菌病的健康畜群，必须贯彻预防为主的方针和坚持自繁自养的原则，防止从外部引入病畜。若必需从外单位引进动物时，应从无此病地区购买，购进后隔离观察2个月，并进行检疫，确实健康的方可并群饲养。

2. 定期进行免疫注射，是控制本病的有效措施

目前，我国生产有3种布鲁氏菌病疫苗，供生产单位应用。

①猪布鲁氏菌2号疫苗：供预防山羊、绵羊、猪和牛布鲁氏菌病之用。可用口服法、喷雾法、注射法等方法使用。各种动物的免疫期不一样，羊不论口服、喷雾或注射，免疫期均为3年；牛口服疫苗，免疫期暂定2年；猪口服或注射，免疫期暂定1年。

②羊布鲁氏菌5号疫苗：预防牛和羊布鲁氏菌病。免疫方法可采用皮下接种、气雾和灌服免疫。

③牛布鲁氏菌19号疫苗：适用于预防牛、绵羊布鲁氏菌病。对牛的免疫量为600亿～800亿个活菌，对绵羊的免疫量为300亿～400亿个活菌。牛在5～8月龄时注射1次，必要时在18～20月龄（即第1次配种前）再注射1次。以后可根据牛群布鲁氏菌病流行情况决定是否注射。对牛的免疫力，6年内无显著变化。孕牛不得注射。绵羊每年配种前1～2个月注射1次，孕羊严禁注射，对绵羊的免疫期为9～12个月。该苗对猪和山羊不宜注射。

3. 患病动物群的康复措施

对患病动物群可采取定期普遍检疫、加强消毒及卫生措施、妥善处理患病动物和培育健康动物群等措施。对患病动物进行对症治疗，如剥离胎衣、子宫炎时冲洗和治疗、抗生素的应用等。

七、公共卫生

人类可以感染布鲁氏菌病，传染的途径是食入、接触和吸入。凡在牧场、屠宰场、畜产品加工厂的员工及兽医、实验室工作人员等都可能感染，特别是患畜流产和分娩时感染机会最多。病人表现出发热、寒战盗汗、关节炎、神经痛、睾丸炎等多种症状，有的病人可反复发作，多年不愈。因此，除有赖于动物布鲁氏菌病的预防和消灭外，还应开展宣传教育，建立和健全安全防护制度，注意个人防护，必要时可进行疫苗注射，保证人们的健康。

情景四　大肠杆菌病

大肠杆菌病是指由致病性大肠杆菌引能起各种动物疾病的总称，各种动物大肠杆菌病的表现形式有所不同。主要危害幼年动物，常发生败血症和腹泻，除此外可见尿道感染和乳房炎，给畜牧业带来巨大的损失。

本病广泛分布于世界各地，我国广泛存在，是对养殖业带来严重的经济损失的重要传染病。

一、病原

大肠杆菌为革兰阴性、中等大小的杆菌，无芽孢，多数无荚膜、有鞭毛，能运动。大肠杆菌的抗原构造及血清型极为复杂，由菌体抗原（O抗原）、表面抗原（K抗原）和鞭毛抗原（H抗原）以及菌毛抗原（F抗原）组成。O抗原为多糖-类脂-蛋白质复合物，即内毒素。O、K、H 3种抗原，分别已发现至少有165、100、60种，按抗原成分不同，可将病原性大肠杆菌分为许多血清型。

本菌为需氧或微厌氧，在普通培养基上容易生长。在麦康凯和远藤氏琼脂培养基上生长良好，可形成红色菌落，是由于大肠杆菌能分解乳糖所致，可与不分解乳糖的细菌相区别。在伊红美蓝琼脂培养基上则形成黑色带金属光泽的菌落。

本菌对热的抵抗力较强，对消毒剂的抵抗力不强，常规浓度在短时间内即可将其杀灭。但本菌的耐药菌株不断增多，药物的耐药谱也很难确定，给本病的防治带来困难。

二、流行病学

1. 易感动物

多种动物和人都可感染。幼龄动物比老龄动物易感。如鸡多发生于3～6周龄；猪的3种病均在育肥以前，仔猪黄痢常发生于出生后7d以内，以1～3日龄者居多，仔猪白痢常发生于出生后10～30d，以10～20日龄者居多，仔猪水肿病常发生于断奶仔猪；犊牛、羔羊也都在1月龄以内，兔主要侵害20日龄及断奶前后的仔兔和幼兔。

2. 传染源

患病动物及带菌动物是本病的主要传染源，主要经粪便排菌。大肠杆菌为消化道主要菌群，大多为非致病菌，也有少量致病性，当有条件时即可致病，另外也可由外源性感染引起。

3. 传播途径

主要经消化道感染，牛还可经胎内、脐带，鸡还可经呼吸道、种蛋（鸡胚）感染。皮肤黏膜创伤（鸡脱肛后的感染）也可感染。

4. 发病诱因

新生动物未及时吸吮初乳，饲料不良，饲养管理不善，冷热刺激，卫生、空气质量差，消毒不彻底，密度过大，其他疾病等均能促使本病发生。

5. 流行特点

本病一年四季都可发生，但牛、羊多在冬季，呈散发性或地方流行性。猪发生仔猪黄痢时，常波及一窝仔猪的90%以上，病死率可达100%；发生仔猪白痢时，一窝仔猪的发病率可达30%～80%；发生仔猪水肿病时，多呈地方流行性，发病率可达10%～35%，发病动物常为生长快的健壮仔猪。雏鸡发病率可达30%～60%，病死率高，可达100%。

三、临床症状与病理变化

(一)仔猪大肠杆菌病

猪感染致病性大肠杆菌时，根据发病日龄和临床表现可分为仔猪黄痢、仔猪白痢和仔猪水肿病3种情况。

1. 仔猪黄痢

仔猪黄痢常发生于7日龄以内仔猪，由母体感染，潜伏期8～18h，往往表现一窝猪突然1～2头发病，全身衰竭，迅速死亡，随后全窝发病，拉黄白色水样粪便，带凝乳片、气泡，腥臭，口渴，但无呕吐现象，精神沉郁，不食，严重脱水，消瘦，皮肤发红，昏迷而死，病程1~2d，往往来不及治疗，致死率高，可达100%。

病理变化主要是皮下、黏膜、浆膜水肿，特别是小肠充满黄色液体和气体，肠系膜淋巴结出血，十二指肠尤为严重，肝、胃有坏死灶。

2. 仔猪白痢

仔猪白痢多发生于10~30日龄仔猪，30日龄以上少见，与环境因素特别是温度有关。表现突然拉灰白色黏糊状黏腻粪便，腥臭，畏寒，弓背，脱水，被毛粗乱，食欲减少，消瘦，病程2~3d，长者1周以上，可反复发作，病死率低，发育迟滞，易继发其他病。

病理变化主要是胃肠道呈卡他性炎症，胃内常积有多量凝乳块。肠壁薄而带半透明状，肠系膜淋巴结水肿。

3. 猪水肿病

猪水肿病主要发生于断奶前后的仔猪，与高蛋白、营养好有关，发病率较低，但病死率高。表现突然发病，步态不稳，抽搐，四肢游泳状划动，鸣叫，转圈，食欲减少，便秘。颈、腹、皮下、眼部、齿龈、脸部、头部水肿，口吐白沫，对刺激敏感，病程一般1~2d，病死率90%以上。

病理变化表现为全身多处组织水肿，头部皮下、胃壁及肠系膜的水肿是本病的特征，尤其是胃壁、贲门、胃大弯部和肠系膜呈胶冻样浸润。淋巴结水肿、出血，心包、胸腔积液，肺水肿、出血。有些无水肿变化，但内脏出血常见。

(二)犊牛大肠杆菌病

犊牛大肠杆菌病又称犊牛白痢，潜伏期短，一般为几小时至十几小时，在临床上可以分为败血型、肠毒血型和肠炎型3种情况。

1. 败血型

常见于生后至7日龄犊牛，表现为发热，体温高达40℃，精神沉郁，常于症状出现数小时死亡，症状有衰弱、嗜睡，很快死亡。间有腹泻，或仅在死前出现。病程长者可见多发性关节炎、脑膜炎。病死率可达80%以上。

2. 肠毒血型

较少见，常突然死亡，病程较长者有神经症状，先兴奋不安，后沉郁昏迷而死，伴有腹泻。

3. 肠炎型

多见于7~10日龄犊牛，病初体温高达40℃，数小时后开始下痢，体温降至正常。粪便初呈黄色粥样，随后变为水样，带有气泡，呈灰白色，并混有没有消化的凝乳块，酸臭有腐败气味，后期可见排粪失禁。病程长的可见关节炎和肺炎症状。

败血型和肠毒血型常无明显病理变化。肠炎型病理变化主要表现急性胃肠炎变化，如真胃内有大量凝乳块，真胃、肠黏膜充血、水肿，皱褶处出血、覆有黏液；肠内容物混有血液和气泡、水样、恶臭；肠系膜淋巴结充血、肿胀；整个消化道弛缓，肠壁菲薄。

(三)羔羊大肠杆菌病

羔羊大肠杆菌病潜伏期一般为几小时或1~2d，按临床表现可分为败血型和肠炎型。

1. 肠炎型

又称大肠杆菌性羔羊痢疾。多见于7日龄内羔羊，病初体温常高达40.5~41℃，数小时后开始下痢，粪便初呈糊状，后由黄色变为白色，随后粪便变为液状，带有气泡，有时混有血液和黏液，肛门周围、尾部和臀部皮肤沾污粪便。病羊腹痛，拱背，卧地。

病理变化主要表现脱水，真胃及肠内容物呈黄灰色半液状，瘤胃和网胃黏膜脱落，真胃及十二指肠中段呈严重的充血、出血。肠系膜淋巴结充血肿胀；脑膜充血。肺可见肺炎病变。

2. 败血型

多见于2~6周龄以至3月龄羔羊，表现为发热，体温高达41.5~42℃，精神沉郁，结膜充血、潮红，呼吸浅表，神经症状明显，病羊口吐白沫，四肢僵硬，运行失调，卧地磨牙，头向后仰，四肢呈游泳状划动。病羊很少下痢，少数排出带血粪便。死前腹部膨胀，肛门外突，多于发病4~12h内死亡，病死率高，很少有恢复者。

常无明显病理变化，主要是在胸、腹腔和心包内可见有大量积液，内有纤维蛋白。某些病例可见关节炎，尤其是肘关节和腕关节肿大，内含混浊液和纤维素性脓性絮片。脑膜充血，小出血点。

(四)禽大肠杆菌病

禽大肠杆菌病由致病性大肠杆菌引起各种禽类的急性或慢性传染病，给养禽业带来严重的经济损失。在临床上表现极其多样化，主要包括以下病型。

1. 急性败血型

病鸡不显症状而突然死亡，或症状不明显；部分病鸡离群呆立或挤堆，羽毛松乱，食欲减退或废绝，排黄白色稀粪，肛门周围羽毛污染。该型发病率和死亡率都较高。

主要的肉眼可见病理变化：

①纤维素性心包炎：表现为心包积液，心包膜混浊、增厚、不透明，甚者内有纤维素性渗出物，与心肌相粘连。

②纤维素性肝周炎：表现为肝脏不同程度肿大，表面有不同程度纤维素性渗出物，甚者整个肝脏为一层纤维素性薄膜所包裹。

③纤维素性腹膜炎：表现为腹腔有数量不等的腹水，混有纤维素性渗出物，或纤维素性渗出物充斥于腹腔肠道和脏器间。

2. 卵黄性腹膜炎

卵黄性腹膜炎又称蛋子瘟，多见于产蛋中后期。病鸡的输卵管常因感染大肠杆菌而产生炎症，炎症产物使输卵管伞部粘连，漏斗部的喇叭口在排卵时不能打开，卵泡因此不能进入输卵管而跌入腹腔，从而引发本病。病鸡外观腹部膨胀、重坠，剖检可见腹腔积有大量卵黄，肠道或脏器间相互粘连。

3. 生殖器官感染

患病母鸡卵泡膜充血，卵泡变形，局部或整个卵泡红褐色或黑褐色，有的硬变，有的卵黄变稀。有的病例卵泡破裂，输卵管黏膜感染时可见出血斑、内有多样渗出物、黄色絮状或块状的干酪样物；常于发病几个月后死亡。公鸡睾丸充血，交媾器充血、肿胀。

4. 关节炎或足垫肿

幼、中雏鸡感染居多。一般呈慢性经过,病鸡消瘦、生长发育受阻,关节肿胀,跛行。

5. 肉芽肿

部分成年鸡感染本菌后常在肠道等部位产生大肠杆菌性肉芽肿。主要见于十二指肠、盲肠、肝和脾脏产生肉芽肿,病变可从很小的结节到大块组织坏死。该型少见,但发病后死亡率高。

6. 蛋黄囊炎和脐炎

蛋黄囊炎和脐炎指幼鸡的蛋黄囊、脐部及周围组织的炎症。主要发生于孵化后期的胚胎及1~2周龄的雏鸡,死亡率为3%~10%,甚至高达40%。表现为蛋黄吸收不良,脐部闭合不全,腹部肿大下垂等异常变化。

7. 全眼球炎

患大肠杆菌性全眼球炎的病鸡,眼睛灰白色,角膜混浊,眼前房积脓,常因全眼球炎而失明。

8. 大肠杆菌性脑病

大肠杆菌能突破鸡的血脑屏障进入脑部,引起病鸡昏睡、神经症状和下痢,不吃不喝,难以治愈,多以死亡而告终。本病可在滑膜支原体病、败血支原体病、传染性鼻炎和传染性喉气管炎的基础上继发或混合感染,又可独立发生。

9. 肿头综合征

本型主要发生于4~6周龄肉鸡,表现为头部皮下组织及眼眶发生急性或亚急性蜂窝织炎。

鸭的大肠杆菌病主要表现为败血症和生殖道感染等,鹅则主要为生殖器官感染和卵黄性腹膜炎等,其他禽类多表现败血症。

四、诊断

根据临床症状、流行病学和病理变化可做出初步诊断,确诊需要进行细菌学检查。

细菌学检查的采取病料部位一般是:败血型为血液、内脏组织;肠毒血型为小肠前段黏膜;肠炎型由发炎肠黏膜。对分离出的大肠杆菌应鉴定血清型。

本病在诊断中应注意与下列疾病相区别。猪:仔猪红痢、猪传染性胃肠炎以及由轮状病毒、冠状病毒等引起的腹泻;牛:犊牛副伤寒;羊:羔羊痢疾;兔:兔副伤寒、魏氏梭菌性肠炎、球虫病、泰泽氏病、绿脓假单胞菌病;禽:沙门菌病、球虫病,鸭大肠杆菌病还应注意与鸭疫巴氏杆菌病相区别。

五、防治措施

1. 一般防治措施

大肠杆菌病是环境性疾病,做好环境卫生,加强饲养管理是预防本病的关键措施。特别要注意检查水源是否被大肠杆菌污染,如是则应彻底更换;加强分娩舍的卫生及消毒工作,不从有病场引种,固定圈舍、运动场,生产时产房及母畜阴部、乳房用0.1%高锰酸钾消毒,注意营养不良(如日粮成分不均衡,维生素缺乏)及影响乳汁分泌性疾病,仔畜应及时吸吮初乳，注意保温。禽类注意育雏期保温及饲养密度；禽舍及用具经常清洁和消毒；种鸡场应及时收集蛋，每天收蛋4次，脏蛋应以清洁细砂纸擦拭。

2. 免疫接种

①猪：在本地区或猪场大肠杆菌血清型调查的基础上，使用与本地区血清型一致的疫苗或其与LT联合疫苗。预防仔猪黄痢，可对妊娠母猪产前6周和2周进行2次注射。一般来说，（来自当地流行菌型的）自家场疫苗给妊娠母猪（产前3~4周）经口免疫效果较好，灭活疫苗在产前4~6周和1~2周2次皮下或肌肉免疫母猪，也有较好的效果。预防仔猪白痢和仔猪水肿病，可在仔猪出生后接种猪大肠杆菌腹泻基因工程多价疫苗，灭活疫苗使用也有较好的效果。

②牛：妊娠母牛可将带有K99菌毛抗原的单价或多价疫苗，也可用从同群母牛采取的血清、γ球蛋白制剂等进行免疫注射，用于预防。

③禽：自家灭活菌苗在生产上应用可以控制本病，效果良好。肉鸡在3周龄接种1次即可；蛋鸡在4~5周龄首次接种，4~6周后第2次接种，种鸡18~20周龄接种1次。鹅大肠杆菌也可以用菌苗在母鹅产蛋前15d肌肉注射1mL，免疫期4~5个月。

3. 治疗

本病治疗的关键是通过药敏试验，选取敏感药物进行合理治疗。

①猪：发病后及时选取敏感药物进行治疗。对于仔猪黄、白痢的治疗原则是抗菌、补液，母仔兼治、全窝治疗，常用的药物有庆大霉素、痢特灵、新霉素、磺胺甲基嘧啶等。治疗的同时应给仔猪补液，如口服补液盐或5%葡萄糖。仔猪黄痢还可用微生态制剂，如NY-10、促菌生、乳康生、调痢生(8501)等都有较好作用。仔猪白痢还可用中兽医疗法：白痢灵注射液、十滴水、羊红膻等治愈率均在90%以上。

②牛：发病后及时治疗。注意早期发现，选择敏感药物，投药量初为治疗量的2倍。肠型要配合补液，防止酸中毒。羔羊大肠杆菌病可参照实行。

③禽：一旦发生本病应该对分离到的大肠杆菌进行药物敏感试验，在此基础上筛选出高效药物用以治疗，如无条件进行药敏感试验的鸡场，在治疗时一般可选用下列药物：氟哌酸 5×10^{-5}~1×10^{-4} 混料 3~5d；四环素类药按0.02%~0.06%比例混料3~4d；敌菌净按照0.02%比例溶于饮水3d；个别病鸡可肌注庆大霉素0.5万~1万U/kg或卡那霉素30~40mg/kg或链霉素100~200mg/kg，上述3种药物均为每日注射1次，连续3d。

情景五　沙门菌病

沙门菌病是各种动物由沙门菌属细菌引起疾病的总称。临床上多引起败血症、肠炎和其他组织的局部炎症为特征，主要侵害幼年动物和青年动物。

本病呈世界性分布，我国广泛存在，对人和动物构成严重威胁，特别是一些沙门菌污染食品而造成食物中毒，在公共卫生方面具有重要地位。

一、病原

沙门菌属是由一大群血清上相关的杆菌组成。该属细菌菌体两端钝圆、中等大小、直杆菌。革兰染色阴性、无芽孢、无荚膜，除鸡白痢沙门菌和禽伤寒沙门菌外，都具有周鞭毛，能运动，绝大多数具有菌毛，能吸附于宿主细胞表面和凝集细胞。

本属细菌对热、各种消毒药和外界环境的抵抗力较强。60℃ 15min 可杀死本菌。5%石灰酸、2%氢氧化钠、0.1%升汞液等于数分钟内即可使本菌灭活。本菌对胆盐、亚硒酸盐、亚硫酸钠等的抵抗力强于其他肠道菌，故在含有这类物质的增菌液中仍能生长。本属细菌对抗菌药物的敏感性随耐药菌株日益增多而越来越低。多数菌株能抵抗青霉素、链霉素、四环素、土霉素、林肯霉素、红霉素和磺胺类药物等，但对庆大霉素、多黏菌素B等尚有较高敏感性。

二、流行病学

1. 易感动物

人、各种家畜和家禽及其他动物均有易感性，幼龄动物较成年动物易感。
①猪：主要发生于6月龄以下仔猪，特别是2～4月龄仔猪多见。
②牛：1月龄左右的犊牛最易感。
③羊：主要是断奶时的羔羊易感。
④鸡：2周龄以内的雏鸡最易感。

2. 传染源

患病动物及带菌动物是本病主要的传染源，它们可由粪、尿、乳、流产的胎衣、胎儿、羊水、精液排菌。健康动物带菌（特别是鼠伤寒沙门菌）现象很普遍，潜藏于消化道、淋巴结、胆囊，当动物抵抗力降低时，病菌活化发生内源性传染，也可反复通过易感动物，毒力增强而扩大传播，野鸟、冷血动物（乌龟、蛇、蜥蜴）、鼠、蜱、蝇都有传播作用。

3. 传播途径

本病主要是污染的饲料和水源经消化道感染健康动物。患病动物和健康动物交配或用患病动物的精液人工授精也可发生感染。此外，子宫内也可能感染。

禽沙门菌病常形成较复杂的传染环。传播途径较多，最常见的传播途径是经带菌卵传播。用康复、带菌母鸡产的卵或卵壳污染的卵孵化后，或形成死胚，或孵出病雏鸡。孵化雏鸡在孵化器内可吸入漂浮的细菌，发生呼吸道感染，或通过消化道（粪便带菌）、损伤的皮肤、黏膜、交配感染，经卵育雏感染，耐过鸡直到产卵还带菌，这种带菌卵作种用则能使本病周而复始代代相传。

4. 流行特点

本病一年四季均可发生。猪在多雨潮湿季节发病较多，成年牛多于夏季放牧时发生。育成期羔羊常于夏季和早秋发病，孕羊则主要在晚冬、早春季节发生流产。一般呈散发性或地方流行性，有些动物可表现流行性。

三、临床症状与病理变化

(一)猪沙门菌病

猪沙门菌病也称仔猪副伤寒，主要是由猪霍乱沙门菌、猪伤寒沙门菌、鼠伤寒沙门菌、肠炎沙门菌病引起仔猪的一种传染型，临床上可分为急性型、亚急性型和慢性型。

1. 急性型

多见于断奶前后(2~4月龄)仔猪,主要由猪霍乱沙门菌引起。体温升高(41~42℃),拒食,很快死亡,耳根、胸前、腹下等处皮肤出现紫斑,后期见下痢、呼吸困难、咳嗽、跛行,经1~4d死亡。发病率低于10%,病死率可达20%~40%。

主要表现败血症的病理变化。皮肤有紫斑,脾肿大、暗蓝色、似橡皮,肠系膜淋巴结索状肿大;肝也有肿大、充血、出血,肝实质有黄灰色细小坏死点;全身黏膜、浆膜出血,卡他性-出血性胃肠炎。

2. 亚急性型和慢性型

较多见,表现体温升高(40.5~41.5℃),畏寒,结膜炎,黏、脓性分泌物,上下眼睑粘连,角膜可见混浊,溃疡。呈顽固性下痢,粪便水样,黄绿色、暗绿色、暗棕色,粪便中常混有血液坏死组织或纤维素絮片。恶臭,时好时坏,反复发作,持续数周,伴以消瘦、脱水而死。部分病猪在病中后期皮肤出现弥漫性痂状湿疹。病程可持续数周,终至死亡或成僵猪。

主要病理变化在盲肠、结肠和回肠。特征是纤维素性-坏死性肠炎,表现肠壁增厚,黏膜潮红,上覆盖一层弥漫性坏死和腐乳状坏死物质,剥离见基底潮红,边缘留下不规则堤状溃疡面,有的病例滤泡周围黏膜坏死,稍突出于表面,有纤维素样的渗出物积聚形成隐约而见的轮状环。肝、脾、肠系膜淋巴结常可见针尖大、灰白或灰黄色坏死灶或结节。肠系膜淋巴结呈絮状肿大,有的有干酪样病变。肺常有卡他性肺炎或灰蓝色干酪样结节。

(二)牛沙门菌病

牛沙门菌病又称牛副伤寒。主要是由都柏林沙门菌、鼠伤寒沙门菌、肠炎沙门菌引起的一种传染病,成年牛、犊牛都可以感染发病。

1. 犊牛

多数犊牛2~4周龄后发病,病初体温升高达40~41℃,脉搏、呼吸均增数,24h后出现带有血液、黏液的恶臭下痢,脱水、消瘦,通常于发病后5~7d死亡,病死率可达50%。有的出现关节炎、支气管炎、肺炎等,耐过牛多数发育不良。

多数呈败血症病理变化,特征性病变见于脾脏及肝脏,脾脏肿大2~3倍,被膜紧张,有出血斑点及坏死灶,肝脏肿大,也可见针尖至针头大坏死结节,肠系膜淋巴结水肿、出血,心壁、腹膜及腺胃、小肠和膀胱黏膜有出血小点。慢性型,肺呈卡他性-化脓性支气管肺炎,关节囊肿大,关节腔中有脓汁或浆液、纤维素性渗出物。

2. 成年牛

主要表现高热,食欲废绝,脉搏频数,呼吸困难,衰竭,继之出现恶臭、含有黏膜或纤维素絮片的血痢,下痢后体温降至正常或略高,及时合理的治疗可降低死亡率,多于1~5d内死亡,死亡率可高达50%~100%。妊娠母牛感染后可发生流产(多于6个月)。顿挫型病牛,经24h症状减退,不见下痢,但从粪便中还可排菌数天,发病率可达80%,病死率13%。

主要呈急性黏液性、坏死性或出血性肠炎的病理变化,特别是回肠和大肠,可见肠壁增厚,黏膜潮红、出血、坏死、脱落。其他病理变化与犊牛相似,流产母牛可见到子宫黏膜增厚，绒毛叶坏死，胎盘水肿。

(三)羊沙门菌病

羊沙门菌病主要是由鼠伤寒沙门菌、羊流产沙门菌、都柏林沙门菌等引起绵羊和山羊的急性传染病，以下痢和妊娠羊流产为特征。

1. 下痢型

多见于15～20日龄的羔羊，病羊厌食，体温升高至41℃以上，严重下痢，排出大量的灰黄色糊状粪便，污染后躯，迅速出现脱水症状，往往死于败血症或严重脱水。如果母羊群中同时存在羔羊和妊娠羊，则可能出现多种病型，某些病羊可能无前驱症状而突然死亡。

2. 流产型

流产多发生在妊娠后4～6周。如果不发生产后感染，母羊常不表现明显的症状或出现一过性的体温升高，而且排菌时间很短。部分母羊产死羔或弱羔，而出生时外表正常的羔羊常于2～3周后下痢或死于败血症。母羊的死亡率为10%～15%不等，流产率为10%～75%，甚至更高。

羊沙门菌病病理变化主要呈现败血症的变化，脾脏肿大，有灰色的坏死病灶，脏器充血，急性病例可见胃炎和肠炎，相关淋巴结肿大，肠内容物稀薄，流产胎儿皮下水肿，胸腔有过量的积液，心外膜和肺脏出血，胎盘无明显的肉眼病变。

(四)禽沙门菌病

禽沙门菌病是由沙门菌属中一种或多种细菌引起的禽类传染病，包括鸡白痢、禽伤寒、禽副伤寒3种不同的疾病。

1. 鸡白痢

鸡白痢是由鸡白痢沙门菌引起的各种年龄鸡都可发生的一种传染病。不同日龄的鸡发生该病的临床表现差异较大。

(1)雏鸡　潜伏期4～5d。若由带菌蛋孵化时，鸡胚在孵化期内常发生死亡，或孵出不能出壳的弱胚，或出壳后1～2d即死亡。出壳后感染雏鸡，在孵出后3～5d开始发病死亡。到2～3周龄时达到发病和死亡高峰。病雏怕冷，身体蜷缩如球状，常成堆的拥挤在一起，特别喜在热源周围；有的尖声鸣叫，两翅下垂，绒毛松乱，精神委顿，眼半闭，嗜眠，不食或少食。病雏出现下痢，排出一种白色、糨糊状的稀粪。有时泄殖腔周围的绒毛上沾有白色、干结成石灰样的粪便，常称为糊屁股。由于干结粪便封住泄殖腔，每当排粪时常常发出"吱吱"的尖叫声。多数病雏表现呼吸困难症状，伸颈张口。病程4～7d，污染严重种鸡的后代雏鸡白痢的死亡率可达20%～30%。3周龄以上的病雏一般较少死亡，但这样的雏鸡发育迟缓，成为带菌或慢性病鸡。

雏鸡白痢剖检可见肝肿大和瘀血，间有出血，胆囊充盈多量胆汁，肺充血或出血。卵黄吸收不全，卵黄囊皱缩，内容物稀薄呈油脂状，或淡黄色豆腐渣样。在肝、肺、心肌有灰褐色或灰白色坏死灶，致使心脏增大变形；有的病雏在肌胃、盲肠、大肠黏膜上可见坏死和结节，盲肠中有灰白色干酪样物，堵塞于肠腔内。脾肿大或见坏死点；肾肿大、充血或出血，输尿管充满尿酸盐。

(2)青年鸡(育成鸡)　多发生于40～80日龄的鸡，本病常突然发生，全群鸡食欲精神无明显变化，但鸡群中不断出现精神、食欲差和下痢者，常突然死亡，每天都有鸡死亡，数量不一。病程较长，可达20～30d，死亡率可达10%～20%。

育成鸡白痢突出的病理变化是肝破裂，腹腔内见有凝血块。脾脏肿大，心包增厚，心肌可见有数量不一黄色坏死灶，严重的心脏变形、变圆，在肌胃上也可见到类似的病变。肠道呈卡他性炎。

（3）成年鸡　成年鸡不表现明显症状，成为隐性带菌者或慢性经过。在鸡群内不断散播病原菌，扩大传染，不被人们察觉。只可感到母鸡产卵量与受精率下降，孵化率降低。有的感染鸡，可因卵黄性腹膜炎，出现垂腹现象。但成年鸡也有急性暴发的病例，要引起重视。

成年母鸡白痢最常见的病理变化是卵子形状和颜色的改变。卵子失去正常的金黄色，变得晦暗无光泽，呈灰色、褐色、淡青或墨绿色。同时，卵子形状皱缩不整齐（扁的、椭圆形、凹凸不平的），卵膜变厚、质实，切开时，或见内容物变成油脂样或豆腐渣一样。有时还可以看到，鸡卵掉在腹腔内，为炎性组织所包埋，切开呈均匀的淡黄色或污秽黄褐色，易引起腹膜炎，即常称的卵黄性腹膜炎。有时还可看到，卵黄堵塞在输卵管内，从而引起腹膜炎和肠管粘连。同时，还常见有心包炎、心囊积液、混浊、心包膜增厚而混浊，甚至与心肌粘连。

成年公鸡白痢主要是睾丸炎，睾丸有小脓肿，输精管增粗，内有渗出物。

2. 禽伤寒

禽伤寒是由鸡伤寒沙门菌引起禽的一种败血性传染。主要发生于青年鸡和成年鸡，鸡、火鸡、珍珠鸡、孔雀、鹌鹑以及鸭可以自然感染，但鹅、鸽有抵抗力。一般呈散发性。

本病潜伏期一般是4～5d。青年鸡和成年鸡的急性病例突然停食，精神萎靡，羽毛松乱，排出黄绿色稀粪，由于发生严重溶血性贫血，鸡冠和肉髯苍白皱缩。体温升高1～3℃。病鸡迅速死亡，一般病程4～10d。亚急性和慢性病例发生贫血，鸡渐进性消瘦，病死率较低。雏鸡、雏鸭发病时，症状与白痢相似。

急性病例不见明显病理变化。病程稍长的可见肝、脾和肾充血肿大。亚急性、慢性病例，肝肿大呈青铜色为其特征。肝和心脏有灰白色的粟粒状坏死灶，心包炎，公鸡发生睾丸炎并有病灶，雏鸡的肺、心脏和肌肉可见灰白色病灶。雏鸭可见心包膜出血，脾轻度肿大，肺及肠呈卡他性炎症。

3. 禽副伤寒

禽副伤寒是由鼠伤寒沙门菌、肠炎沙门菌等引起禽的一种地方流行性传染病。家禽常于孵出后2周内发病，6～10月龄损失最大。1月龄以上的家禽一般不引起死亡，成年鸡呈隐性或慢性经过。

经带菌蛋感染或出壳的雏禽在孵化器内感染发病后，呈败血症经过，往往不显任何症状就死亡。年龄较大的幼禽则为亚急性经过。各种幼禽副伤寒的症状主要表现为精神萎靡，嗜睡呆立，两翅下垂，羽毛松乱，食欲不振或拒食，饮水增加，水样下痢，肛门周围沾有稀粪，怕冷，相互拥挤。雏鸡见有颤抖、喘气及眼睑浮肿，常猝然倒地死亡。成年禽一般为慢性带菌者，常不见症状，急性病例极少见，有时出现水样下痢，失水，精神不振，两翅下垂，羽毛松乱等。

急性死亡的雏鸡见不到明显的病理变化。病程稍长的消瘦，失水，卵黄凝固，肝、脾充血并有条纹状出血或针尖状坏死，肾有充血，心包炎及心包粘连。雏鸡出血性肠炎，盲肠内有干酪样物。成年禽急性型可见肝、脾、肾充血肿胀,有出血性坏死性肠炎。可见心包炎、腹膜炎。产卵鸡可见到输卵管的坏死和增生,卵巢发生坏死,往往形成腹膜炎。慢性型和肠道带菌者一般无明显病变,但有的可见肠道坏死性溃疡,肝、脾或肾肿大,心脏有结节,卵子变形。

四、诊断

根据流行病学、临床症状和病理变化可做出初步诊断,确诊应进行实验室检验。通常采取患病动物的血液、内脏器官、粪便或流产胎儿的胃内容物、肝、脾为病料,做沙门菌的分离,必要时可进一步进行生化试验和血清学分型试验鉴定分离株。

动物感染沙门菌后的隐性带菌和慢性无症状经过较为多见,检出这部分动物是防治本病的重要一环。对鸡白痢可采取鸡的血液或血清做平板凝集试验,鸡白痢标准抗原也可用来对禽伤寒进行凝集试验。猪沙门菌病进行细菌分离鉴定时,值得注意的是亚硒酸盐和四硫磺酸盐两种培养基对猪霍乱沙门菌有毒性,这可能是临床上该菌分离率低的原因之一。

此外,微量快速细菌生化反应试验法对主要肠道沙门菌鉴别效果很好。ELISA 和 PCR 技术也可以用于沙门菌的快速检测。

本病在诊断中应注意与下列疾病相区别。猪:急性型仔猪副伤寒应注意与急性型猪瘟、急性型猪丹毒和急性型猪巴氏杆菌病相区别,亚急性型、慢性型仔猪副伤寒应注意与亚急性型、慢性型猪瘟相区别;鸡:鸡白痢应注意与鸡球虫病、鸡伤寒、鸡副伤寒、曲霉菌病区别。

五、防治措施

1. 加强饲养管理,坚持自繁自养

平时应坚持自繁自养,防止传染源的侵入。加强饲养卫生管理,不可宰杀患病动物食用,以免污染环境和引起食物中毒。

2. 常发地区进行免疫接种

仔猪断奶后接种仔猪副伤寒弱毒冻干疫苗,可有效地控制本病发生,合理使用微生态制剂,促进动物早期建立肠道正常微生态系统,也可有效地防止本病发生。

3. 针对病情,对症治疗

通过药敏试验选取敏感药物进行合理治疗,是控制本病的关键环节。

①猪:发病猪应及时隔离治疗,主要是抗菌消炎,止泻补液等。常用抗生素有土霉素、卡那霉素、庆大霉素、新霉素,另外还有磺胺甲基异噁唑(SMZ)或磺胺嘧碇(SD)等,均有一定的疗效。按规定使用药物,不能滥用,防止耐药性产生。不能长期使用,各种药物交替使用为好。不少中草药有抗菌消炎的作用,可考虑使用。

②牛、羊:发现病牛应及时应用新霉素等抗生素和磺胺类药物进行治疗。

③禽:发现病禽时可选用庆大霉素、土霉素、磺胺类等药物进行治疗,但治愈的家禽可能长期带菌,不能作种用。

情景六　巴氏杆菌病

巴氏杆菌病又称出血性败血症，是由多杀性巴氏杆菌引起多种动物共患的一种传染病。急性型以败血症和炎性出血为特点，慢性型以皮下、关节以及各脏器的局灶性化脓性炎症为特点。

本病分布于世界各地，我国广泛存在，是对养殖业带来严重的经济损失的重要传染病。

一、病原

多杀性巴氏杆菌属于巴氏杆菌属，为细小球杆菌，多单个存在，革兰染色为阴性。无鞭毛，不形成芽孢。新分离的强毒菌株具有荚膜。在血液和组织的病原菌，用美蓝、瑞氏或姬姆萨液染色，菌体呈明显的两极着色特性，但其培养物的两极着色不明显。本菌对抵抗力不强，一般常用的消毒药，都可在数分钟内杀死本菌，但10％克辽林在1h内尚不能杀死此菌，不宜采用。

二、流行病学

1. 易感动物

多杀性巴氏杆菌对多种动物（家畜、野生动物和禽类）和人均具有致病性。家畜中以牛、猪、兔和绵羊发病较多，山羊、鹿、骆驼、马、犬和水貂也可以感染发病；禽类以鸡、火鸡和鸭最易感，鹅和鸽子易感性较低。

2. 传染源

患病动物和带菌动物是主要的传染源。健康动物带菌的现象比较普遍，健康猪上呼吸道中常带有本菌，但多半为弱毒或无毒的类型。有人检查屠宰猪扁桃体带菌率达63％。由于猪群拥挤、圈舍潮湿、卫生条件差、长期营养不良、处于半饥饿状态、寄生虫病、长途运输及气候骤变等不良因素，降低了猪体的抵抗力，或发生某种传染病时，病菌乘机侵入机体内繁殖而增强毒力，引起内源性感染。

3. 传染途径

本病主要经过消化道和呼吸道传染，也可经皮肤、损伤的黏膜和吸血昆虫叮咬感染。

4. 流行特点

一年四季都可发生，以秋末、春初及气候骤变的时候发病较多，在南方大多发生在潮湿闷热及多雨季节。一般呈散发性，有时可呈地方流行性。

三、临床症状与病理变化

(一)猪巴氏杆菌病

猪巴氏杆菌病又称猪肺疫或猪出血性败血症，俗称锁喉风或肿脖子瘟。潜伏期1～12d，临床上常分为最急性型、急性型和慢性型3种类型。

1. 最急性型

常见于流行初期，病猪常无明显临床症状而突然死亡。症程稍长的可见体温升高至

41℃以上，食欲废绝，精神沉郁，寒战，可视黏膜发绀，耳根、颈、腹等部位皮肤出现紫红色斑。较典型的症状是急性咽喉炎，颈下咽喉部急剧肿大，呈紫红色，触诊坚硬而热痛，重者可波及耳根和前胸部，致使呼吸极度困难，叫声嘶哑，常两前肢分开呆立，伸颈张口喘息，口鼻流出白色泡沫液体，有时混有血液，严重时呈犬坐姿势，张口呼吸，最后窒息而死。病程1~2d，病死率很高。

最急性型呈败血症的病理变化，主要表现为全身皮下、黏膜有明显的出血。在咽喉部黏膜因炎性充血、水肿而增厚，使黏膜高度肿胀，引起声门部狭窄。周围组织有明显的黄红色出血性胶冻样浸润。淋巴结急性肿大，切面红色，尤其颚凹、咽背及颈部淋巴结明显，甚至出现坏死。胸腔及心包积液，并有纤维素。肺充血、水肿。脾有点状出血，但不肿大。心外膜出血。

2. 急性型

本病型常见，主要表现为肺炎症状，体温升至41℃左右，精神差，食欲减少或废绝，初为干性短咳，后变湿性痛咳，鼻孔流出浆性或脓性分泌物，触诊胸壁有疼痛感，听诊有啰音，呼吸困难，结膜发绀，皮肤上有红斑。初便秘，后腹泻，消瘦无力。大多4~7d死亡，不死者常转为慢性。

急性型病理变化主要表现为肺部炎症。肺小叶间质水肿增宽，有不同时期的肝变期，质度坚实如肝，切面有暗红、灰红或灰黄等不同色彩，呈大理石样。支气管内充满分泌物。胸腔和心包内积有多量淡红色混浊液体，内混有纤维素。胸膜和心包膜粗糙无光泽，上附纤维素，甚至心包和胸膜发生粘连。支气管和肠系膜淋巴结有干酪样变化。

3. 慢性型

初期症状不显，继则食欲和精神不振，持续性咳嗽，呼吸困难，进行性消瘦，行走无力。有时发生慢性关节炎，关节肿胀，跛行。有的病例还发生下痢。如不加治疗常于发病2~3周后衰竭而死。

慢性型病理变化表现为尸体消瘦，贫血，肺有多处病灶，内含干酪样物质；胸膜及心包膜有纤维素性絮状物附着，肋膜变厚常与病肺粘连；支气管周围淋巴结、肠系膜淋巴结以及关节和皮下组织可见坏死灶。

(二) 牛巴氏杆菌病

本病又称牛出血性败血症，以高热、肺炎、急性胃肠炎以及内脏器官广泛出血为特征。潜伏期为2~5d，临床上可分为败血型、浮肿型和肺炎型。

1. 败血型

病牛体温升高可达41~42℃，精神不振，低头弓背，被毛粗乱无光，脉搏加快，呼吸困难，鼻镜干燥，结膜潮红，有时咳嗽或呻吟。食欲减退或废绝，反刍停止，泌乳减少或停止。患牛腹痛、下痢，粪便混有黏膜或血液，有恶臭。一般因虚脱死亡，甚至突然死亡。

一般无特征性病理变化，只见内脏各器官充血，黏膜、浆膜、肺、舌、皮下组织和肌肉都有出血点。胸腔内有大量积液。

2. 浮肿型

多见于牛和牦牛，病牛颈部、咽喉及胸前的皮下结缔组织水肿，触之有热痛感和硬感,同时伴发舌及周围组织高度肿胀,有时舌伸出口外,呈暗红色,呼吸极度困难,眼红肿流泪,急性结膜炎,常因呼吸困难窒息而亡。病程 12~36h。

病理变化主要是水肿部位呈出血性胶样浸润,咽淋巴结和颈前淋巴结高度急性肿胀。

3. 肺炎型

此型常见,主要发生纤维素性胸膜肺炎症状。病牛呼吸困难,痛性干咳,鼻流泡沫样鼻汁,后呈脓性。胸部叩诊时有痛感,有实音区;胸部听诊有杂音及水泡音,有时听到摩擦音。病畜便秘,后期下痢并带有黏膜或血液,恶臭。

肺炎型主要表现纤维素性胸膜肺炎的病理变化。胸腔有大量浆液性渗出液。肺脏和胸膜、心包相粘连。肺组织肝样变,肺切面呈大理石纹理状。肺泡里有大量红细胞,使肺病变区呈弥散性出血现象。如果病程发展,则出现坏死病灶,呈污灰色或暗褐色。胃肠道呈急性卡他性炎,有时为出血性炎。

(三)羊巴氏杆菌病

羊巴氏杆菌病以肺炎为特征。病羊表现发热、咳嗽、黏液性化脓性鼻液,呼吸困难和胸廓两侧有浊音。听诊有支气管呼吸音。病的后期,四肢麻痹、卧地不起而死亡。病程平均 10d。存活的山羊表现长期咳嗽。

病羊剖检可见一侧或两侧肺脏的前下部有小叶性肝变,肝变区切面干燥,呈颗粒状,暗红或灰红色。该处胸膜上覆盖一层纤维素膜,有时见有坏死灶或形成空洞,内含有干酪样物。

(四)禽巴氏杆菌病

禽巴氏杆菌病又名禽霍乱或禽出血性败血症,急性型以突然发病、下痢为特征,慢性型以肉髯水肿及关节炎为特征。潜伏期为 2~5d。根据病程可分为最急性型、急性型和慢性型 3 种类型。

1. 最急性型

常见于流行初期,肥壮、高产的家禽,常呈最急性经过,病禽突然发生不安,倒地挣扎,翅膀扑动几下即死亡。或者,前一晚入圈时精神及食欲尚好,次日死于禽舍里,病程数小时。

剖检无特异病变,仅见心冠脂肪有小出血点。

2. 急性型

多数病例呈急性型经过。主要表现为精神不振,羽毛松乱,弓背、缩颈闭眼,常藏于翅膀下,离群呆立,不愿运动。食欲减少或废绝,常有剧烈腹泻,粪呈灰黄色、灰色、污绿色,有时混有血液。鸡冠、肉髯水肿、发热和疼痛,呼吸困难,最后昏迷痉挛而死。病程为 1~3d,多归于死亡。

剖检可见皮下、呼吸道、胃肠道黏膜、腹腔浆膜和脂肪有小出血点。心外膜及心冠脂肪常有大量的出血点,心包增厚、内积有淡黄色液体。肝脏病变具有特征性,肿大,质脆,呈棕红色或棕黄色或紫红色,肝表面有很多灰白色大头针帽大的坏死点。肠道充血、发炎,尤以十二指肠最严重,肠内容物含有血液,黏膜红肿,有很多出血点或小出血点,黏膜上常覆有黄色纤维素小块。鸡冠、肉髯水肿,内有干酪样物,有时腹膜和卵巢也有同样的变化。关节炎时,切开可见灰黄色干酪样物。

3. 慢性型

常由急性型转变而来，病鸡精神不振、鼻孔流出少量黏液，食欲减少，常腹泻，逐渐消瘦，鸡冠及肉髯苍白，一侧或两侧肉髯肿大。关节肿胀，跛行，甚至不能走动。病程可达数周。

鸭患巴氏杆菌病常以病程短促的急性型为主。一般表现沉郁，停止鸣叫，不愿下水，不愿走动，眼半闭，少食或不食，口渴，鼻和口中流出黏液，呼吸困难，张口，病鸭粪恶臭。有的发生关节炎或瘫痪，不能走动。用抗生素或磺胺类药物治疗时，死亡率显著下降，但停药后又复发，如此可持续零星发生，尤以种鸭或填鸭群于气候骤变后易发生。鸡群也有此现象。

成年鹅的症状与鸭相似，仔鹅发病和死亡较严重，常以急性型为主。

鸭、鹅患巴氏杆菌病的病理变化与鸡相似。

四、诊断

根据流行病学、临床症状、病理变化可以做出初步诊断，确诊需进行实验室诊断。本病的实验室诊断主要是采取急性病例的心、肝、脾或体腔渗出物以及其他病型的病变部位、渗出物、脓汁等病料做如下检查。

1. 涂片镜检

用心血、肝、脾组织涂片，瑞氏或美蓝染色后镜检，可见两极着色的小杆菌。

2. 细菌培养

将病料接种于鲜血琼脂、血清琼脂等培养基上，置37℃培养24h，观察结果，必要时可进一步做生化反应。

3. 动物试验

将病料用生理盐水制成1:10乳液，取上清液0.2mL接种小鼠、鸽或鸡，接种动物在1~2d后发病，呈败血症死亡，再取病料涂片检查，或做血液琼脂培养，可得以确诊。

4. 鉴别诊断

①猪：急性病例注意与猪瘟、丹毒相区别；最急性病例，咽喉部的肿胀和炎症，剖检时的胶冻样浸润都与败血型的炭疽相区别。

②鸡：注意与新城疫相区别。

③牛：注意与炭疽、气肿疽和恶性水肿相区别。

④羊：注意与肠毒血症、急性肺炎、链球菌病相区别。

五、防治措施

1. 一般性防治措施

预防本病必须贯彻预防为主的方针，加强饲养管理，注意通风换气和防暑防寒冷，合理密度，消除降低动物机体抵抗力的一切不良因素，以增强动物机体的抵抗力，防止发生内源性感染，做好日常卫生工作，定期消毒，杀灭环境中的病原体。坚持全进全出的饲养管理制度。

2. 定期免疫接种

猪、牛、羊、禽和兔等动物可按计划每年定期免疫接种。如猪每年春、秋季定期用猪肺疫氢氧化铝疫苗或猪肺疫弱毒冻干疫苗进行免疫接种；禽在常发地区可考虑注射禽霍乱氢氧化铝甲醛疫苗。禽和兔必要时可用自家灭活疫苗以提高防治效果。

3. 合理治疗

发病时应及时隔离患病动物，并对墙壁、地面、饲管用具要进行严格消毒，在严格隔离的条件下对患病动物进行治疗。常用的药物有青霉素、链霉素和广谱抗生素以及磺胺类药物，有一定疗效。也可使用高免血清或康复动物的抗血清，效果良好。周围的假定健康动物应及时进行紧急预防接种或药物预防，但应注意弱毒疫苗紧急预防接种时，被接种动物应于接种前后至少1周内不得使用抗菌药物。

*情景七　破伤风

破伤风又名强直症、木马症，俗称锁口风，是由破伤风梭菌经伤口（厌氧环境）感染引起的一种急性中毒性多种动物共患病。临床上以骨骼肌持续性痉挛和神经反射兴奋性增高为特征。

本病广泛分布于世界各国，呈散在性发生。

一、病原

破伤风梭菌，又称强直梭菌，为一种大型厌氧性革兰阳性杆菌。本菌在动物体内外均可形成芽孢，其芽孢在菌体一端，似鼓锤状或球拍状，多数菌株有周鞭毛，能运动。不形成荚膜。

本菌繁殖体抵抗力不强，一般消毒药均能在短时间内将其杀死，但芽孢抵抗力强，在土壤中可存活几十年，阳光照射18d以上，煮沸经1～3h才能将其杀死。消毒药，如10%漂白粉和10%碘酊10min、5%石炭酸15min、1%升汞和1%盐酸30min可将其杀死。

二、流行病学

1. 易感动物

各种家畜均有易感性，其中以单蹄兽最易感，猪、羊、牛次之，犬、猫仅偶尔发病，家禽自然发病罕见。实验动物中豚鼠、小鼠均易感，家兔有抵抗力，幼龄动物的易感性更高。人的易感性也很高。

2. 传染源和传播途径

本菌广泛存在于自然界，人畜粪便都可带有，尤其是施肥的土壤、腐臭淤泥中。感染常见于各种创伤，如断脐、去势、手术、断尾、穿鼻、产后感染等，在临床上有些病例查不到伤口，可能是创伤已愈合或可能经子宫、消化道黏膜损伤感染。

3. 流行特点

本病无明显的季节性，多为散发性，但在某些地区的一定时间里可出现群发。

三、临床症状

本病潜伏期长短与动物种类及创伤部位有关，最短1d，最长可达数月，一般1～2周。

1. 单蹄兽

最初表现对刺激的反射兴奋性增高，稍有刺激即高举其头，瞬膜外露，接着出现咀嚼缓慢，步态僵硬等症状，以后随病情的发展，出现全身性强直痉挛症状。轻者口少许开张，采食缓慢，重者开口困难、牙关紧闭，无法采食和饮水，由于咽肌痉挛致使吞咽困难，唾液积于口腔而流涎，头颈伸直，两耳竖立，鼻孔开张，四肢腰背僵硬，腹部蜷缩，粪尿潴留，甚至便秘，尾根高举，行走困难，形如木马，各关节屈曲困难，易于跌倒，且不易自起，病畜此时神志清楚，有饮食欲，但应激性高，轻微刺激可使其惊恐不安，痉挛和大汗淋漓，末期患畜常因呼吸功能障碍（浅表、气喘、喘鸣等）或循环系统衰竭（心律不齐，心搏亢进）而死亡。体温一般正常，死前体温可升至42℃，病死率45%~90%。

2. 羊

多由剪毛引起。成年羊病初症状不明显，病的中、后期才出现与马相似的全身性强直症状，常发生角弓反张和瘤胃臌气，步行时呈现高跷样步态。羔羊的破伤风常起因于脐带感染，可呈现畜舍性流行，角弓反张明显，常伴有腹泻，病死率极高，几乎可达100%。

3. 牛

较少发生。症状与马相似，但较轻微，反射兴奋性明显低于马，常见反刍停止，多伴随有瘤胃臌气。

4. 猪

较常发生，多由于阉割感染。一般是从头部肌肉开始痉挛，牙关紧闭，口吐白沫，叫声尖细，瞬膜外露，两耳竖立，腰背弓起，全身肌肉痉挛，触摸坚实如木板，四肢僵硬，难于站立，病死率较高。

四、诊断

根据本病的特殊临床症状，如神志清楚，反射兴奋性增高，骨骼肌强直性痉挛，体温正常，并有创伤史，即可确诊。对于轻症病例或病初症状不明显病例，要注意与马钱子中毒、癫痫、脑膜炎、狂犬病等相鉴别。

五、防治措施

1. 预防注射

在本病常发地区，应对易感家畜定期接种破伤风类毒素。牛、马等大动物可在阉割等手术前1个月进行免疫接种，可起到预防本病作用。对较大较深的创伤，除做外科处理外，应肌肉注射破伤风抗血清1万~3万U。

家畜每年定期皮下注射破伤风类毒素1mL，幼畜减半。注射3周后产生免疫力，免疫期1年。第2年再注射1次，免疫期可达4年。

2. 防止外伤感染

平时要注意饲养管理和环境卫生，防止家畜受伤。一旦发生外伤，要注意及时处理，防止感染。阉割手术时要注意器械的消毒和无菌操作。

3. 治疗原则

（1）创伤处理　尽快查明感染的创伤和进行外科处理。清除创内的脓汁、异物、坏死组织及痂皮，对创深、创口小的要扩创，以5%～10%碘酊和3%过氧化氢或1%高锰酸钾消毒，再撒以碘仿硼酸合剂，然后用青霉素、链霉素做创周注射，同时用青霉素、链霉素做全身治疗。

(2)药物治疗　早期使用破伤风抗毒素，疗效较好，剂量20万～80万U，分3次注射，也可一次全剂量注入。临床实践上，也常同时应用40%乌洛托品，大动物50mL，犊牛、幼驹及中小动物酌减。

(3)对症治疗　当病畜兴奋不安和强直痉挛时，可使用镇静解痉剂。一般多用氯丙嗪肌肉注射或静脉注射，每日早、晚各1次。也可应用水合氯醛(25～40g与淀粉浆500～1000mL混合灌肠)或与氯丙嗪交替使用。可用25%硫酸镁做肌肉注射或静脉注射，以解痉挛。咬肌痉挛、牙关紧闭者，可用1%普鲁卡因溶液于开关穴、锁口穴位注射，每日1次，直至开口为止。人的预防也以主动或被动免疫接种为主要措施。

六、公共卫生

人的破伤风多由创伤感染引起，病初低热不适、头痛、四肢痛、咽肌和咀嚼肌痉挛，继而出现张口困难，牙关紧闭，呈苦笑状，随后颈背、躯干及四肢肌肉发生阵发性强直痉挛，不能起坐，颈不能前伸，两手握拳，两足内翻，咀嚼困难，饮水呛咳，有时可出现便秘和尿闭，严重时呈角弓反张状态。任何刺激均可引起痉挛发作或加剧。强烈痉挛时有剧痛并出现大汗淋漓，痉挛初为间歇性以后变为持续性，患者虽表情惊恐，但神志始终清楚，大多体温正常，病程一般2～4周。

一旦出现创伤后，应正确处理伤口，防止厌氧环境形成是防止破伤风的重要措施，并及时注射破伤风类毒素，或注射抗毒素和抗生素进行预防和治疗。此外，还应注意要用新方法接产，防止新生儿脐带感染。

*情景八　钩端螺旋体病

钩端螺旋体病又称为细螺旋体病，是由致病性钩端螺旋体引起的一种人畜共患传染病。本病在世界各地流行，热带亚热带地区多发。临床表现形式多样，主要有发热、黄疸、血红蛋白尿、出血性素质、流产、皮肤和黏膜坏死、水肿等。

我国许多省区都有本病的发生和流行，并以盛产水稻的中南、西南、华东等地区发病最多。

一、病原

病原为钩端螺旋体科细螺旋体属的钩端螺旋体，细螺旋体属共有6个种，其中钩端螺旋体对人、畜有致病性。钩端螺旋体菌体纤细，呈螺旋状，一端或两端弯曲呈钩状，能旋转运动，革兰阴性。常用姬姆萨染色呈淡红色，镀银染色呈棕黑色。钩端螺旋体在一般的水田、池塘、沼泽里及淤泥中可以生存数月或更长，对热、酸和碱均敏感，适宜的酸碱度为pH 7.0～7.6。一般常用消毒剂的常用浓度均易将之杀死，对链霉素、土霉素、四环素、强力霉素敏感。

二、流行病学

1. 易感动物

钩端螺旋体的动物宿主非常广泛,几乎所有温血动物都可感染。现已证明爬行动物、两栖动物、节肢动物、软体动物和蠕虫等也可自然感染钩端螺旋体。其中,猪、牛、犬、羊的感染率较高。

2. 传染源

发病动物和所有带菌动物都是本病的传染源。其中,鼠类和犬是重要的传染源。

3. 传播途径

本病主要通过皮肤、黏膜和经消化道食入而传染,也可通过交配、人工授精和在菌血症期间通过吸血昆虫等传播。人和家畜常由于在污染的低湿草地、池塘、水田等放牧、耕作,钩体经皮肤侵入而引起感染。

4. 流行特点

本病发生于各种年龄的家畜,但以幼畜发病较多。本病流行多为散发性或地方流行性。一年四季均可发生,其中以夏、秋季,气候温暖,潮湿多雨,鼠类繁多地区多发。

三、临床症状

1. 猪

(1)急性型 主要见于大猪和中猪,表现为突然发病,体温升高至40℃,稽留3~5d,厌食、沉郁、皮肤干燥,后期坏死,有时见病猪用力在栏杆或墙壁上摩擦至出血,1~2d内全身皮肤和黏膜泛黄,尿液茶样或血尿,少数病例几天或数小时内突然惊厥致死。病死率高达50%以上。

(2)亚急性型与慢性型 多发生于断奶前后至30kg以下的仔猪,呈地方流行性或暴发,常引起严重的损失。患病猪表现为病初有不同程度的体温升高,眼结膜潮红,有时有浆液性鼻液,食欲减退,精神不振。几天后,眼结膜有的潮红水肿,有的泛黄。皮肤的变化也不一致,有的发红奇痒,有的轻度泛黄,有的在上下颌、头部、颈部甚至全身水肿,指压凹陷,俗称大头瘟。尿液变黄、茶尿、血红蛋白尿甚至血尿,一进猪栏就闻到腥臭味。有的粪干硬,有时腹泻。病猪逐渐消瘦,无力。病程由十几天至一个多月不等。病死率很高,达50%~90%,恢复的猪往往生长迟缓,甚至成为僵猪。怀孕母猪感染钩端螺旋体可能发生流产,流产率20%~70%,母猪在流产前后有时兼有其他临床症状,甚至流产后发生急性死亡。流产的胎儿有死胎、木乃伊胎,也有弱仔,常于产后不久死亡。

2. 牛、羊

(1)最急性型 突然不食,体温上升,呼吸和心跳加快,结膜发黄,尿呈红色,贫血,腹泻,常于1d内窒息而死。多见于犊牛。

(2)急性型 体温上升,精神沉郁或偶有兴奋症状,饮食与反刍停止。尿血,腹泻或便秘,黏膜发黄、贫血,乳中带血,皮肤干裂、坏死,齿龈、唇内和舌面等处发生溃疡坏死,消瘦。孕牛可发生流产。

(3)慢性型 显著贫血和消瘦。羊的症状和牛相似。

3. 犬

由黄疸出血型钩端螺旋体所引起的病犬，开始高热，但第 2 天就下降至常温或以下。不久在眼结膜和口腔黏膜上出现黄疸。病犬体质虚弱，食欲不振，呕吐，精神沉郁，四肢（尤其后肢）乏力。尿量减少，呈黄红色，大便中有时混有血液。由犬型钩端螺旋体引起的病犬，黄疸症状不明显，一般表现呕吐，排血便，腹痛，口腔恶臭，黏膜发生溃疡，舌部坏死，溃烂，腰部触压时敏感，多尿，尿内含有大量蛋白质、胆色素，病大多因尿毒症而死亡。

四、病理变化

大多在皮下组织、浆膜、黏膜有不同程度的黄疸；心内膜、肠系膜、肠、膀胱黏膜出血；胸腔和心包积液；肝肿大，棕黄色；肾肿大、瘀血。

五、诊断

1. 微生物学诊断

生前采取发热期血液，中后期采取脊髓液或尿液 3~5mL，死后取肝、肾、脾、脑等。液体病料差速离心取沉渣暗视野下检查，组织制成触片、冰冻切片，用姬姆萨或镀银染色，镜检有无钩端螺旋体。

2. 血清学检查

炭凝集试验已广泛用于本病的检疫。间接血凝试验能检出血清中微量抗体，可作为本病的早期诊断法。DNA 探针技术和 PCR 技术正逐渐用于临床诊断。

六、防治措施

①采取综合防治措施：即消除带菌排菌的各种动物，消除和清理被污染的水源、污水、淤泥、牧地、饲料、场舍、用具等以防止传染和散播。实行预防接种和加强饲养管理，提高家畜的特异性和非特异性抵抗力。污染场所和用具可用1%石炭酸或0.5%的福尔马林消毒。

②当畜群发现本病时：及时用钩端螺旋体病多价疫苗进行紧急预防接种。

③药物预防和治疗：带菌治疗，一般认为链霉素和四环素类抗生素有一定疗效。在猪群中发现感染，应全群治疗，饲料加入土霉素连喂 7d，可以解除带菌状态和消除一些轻度临床症状。在治疗的同时结合对症疗法是非常必要的，其中葡萄糖、维生素 C 静脉注射及强心利尿剂的应用对提高治愈率有重要作用。

七、公共卫生

人群普通对钩端螺旋体易感，但发病率高低与接触疫区的机会和机体免疫力有关。以农民、支农外来人员、饲养员及农村青少年发病率较高。患者突然发热、头痛、肌肉疼痛，尤其是腓肠肌疼痛并有压痛，腹股沟淋巴结肿痛，并有蛋白尿及不同程度的黄疸、皮肤黏膜出血等临床症状。钩端螺旋体对多种抗生素敏感，但以青霉素效果最好，对过敏者可用庆大霉素或金霉素。对流行区的居民、矿工、饲养员及外来易感人员进行多价钩体死疫苗接种。

*情景九　衣原体病

本病是由衣原体所引起的传染病，使多种动物和禽类发病，人也有易感性。动物衣原体病由 Marange(1892)在阿根廷首都布宜诺斯艾利斯首次发现，与鹦鹉鸟接触的人会突然发病，从而最终肯定了鹦鹉鸟在人类感染和罹病中的重要作用，并提出了鹦鹉热这一新病名。

本病分布于世界各地，我国也有发生，对养殖业造成了严重的危害，成为兽医和公共卫生的一个重要问题。

一、病原

衣原体呈球状，有细胞壁，含有 DNA 和 RNA。易被嗜碱性染料着染，革兰染色阴性。衣原体只能在细胞内繁殖，繁殖过程会产生两种大小不同的颗粒，较小的称为原体(EB)，直径约为 $0.2\sim0.5\mu m$，呈球形或卵圆形，是具有感染性的形态。较大的称为网状体(RB)，直径约为 $0.6\sim1.5\mu m$，呈球形或不规则形，是具有繁殖性的形态。在衣原体的发育周期中，还有一种过渡形态，称为中间体(IB)。

衣原体对高温的抵抗力不强，而在低温下则可存活较长时间，如 4℃可存活 5d，0℃存活数周。衣原体对青霉素、四环素、红霉素等抗生素敏感，对链霉素、杆菌肽等有抵抗力。常用消毒剂如 0.5％石炭酸、0.1％福尔马林等。

二、流行病学

1. 易感动物

衣原体具有广泛的宿主，但家畜中以羊、牛、猪较为易感，禽类中以鹦鹉、鸽子较为易感。各种年龄均可感染，但不同年龄的畜禽其临床症状表现不一。

2. 传染源

发病动物和所有带菌动物都是本病的传染源。

3. 传播途径

衣原体随传染源的分泌物和排泄物，污染水源和饲料等，经消化道感染健畜，也可由污染的尘埃和散布于空气中的液滴，经呼吸道或眼结膜感染。病畜与健畜交配或用病公畜的精液人工授精可发生感染，子宫内感染也有可能。厩蝇、蜱也可传播本病。

4. 流行特点

本病的流行形式多种多样，怀孕牛、羊、猪流产常呈地方流行性，羔羊、仔猪发生结膜炎或关节炎时多呈流行性，而牛发生脑脊髓炎时则为散发性。过分密集的饲养、运输途中拥挤、营养扰乱等应激因素可促进本病的发生和发展。本病季节性不明显，但犊牛肺肠炎病例冬季多于夏季，羔羊关节炎和结膜炎常见于夏、秋季节。

三、临床症状

1. 猪

(1)流产型　多发生在初产母猪，母猪一般不表现其他异常变化，只是在妊娠后期突然发生流产、早产、产死胎或弱仔，弱仔多在数日内死亡。

(2)种公猪患病　尿道炎、睾丸炎、附睾炎，精液品质差，导致受胎率下降，即使受孕，流产死胎率明显升高。

(3)肺炎型　多见于断奶前后仔猪，患猪体温升高、干咳、颤抖、呼吸迫促，鼻孔流出浆液性分泌物，食欲差，发育不良。

(4)肠炎型　多见于断奶前后仔猪，临床表现腹泻、脱水，死亡率高。

(5)多发性关节炎型　多见于架子猪，关节肿大、跛行，有的体温升高。

(6)脑炎型　神经症状，表现兴奋、抽搐，不久死亡。

(7)结膜炎型　多见于仔猪、架子猪，流泪，结膜充血，眼角分泌物增多。

2. 牛

怀孕后期的母牛，特别是初次怀孕的母牛，常发生流产。青年公牛发生精囊炎，其特征是精囊、附性腺、附睾和睾丸呈慢性发炎。6月龄以内的犊牛，临床表现肺炎和胃肠炎，多见于夏季。2岁以下的牛，多表现散发性脑脊髓炎，病初体温突然升高，不食、消瘦、衰竭。体重迅速减低。流涎和咳嗽明显。行走摇摆，常呈高跷样步伐，有的病牛有转圈运动或以头抵硬物。四肢主要关节肿胀、疼痛。

3. 羊

(1)流产型　潜伏期50～90d。流产通常发生于妊娠的中后期，一般观察不到征兆，临床表现主要为流产、死产或娩出生命力不强的弱羔羊。流产后往往胎衣滞留，流产羊阴道排出分泌物可达数日。有些病羊可因继发感染细菌性子宫内膜炎而死亡。羊群首次发生流产，流产率可达20%～30%，以后则流产率下降。流产过的母羊，一般不再发生流产。在本病流行的羊群中，可见公羊患有睾丸炎、附睾炎等疾病。

(2)关节炎型　鹦鹉热衣原体侵害羔羊，可引起多发性关节炎。感染羔羊于病初体温高达41～42℃。食欲减退，掉群，不适，肢关节(腕关节、跗关节)肿胀、疼痛，单肢或四肢跛行。患病羔羊肌肉僵硬，或弓背而立，或长期卧地，体重减轻，生长发育受阻。有些羔羊同时发生结膜炎。发病率高，病程2～4周。

(3)结膜炎型　结膜炎主要发生于绵羊，特别是育肥羔和哺乳羔。病羔单眼或双眼均可患病，眼结膜充血、水肿，大量流泪。病后2～3d，角膜发生不同程度的混浊，出现血管翳、糜烂、溃疡或穿孔。

4. 禽

禽类感染后称为鹦鹉热或鸟疫。禽类感染后多呈隐性，尤其是鸡、鹅、野鸡等。鹦鹉、鸽、鸭、火鸡等可呈显性感染。患病鹦鹉精神委顿、不食，眼和鼻有黏性分泌物。拉稀，后期脱水，消瘦。幼龄鹦鹉常归于死亡，成年者则临床症状轻微，康复后长期带菌。病鸽精神不安，眼和鼻有分泌物，厌食，拉稀，成年鸽多数可康复成带菌者，雏鸽大多归于死亡。病鸭眼和鼻流出浆性或脓性分泌物，不食，拉稀，排淡绿色水样便，病初震颤，步样不稳，后期明显消瘦，常发生惊厥而死亡，雏鸭死亡率一般较高，成年鸭多为隐性经过。

四、诊断

根据流行特点、临床症状仅能怀疑为本病，确诊需进行实验室诊断。

1. 微生物学诊断

根据不同的发病对象及病期采集不同的病料涂片，用姬姆萨氏染色（EB 被染成红色，RB 被染成蓝紫色，胞浆内包涵体被染成紫红色）、斯坦帕（Stamp）氏染色（背景呈淡绿色，衣原体被染成鲜红色）进行诊断。

2. 血清学诊断

可用免疫荧光试验、间接血凝试验、补体结合试验等。

3. 鸡胚或动物接种

将病料制成悬液，接种于 6～7 日龄鸡胚的卵黄囊，37℃孵育。鸡胚接种后 5d 死亡，卵黄囊血管明显充血，在卵黄囊膜上可检出包涵体。也可将病料经腹腔、鼻内接种于 3～4 周龄小鼠，死后可见十二指肠膨胀，肝和肠表面覆一层薄的黏性渗出物，脾肿大，肝有坏死灶。

五、防治措施

①坚持卫生消毒、全进全出、自繁自养。不从疫区引种、隔离制度、消灭场内的鼠类等啮齿类动物。

②疫区内的母羊可于配种前接种羊衣原体性流产疫苗。阳性猪场每年对种公猪和繁殖母猪群用猪衣原体流产灭活疫苗免疫 1 次，连续 2～3 年。

③药物预防和治疗：可选用四环素、青霉素、金霉素、泰乐菌素、土霉素等进行衣原体的预防和治疗。

④发生本病时对流产胎儿、死胎、胎衣要集中无害化处理，同时用 2%～5%来苏儿或 2%氢氧化钠等有效消毒剂进行严格消毒。

六、公共卫生

人类鹦鹉热是一种急性传染病，呈现以发热、头痛、肌痛和阵发性咳嗽为主要表现的间质性肺炎。人类鹦鹉热通常是由于吸入染病鸟类的羽毛或粪便的尘埃或被染病鸟类咬伤所致，多为职业性（如家禽加工和饲养者）。妇女感染后可引起输卵管炎和阴道炎，能造成宫外孕和不孕，男性附睾炎有 2/3 是由衣原体感染引起，也导致不孕。一旦感染发病，应立即选用四环素或多西环素治疗，至少连用 10d。病人必须卧床休息，必要时输氧及镇咳。

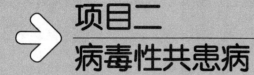

项目二
病毒性共患病

情景一 口蹄疫

口蹄疫(FMD)是由口蹄疫病毒引起的一种偶蹄动物共患的急性、热性、高度接触性传染病,偶见于人和其他动物。临床上成年动物以口腔黏膜、蹄部及乳房皮肤发生水疱和溃烂为特征,严重时蹄壳脱落、跛行、不能站立;成年动物此病的病死率很低,但是感染率很高。幼年动物多表现为心肌炎,且病死率很高。

本病是全球性的危害动物健康的重要传染病之一,我国把口蹄疫列为一类动物疫病。此病在我国大部分地区时有发生,常在牛群及猪群大范围流行,造成严重的经济损失。

一、病原

口蹄疫病毒(FMDV)属于微RNA病毒科口蹄疫病毒属。形态呈球形或六角形,直径20~50nm,无囊膜。口蹄疫病毒具有多型性、易变异的特点,根据其血清学特性,现已知有7个血清型。各型之间无交叉免疫保护作用,同型各亚型之间交叉免疫变化幅度较大,也只有部分交叉免疫性,口蹄疫病毒的这种特性给该病的防控工作带来很大困难。

口蹄疫病毒在患病动物的水疱液、水疱皮、淋巴液及发热期血液内的含量最高,其次是各组织器官、分泌物、排泄物,可长期存在并向外排毒,退热后病毒可以出现于乳、粪、尿、泪、涎水及各脏器中。最长带毒时间,牛5年,羊3个月,猪1个月(3~4周)。

口蹄疫病毒对外界环境的抵抗力较强,耐干燥。对高温和直射阳光(紫外线)敏感,在低温条件下可长期存活。60℃ 15min、70℃ 10min、85℃ 1min 均可被杀死,-70℃~-50℃或冻干可存活数年。在50%甘油生理盐水中5℃可存活1年以上。病毒对化学消毒剂有一定的抵抗力,但下列药物对其有杀灭作用:2%~4%氢氧化钠、3%~5%福尔马林、0.05%戊二醛、5%氨水、0.5%复合酚、0.3%碘制剂、0.5%有机氯、0.5%无机氯、0.5%络合碘、0.5%~1%过氧乙酸等。碘酊、酒精、石炭酸、来苏儿、新洁尔灭等对口蹄疫病毒无杀灭作用。骨髓、内脏和淋巴组织中所含的病毒因产酸不良而存活时间较长且能保留感染性。

二、流行病学

1. 易感动物

口蹄疫病毒能感染多种偶蹄动物，以牛最易感（黄牛、奶牛易感，水牛次之），其次是猪，再次为绵羊、山羊和骆驼，鹿、犬、猫、兔也可感染。幼龄动物易感性高于成年动物。实验动物中以豚鼠、乳鼠、乳兔最敏感。人类偶能感染，多发生于与患畜密切接触的或实验室工作人员，且多为亚临床感染。

2. 传染源

患病动物和带毒动物是主要的传染源。病毒随分泌物和排泄物排出，发病初期排毒量最大、传染性最强，恢复期排毒量逐渐减少。水疱液、水疱皮含毒量最高，毒力最强，传染性也最强。病牛舌面水疱皮的含毒量最高，病猪则以破溃的蹄部水疱皮含毒量最高。

3. 传播途径

本病以直接接触或间接接触的方式传播，主要通过消化道、呼吸道以及损伤的皮肤和黏膜感染。空气也是重要的传播媒介，常可发生远距离气源性传播。

4. 流行特点

本病一年四季均可发生，以冬、春季多发。其流行具有明显的季节规律，多在秋季开始，冬季加剧，春季减缓，夏季平息，常呈地方流行性或大流行性。

口蹄疫的自然暴发流行有一定的周期性，每隔一两年或三五年流行一次。可能由于不同型或亚型病毒在同一地区同时存在所致，同时，易感动物卫生条件和营养状况、畜群的免疫状态则对其流行有着决定性的影响。

三、临床症状

由于多种动物的易感性、病毒的数量和毒力以及感染门户不同，潜伏期长短和症状也不完全一致。

1. 牛

潜伏期平均2~4d，最长可达1周左右。病牛体温升高达40~41℃，精神委顿，食欲减退，闭口，流涎，开口时有吸吮声，1~2d后，在唇内面、齿龈、舌面和颊部黏膜发生蚕豆至核桃大的水疱，口温高，流涎增多常挂满嘴边，呈白色泡沫状，采食反刍完全停止。水疱约经一昼夜破裂形成浅表的红色糜烂；水疱破裂后，体温降至正常，糜烂逐渐愈合，全身症状逐渐好转。如有细菌感染，糜烂加深，发生溃疡，愈合后形成瘢痕。有时并发纤维蛋白性坏死性口膜炎、咽炎和胃肠炎。有时在鼻咽部形成水疱，引起呼吸障碍和咳嗽。在口腔发生水疱的同时或稍后，趾间及蹄冠的柔软皮肤上表现红肿、疼痛、迅速发生水疱，并很快破溃，出现糜烂，或干燥结成硬痂，然后逐渐愈合。若病牛衰弱或饲养管理不当，糜烂部位可能发生继发性感染化脓、坏死，病畜站立不稳，跛行，甚至蹄匣脱落。乳头皮肤有时也可出现水疱，很快破裂形成烂斑，如涉及乳腺引起乳房炎，泌乳量显著减少，有时乳量损失高达75%，甚至停止泌乳。乳房上出现口蹄疫病变多见于纯种奶牛，黄牛较少发生。

本病一般取良性经过，约经1周即可痊愈。如果蹄部出现病变，则病期可延至2~3

周或更长时间。病死率较低,一般为1‰~3‰。但在有些情况下,水疱病变逐渐痊愈,病牛趋向恢复之际病情可能突然恶化——病牛全身虚弱,肌肉发抖,心跳加快,节律失调,反刍停止,食欲废绝,行走摇摆,站立不稳,因心脏麻痹而突然倒地死亡,这种病型称为恶性口蹄疫,病死率高达20%~50%,主要是由于病毒侵害心肌所致。

哺乳犊牛患病时,水疱症状不明显,主要表现为出血性肠炎和心肌麻痹,病死率很高。病愈牛可获得1年左右的免疫力,并不再排毒。

2. 羊

潜伏期1周左右,症状与牛大致相同,但感染率较牛低。山羊多见口腔呈弥漫性口膜炎,水疱发生于硬腭和舌面,羔羊有时有出血性胃肠炎,常因心肌炎而死亡。

3. 猪

潜伏期一般为18~20h。病初体温升高到41~42℃,精神不振,食欲减少或废绝,在舌、唇、齿龈、咽、腭等处形成小水疱或糜烂;蹄冠、蹄叉、蹄踵出现局部红肿、微热、敏感等症状,不久出现小水疱,并逐渐融合变大,呈白色环状,破裂后常形成出血性溃疡面,不久干燥后形成痂皮,严重的蹄匣脱落,卧地不起;有的病猪鼻端、乳房也出现水疱,破溃后形成溃疡,影响猪的正常采食。如无继发感染,本病多呈良性经过,育成猪很少发生死亡,但初生仔猪常因发生严重心肌炎和胃肠炎而突然死亡。

四、病理变化

易感动物除蹄部、口腔、鼻端、乳房等处出现水疱、溃疡及烂斑外,咽喉、气管、支气管和胃黏膜也有烂斑和溃疡,小肠、大肠可见出血性炎症。具有诊断意义的是心脏病变,心包膜、心肌有弥散性及点状出血、坏死,心肌松软似煮肉状,切面有灰白色或淡黄色斑点或条纹,好似老虎皮上的斑纹,故称虎斑心。肺脏瘀血、出血。

五、诊断

根据流行特点、临床症状、病理变化,可做出初步诊断,确诊需进行实验室检查,并鉴定毒型。

1. 病毒分离鉴定

采取病畜水疱皮或水疱液进行病毒分离鉴定。取病畜水疱皮,用PBS液制备混悬浸出液,或直接取水疱液接种BHK细胞、IBRS2细胞或猪甲状腺细胞进行病毒培养分离,做蚀斑试验。同时应用补体结合试验,目前多用ELISA效果更好。

对康复牛用食道探环取其咽头食道刮取物,接种BHK细胞或犊牛甲状腺细胞分离口蹄疫病毒,用蚀斑法检查病毒。

2. 血清学试验

①采取水疱皮制成混悬浸出液,接种乳鼠继代培养并用阳性血清做乳鼠保护试验或中和试验。主要用于型和亚型鉴定,并可用于抗体水平测定。

②取水疱皮混悬浸出液作抗原,用标准阳性血清做补体结合试验或微量补体结合试验,同时可以进行定型诊断或分型鉴定。目前,国际上不再进行亚型的鉴定。

③用康复期的动物血清对口蹄疫感染相关抗原(VIA)做琼脂免疫扩散试验并进行定型

试验。

④反向被动血凝反应试验，比补体结合试验灵敏度高。

⑤应用ELISA、间接ELISA以及免疫荧光抗体技术均有很好效果。ELISA可代替补体结合试验和中和试验，具有敏感性高、特异性强且操作快捷等优点。

⑥RT-PCR可用于动物产品检疫，快速、灵敏，但尚待标准化。

⑦核酸探针技术检测FMDV目前仅用于试验研究。

⑧单克隆抗体可用于实验室抗原分析。

确定毒型的意义在于如何选用与本地流行毒株相适应的疫苗，如果毒型与疫苗毒型不符，就不能收到预期的免疫效果。

六、防治措施

1. 预防措施

坚持预防为主的方针，采取以免疫预防为主的综合防控措施，控制疫情发生。

(1) 免疫接种　免疫预防是控制本病的主要措施，非疫区要根据相邻国家和地区发生口蹄疫的血清型选择相同血清型的疫苗。发生口蹄疫的地区，应当鉴定口蹄疫血清型，然后选择相同血清型的疫苗。目前，我国口蹄疫强制免疫常用疫苗是O型或O型-Asial型口蹄疫灭活疫苗（普通苗或浓缩高效苗）。

(2) 依法进行检疫　带毒活动物及其产品的流动是口蹄疫暴发和流行的重要原因之一，因此要依法进行产地检疫和屠宰检疫，严厉打击非法经营和屠宰；依法做好流通领域运输活动物及其产品的检疫、监督和管理，防止口蹄疫传入；进入流通领域的偶蹄动物必须具备检疫合格证明和疫苗免疫注射证明。

(3) 坚持自繁自养　尽量不从外地引进动物，必须引进时，需了解当地近1～3年内有无口蹄疫发生和流行，应从非疫区、健康群中购买，并需经产地检疫合格。购买后，仍需隔离观察1个月，经临床和实验室检查，确认健康无病后方可混群饲养。发生口蹄疫的动物饲养场，全场动物不能留作种用。

(4) 严防通过各种传染媒介和传播渠道传入疫情　严格隔离饲养，杜绝外来人员参观，加强对进场的车辆、人员、物品消毒，不从疫区购买饲料，严禁从疫区调运动物及其产品等。

2. 控制扑灭措施

严格按《中华人民共和国动物防疫法》及有关规定，按"早、快、严、小"的原则，对疫区实施封锁；采取紧急强制性、综合性的扑灭措施。

在封锁期间，禁止染疫和疑似染疫的动物、动物产品流出疫区，禁止非疫区的动物进入疫区，并根据扑灭动物传染病的需要对出入封锁区的人员、运输工具及有关物品采取消毒和其他限制性措施。

最后1头患病动物死亡或扑杀后14d，经彻底消毒，技术专家验收合格，可由原决定机关宣布解除疫点、疫区、受威胁区和疫区的封锁。

七、公共卫生

人因饲养患病动物、接触患病动物患部或食入患病动物生乳或未经充分消毒的患病动物乳及乳制品而被感染，创伤也可感染。潜伏期2～18d，一般为3～8d。常突然发病，体温升高，头晕、头痛、恶心、呕吐、精神不振；2～3d后，口腔有干燥和灼热感，唇、齿龈、舌面、舌根及咽喉部发生水疱，咽喉疼痛，口腔黏膜潮红，皮肤上的水疱多见于指尖、指甲基部，有时也见于手掌、足趾、鼻翼和面部。持续2～3d后水疱破裂，形成薄痂或溃疡，但大多逐渐愈合，有的病人有咽喉痛、吞咽困难、腹泻、虚弱等症状。一般病程约1周，预后良好。重症者可并发胃肠炎、神经炎和心肌炎等。婴幼儿和老年患者，可有严重的呕吐、腹泻或继发感染，如不及时可治疗可致严重后果。有时可并发心肌炎。因此，预防人感染口蹄疫，一定要做好自身的防护，注意消毒，防止外伤，非工作人员不得与病畜接触，以防感染和散毒。

情景二 狂犬病

狂犬病俗称疯狗病或恐水病，是由狂犬病病毒引起的一种人畜共患接触性传染病。临床特征是患病动物出现极度的神经兴奋、狂暴和意识障碍，最后全身麻痹而死亡。

该病呈世界性分布，是人类最古老的疾病之一，过去我国曾是本病的高发区，现在该病的发病数量虽然已明显减少，但随着犬猫等宠物养殖量的逐渐扩大，对该病的防控仍需要给予高度重视。我国将其列为二类动物疫病。

一、病原

狂犬病病毒属于弹状病毒科狂犬病病毒属。本病毒可以凝集鹅和1日龄雏鸡的红细胞，病毒凝集鹅红细胞的能力可被特异性抗体所抑制，故可进行血凝抑制试验。本病毒对外界因素的抵抗力不强，可被各种理化因素灭活，不耐湿热，56℃15～30min或100℃2min均可使其灭活；反复冻融、紫外线和阳光照射以及常用的消毒剂都能使其灭活。

二、流行病学

1. 易感动物

所有的温血动物都对本病易感，但在自然界中主要的易感动物是犬科和猫科动物，以及翼手类（蝙蝠）和某些啮齿类动物。人被患病动物咬伤后并不全部发病，在狂犬病疫苗使用以前的年代，被病犬咬伤后的发病率为30%～35%，而目前被病犬咬伤后如能得到及时的疫苗接种，其发病率可降至0.2%～0.3%。

2. 传染源

患病动物和带毒者是本病的传染源，它们通过咬伤、抓伤、舔舐其他动物而使其感染。因此，该病发生时具有明显的连锁性，容易追查到传染源。患病动物是本病的主要传染源，无症状带毒动物可长期通过唾液排毒，并成为更危险的传染源。

3. 传播途径

多数患病动物唾液中带有病毒，由患病动物咬伤或伤口被含有狂犬病病毒的唾液直接污染是本病的主要传播方式。此外，还存在着非咬伤性的传播途径。健康动物的皮肤黏膜损伤时，如果接触病畜的唾液则也有感染的可能性；人和动物都有经由呼吸道、消化道和胎盘感染的病例。

4. 流行特点

本病多为散发性，发病率受被咬伤口的部位等因素的影响。春夏比秋冬多发，人类发生本病有明显的年龄性别特征和季节性，一般以青少年及儿童患者较多，男性较多，温暖季节发病较多。出现这种差别的主要原因是在温暖季节这些人的户外活动较多，与犬接触机会多，增加了被咬伤感染的机会。

三、临床症状

潜伏期长短差别很大，短者1周，长者数月或1年以上，一般为2～8周。咬伤头面部及伤口严重者潜伏期较短；咬伤下肢及伤口较轻者潜伏期较长。

1. 犬

典型病例潜伏期2～8周，有时可达1年或数年。一般可分为狂暴型（兴奋型）和麻痹型2种类型。

（1）狂暴型（兴奋型） 可分为前驱期、兴奋期和麻痹期。

①前驱期：1～2d。病犬精神沉郁，常躲在暗处，不愿和人接近，不听呼唤，强迫牵引则咬畜主。性情、食欲反常，喜吃异物如石块、瓦片、泥土、毛发等，喉头轻度麻痹，吞咽时颈部伸展。瞳孔散大，反射机能亢进，轻度刺激即易兴奋。有的病犬表现不安，用前爪抓地，经常变换蹲卧地点，在院中或室内不安地走动。或者没有任何原因而望空吠叫。只要有轻微的外界刺激，如光线刺激、突然的声音、抚摸等即可使之高度惊恐或跳起。有的病犬搔擦被咬伤之处，甚至将组织咬伤直达骨骼。性欲亢进，嗅舔自己或其他犬的性器官。唾液分泌增多，后躯软弱。

②兴奋期：2～4d。病犬高度兴奋，表现狂暴并常攻击人畜。狂暴发作常与沉郁交替出现，病犬疲惫卧地不动，但不久又立起，表现一种特殊的斜视和惶恐表情。当再次受到外界刺激时，又可出现一次新的发作，狂乱攻击，自咬四肢、尾及阴部等。病犬在野外游荡，多半不归，到处咬伤人畜。随着病程发展，陷于意识障碍，反射紊乱，狂咬，显著消瘦，吠声嘶哑，夹尾，眼球凹陷，散瞳或缩瞳。

③麻痹期：1～2d。麻痹症状急速发展，下颌下垂，舌脱出口外，流涎显著，不久后躯及四肢麻痹，行走摇摆，卧地不起。最后因呼吸中枢麻痹或衰竭而死。整个病程为7～10d。

（2）麻痹型 病犬以麻痹症状为主，一般兴奋期很短或仅见轻微表现即转入麻痹期。麻痹始见于头部肌肉，病犬表现吞咽困难，使主人疑为正在吞咽骨头，当试图加以帮助时常遭致咬伤。张口流涎、恐水，随后发生四肢麻痹，进而全身麻痹以致死亡。一般病程为5～6d。

2. 猫

一般表现为狂暴型，症状与犬相似，但病程较短，出现症状后2～4d死亡。在发作时攻击其他猫、动物和人。因常接近人，且行动迅速，常从暗处忽然跳出，咬伤人的头部，因此，猫得病后可能比犬更为危险。

3. 牛、羊

多表现为狂暴型。潜伏期变动范围很大，平均为30～90d。牛病初见精神沉郁，反刍、食欲降低，不久咬伤部位发生奇痒，表现起卧不安，前肢搔地，有阵发性兴奋乃至狂暴不安，神态凶恶，意识紊乱。如试图挣脱绳索，冲撞墙壁，跃踏饲槽，磨牙，流涎，性欲亢进，不断嚎叫，声音嘶哑，因此有些地区称之为怪叫病等，一般很少有攻击人畜现象。当兴奋发作后，往往有短暂停歇，以后再度发作，并逐渐出现麻痹症状，如吞咽麻痹、伸颈、流涎、反刍停止、瘤胃臌气、里急后重等。最后倒地不起，衰竭而死，病程3~4d。羊的狂犬病较少见，症状与牛相似，多无兴奋症状，或兴奋期较短，末期常麻痹而死。

4. 猪

多表现为狂暴型。典型的发病过程是突然发作，共济失调，呆滞和后期的衰竭。病猪兴奋不安，横冲直撞，叫声嘶哑，流涎，反复用鼻掘地，攻击人畜。在发作间歇期常钻入垫草中，稍有音响立即跃起，无目的地乱跑，最后常发生麻痹症状，经2~4d死亡。有的猪鼻子反复抽动，随后可能出现衰竭，口齿急速地咀嚼，流涎，全身肌肉发生痉挛。随着病程的发展，痉挛逐渐减弱，最后只见肌肉频繁微颤、病猪不能尖声嘶叫，体温不升高。

四、病理变化

本病无特征性剖检变化，常见尸体消瘦，体表有伤痕，口腔和咽喉黏膜充血或糜烂；胃肠道黏膜充血或出血；内脏充血、实质变性；硬脑膜充血；胃空虚或有异常的胃内容物，如石块、瓦片、泥土、毛发等。

病理组织学检查见有非化脓性脑炎变化，以及在大脑海马角、大脑或小脑皮质等处的神经细胞中可检出嗜酸性包涵体——内基（Negri）小体。

五、诊断

根据明显的临床症状，则结合病史和病理变化可以做出初步诊断。但确诊须进行的实验室诊断。

实验室诊断包括直接染色检查、组织学检查和血清学检验等，现分述如下。

1. 直接染色检查

此方法简单、迅速，但不够准确，可快速观察有无内基小体。其方法是剖检病犬取大小脑、延脑等，最好取海马角，置吸水纸上，切面向上，载玻片轻压切面，制成压印标本，室温自然干燥后用塞莱（Seller）染色镜检，检查有无特异内基小体。内基小体位于神经细胞胞浆内，呈椭圆形，呈嗜酸性均质着染（鲜红色），但在其中常可见有嗜碱性（蓝色）小颗粒。神经细胞染成蓝色，间质呈粉红色，红细胞呈橘红色。检出内基小体，即可诊断为狂犬病。但并非所有发病动物脑内都可找到包涵体，犬脑的阳性检出率为70%左右，在检查犬脑时还应注意与犬瘟热病毒引起的包涵体相区别。

2. 组织学检查

将脑组织制作切片检查是否有特异内基小体。此法准确但需要较长时间。

3. 荧光抗体法

这是一种特异而快速的直接染色检查诊断法。取可疑病例脑组织或唾液腺制成压印片或冷冻切片，用荧光抗体染色，在荧光显微镜下观察，胞浆内出现亮绿色荧光颗粒者为阳性结果，狂犬病动物脑组织用荧光抗体法检查，阳性检出率很高，可达95％，检出时可报告为阳性结果，但一定要有准确的对照组（包括阳性对照和阴性对照）。

4．血清学检验

可用于病毒鉴定、狂犬病疫苗效果检查以及诊断等。常用的方法有中和试验、补体结合试验、间接荧光抗体试验、交叉保护试验、血凝抑制试验以及间接免疫酶试验等。一般实验室常用的血清学诊断法为中和试验。近年来已将单克隆抗体技术用于狂犬病的诊断，特别适用于区别狂犬病病毒与该病毒属的其他相关病毒。

六、防治措施

1．控制和消灭传染源

犬是人类狂犬病的主要传染源，因此对犬狂犬病的控制应采取"管、免、灭、检"措施，即包括对犬加强管理，实施有计划的免疫，消灭野犬、可疑犬及病犬，对进出口犬只进行检疫，这是控制和消灭狂犬病最有效的措施。

2．咬伤后防止发病的措施

伤口应及时用大量肥皂水或0.1％新洁尔灭和清水反复冲洗，挤出血液，再局部应用75％乙醇或2％～3％碘酒消毒。局部处理在咬伤后早期（尽可能在几分钟内）进行的效果最好，但数小时或数天后处理也不应疏忽。局部伤口不应过早缝合。

凡被可疑狂犬病动物咬伤、吮舔过皮肤、黏膜，抓伤或擦伤者均应接种疫苗，同时应注射免疫血清。对咬人已出现典型症状的动物，应立即扑杀，并将尸体焚化或深埋。不能确诊为狂犬病的可疑动物，在咬人后应捕获隔离观察10d；扑杀或在观察期间死亡的动物，脑组织应进行实验室检验。

3．免疫接种

有计划给家犬和家猫进行强制性疫苗免疫是控制和消灭狂犬病的最基本措施。目前国内使用的疫苗有狂犬病弱毒疫苗或其他疫苗联合制成的多联苗可供选用。

七、公共卫生

人患狂犬病大都是由于被患狂犬病的动物咬伤所致。其潜伏期较长，多数为2～6个月，甚至几年。发病开始时有焦躁不安的感觉，头痛，体温略升，不适，感觉异常，尤在咬伤部位常感疼痛刺激难忍。随后发生兴奋症状，对光、声极度敏感，瞳孔放大，流涎增加。随着病的发展，咽肌痉挛，由于肌肉收缩使液体返流，大部分患者表现吞吐困难，当看到液体时发生咽喉部痉挛，以致不能咽下自己的唾液，表现为恐水症。呼吸道肌肉也可能痉挛，并有全身抽搐，兴奋期可能持续直至死亡，或在最后出现全身麻痹。有些病例兴奋期很短，而以麻痹期为主。症状可持续2～6d，有时可更久，一旦发病，即以死亡告终。

情景三　伪狂犬病

伪狂犬病（PR）是由伪狂犬病病毒引起的多种动物的一种以发热、奇痒（猪除外）、呼吸和神经系统疾病为特征的急性高度致死性传染病。

目前该病遍及亚洲、欧洲、东南亚、美洲、非洲等40多个国家和地区。近年来，我国本病发病率不断上升，对畜牧业的影响较大。我国将其列为二类动物疫病。

一、病原

伪狂犬病病毒（PRV）属于疱疹病毒科疱疹病毒甲亚科猪疱疹病毒Ⅰ型。目前只有1个血清型，但不同毒株毒力有一定的差异。本病毒对外界环境抵抗力较强。在污染的猪舍能存活1个月以上，在肉中可存活5周以上。在低温潮湿的环境下，pH 6~8时病毒最稳定，而在4~37℃、pH 4.3~9.7的环境中1~7d便可失活；在干燥的条件下，特别是在阳光直射时，病毒很快失活。对脂溶剂如乙醚、丙酮、氯仿、酒精等高度敏感，一般的消毒剂都可杀灭病毒。

二、流行病学

1. 易感动物

猪最易感，其他家畜如牛、羊、犬、猫、兔、鼠等也可自然感染；许多野生及肉食动物也易感染。除猪以外，所有易感动物感染PRV都是致死性的。人对PRV不具易感性。在近十年内，尽管人们在猪场与感染猪群或在实验室与病毒广泛接触，但仍没有关于人感染PRV的报道。

2. 传染源

病猪、带毒猪和带毒鼠类为本病重要的传染源。猪是伪狂犬病病毒的原始宿主和贮存宿主，康复猪可通过鼻腔分泌物及唾液持续排毒。

母猪感染PRV后6~7d中乳中有病毒，持续3~5d，仔猪可通过吃奶而感染本病毒。妊娠母猪感染本病时，常可造成垂直传播，使病毒侵害胎儿。感染母猪和所产仔猪可长期带毒，成为本病流行、很难根除的重要原因。牛常因接触病猪而发病并死亡，病死率100%。

3. 传播途径

本病可经消化道、呼吸道、交配、精液、伤口及胎盘感染，被污染的工作人员和器具在传播中起着重要的作用。鼠类可在猪群之间传播病毒。

4. 流行特点

本病一年四季都可发生，尤其以冬、春寒冷季节和产仔旺季多发。

三、临床症状

本病潜伏期一般为3~6d，短者36h，长者达10d。

1. 猪

猪感染后其症状因日龄而异，但不发生奇痒。新生仔猪表现高热、神经症状，还可侵害消化系统。成年猪常为隐性感染，妊娠母猪常表现流产、产死胎和木乃伊胎。

（1）2周龄以内哺乳仔猪 病初发热，体温升高至41~41.5℃，呕吐、下痢、厌食、精神不振，有的见眼球上翻，视力减退，呼吸困难，呈腹式呼吸，继而出现神经症状，发抖，共济失调，间歇性痉挛，角弓反张，有的后躯麻痹呈犬坐姿势，有的做前进或后退转动，有的倒地做划水运动。常伴有癫痫样发作或昏睡，触摸时肌肉抽搐，最后衰竭而死亡。有中枢神经症状的猪一般在症状出现24～36h死亡。哺乳仔猪的病死率可高达100%。

(2) 3～9周龄猪　主要症状同上，但比较轻微，多便秘，病程略长，少数猪出现严重的中枢神经症状，导致休克和死亡。病死率可达40%～60%。部分耐过猪常有后遗症，如偏瘫和发育受阻，如果能精心护理，及时治疗，无继发感染，病死率通常不会超过10%。这些猪出栏时间比其他猪长1～2个月。

(3) 2月龄以上猪　以呼吸道症状为特征，表现轻微或隐性感染，一过性发热，咳嗽，便秘，发病率很高，达100%，但无并发症时，病死率低，为1%～2%。有的病猪呕吐，多在3～4d恢复。如体温继续升高，病猪又会出现神经症状：震颤、共济失调，头向上抬，背弓起，倒地后四肢痉挛，间歇性发作。呼吸道症状严重时，可发展至肺炎，剧烈咳嗽，呼吸困难。如果继发有细菌感染，则损失明显加重。

(4) 怀孕母猪　表现为咳嗽、发热、精神不振，流产、产死胎和木乃伊胎，且以产死胎为主。流产常发生于感染后的10d左右，新疫区可造成60%～90%的怀孕母猪流产和死胎；母猪临近足月时感染，则产弱胎；接近分娩期时感染，则所产仔猪出生时就患有PR，1～2d死亡。弱仔猪1～2d内出现呕吐和腹泻，运动失调，痉挛，角弓反张，通常在24～36h内死亡。感染PRV的后备母猪、空怀母猪和公猪病死率很低，不超过2%。

2. 牛、羊和兔

对本病特别敏感，感染后病死率高、病程短，症状比较特殊，主要表现体表任何病毒增殖部位的奇痒，并因瘙痒而出现各种姿势。如鼻黏膜受感染，则用力摩擦鼻镜和面部；眼结膜感染时，以蹄拼命搔痒，有的因而造成眼球破裂塌陷；有的呈犬坐姿势，使劲在地上摩擦肛门或阴户；有的在头颈、肩胛、胸壁、乳房等部位发生奇痒，奇痒部位因强烈搔痒而脱毛、水肿，甚至出血。此外，还可出现某些神经症状如磨牙，流涎，强烈喷气，狂叫，甚至神志不清，但无攻击行为。病初体温短期升高，后期多因麻痹而死亡，病程2～3d。个别病例发病后无奇痒症状，数小时内即死亡。

3. 犬和猫

感染PRV的症状是病毒入侵门户范围内瘙痒，有时由于不断地搔抓和咬啃而导致出血。病犬不安，拒食，蜷缩而坐，时常更换蹲坐的地点。体温有时升高，常发生呕吐。经消化道感染的病犬流涎，吞咽困难。病犬舔皮肤受伤处，在几小时后可能产生大范围的烂斑，周围组织肿胀。部分病例还可见类似狂犬病的症状：病犬撕咬各种物体，冲撞墙壁，摔倒在地。部分病犬头部和颈部屈肌及唇肌间断抽搐，呼吸困难。常在24～36h内死亡。猫与犬相似。

四、病理变化

(1) 猪　一般无特征性病变。但经常可见浆液性到纤维素性坏死性鼻炎、坏死性扁桃体炎，口腔和上呼吸道局部淋巴结肿胀或出血。有时可见肺水肿以及肺脏散在有小坏死灶、出血点或肺炎灶。如有神经症状，脑膜明显充血、出血和水肿，脑脊髓液增多。另外，也常发现有胃炎、肠炎和肾脏表面的针尖状出血等变化。仔猪及流产胎儿的脑和臀部皮肤出血，肝、脾表面可见到黄白色坏死灶，心肌出血，肺出血坏死，肾脏出血坏死，扁桃体有出血性坏死灶。流产母猪有轻度子宫内膜炎。公猪有的表现为阴囊水肿。

(2)其他动物 主要是体表皮肤局部擦伤、撕裂、皮下水肿、肺充血、水肿、心外膜出血、心包积水。

(3)组织变化 中枢神经系统呈弥漫性非化脓性脑膜炎和神经节炎，有明显血管套和胶质细胞坏死。病变部位的胶质细胞、神经细胞、神经节细胞出现嗜酸性核内包涵体。在肺、肾、肾上腺及扁桃体等组织器官具有坏死灶，病变部位周围细胞可见与神经细胞一样的核内包涵体。

五、诊断

根据病畜典型的临床症状和病理变化，以及流行病学资料，可做出初步诊断。但确诊本病必须进行实验室检查。

1. 病毒分离和鉴定

采取流产胎儿、脑炎病例的鼻咽分泌物、脑、扁桃体、肺组织和潜伏感染者的三叉神经节，经处理后接种敏感细胞，在24～72h内细胞折光性增强，聚集成葡萄串状、形成合胞体。可通过免疫荧光、免疫过氧化物酶或病毒中和试验鉴定病毒。初次分离若没有可见的细胞病变时，可盲传1代再次进行观察。无条件进行细胞培养时，可用疑似病料皮下接种家兔，PRV可引起注射部位的瘙痒，并于2～5d后死亡。也可接种小鼠，但小鼠不如兔敏感。

2. 组织切片荧光抗体检测

该法是一种检测组织中PRV的快速、可靠的方法，首选的备检组织是扁桃体，脑、咽组织涂片也可应用。其优点是在1h内可出结果，对于具有典型伪狂犬病症状的新生猪，检验结果与病毒分离具有同效性。但对于育肥猪或成年猪，该法不如病毒分离敏感。

3. 血清学诊断

应用最广泛的有微量病毒中和试验、ELISA、乳胶凝集试验(LA)、补体结合试验、间接免疫荧光等。

六、防治措施

1. 加强检疫和管理，控制传染源

引进动物时进行严格的检疫，防止将野毒引入健康动物群是控制伪狂犬病的一个非常重要和必要的措施。严格灭鼠，控制犬、猫、鸟类和其他禽类进入猪场，禁止牛、羊和猪混养，控制人员来往，做好消毒及血清学监测对该病的防控都有积极的作用。

2. 免疫接种

我国预防牛、羊伪狂犬病的疫苗主要是氢氧化铝甲醛灭活疫苗，牛每次皮下注射8～10mL，免疫期1年；羊每只皮下注射0.5mL，免疫期半年。

猪伪狂犬病疫苗包括灭活疫苗、弱毒疫苗和基因缺失活疫苗。我国在猪伪狂犬病的控制过程中没有规定使用疫苗的种类，但最好只使用灭活疫苗。在已发病猪场或伪狂犬病阳性猪场，建议所有的猪群都进行免疫。灭活疫苗免疫时，种猪(包括公猪)初次免疫后间隔4～6周加强免疫1次，以后每胎配种前注射免疫1次，产前1个月左右加强免疫1次，即可获得较好的免疫效果，并可使哺乳仔猪的保护力维持到断奶。留作种用的断奶仔猪在断奶时免疫1次，间隔4～6周后加强免疫1次，以后即可按种猪免疫程序进行。育肥仔猪在断奶时接种1次可维持到出栏。应用弱毒疫苗免疫时，种猪第1次接种后间隔4～6周加强免疫1次，以后每隔6个月进行1次免疫。

3．根除措施

美国与欧洲许多国家自实施伪狂犬病的根除计划以来，已经取得了显著成效。这种根除计划是建立在合适的基因缺失疫苗及相应的鉴别诊断方法基础上的，一定地区对该病的根除计划成功与否取决于从感染群中剔除阳性感染者的力度。根据不同的国情，通常可选择的方法有：

(1)全群扑杀——重新建群法　即扑杀感染猪群的所有猪只，重新引入无PRV感染的猪群。

(2)检测与剔除法　即通过抗体检测剔除猪群中所有野毒感染阳性的猪，因为它们是潜伏感染猪并可能向外界散毒，这种措施应经一定的时间间隔重复实施，直到猪群中再无PRV野毒存在为止。

4．治疗

本病尚无有效药物治疗，紧急情况下用高免血清治疗，可降低病死率，但对已发病到了晚期的仔猪效果较差。猪干扰素用于同窝仔猪的紧急预防和治疗，有较好的效果；利用白细胞介素和伪狂犬基因弱毒疫苗配合对发病猪群进行紧急接种，可在较短时间内控制病情的发展。

情景四　流行性乙型脑炎

流行性乙型脑炎又称日本乙型脑炎，简称乙脑，是由流行性乙型脑炎病毒引起的一种蚊媒性人畜共患传染病。该病属于自然疫源性疾病，多种动物均可感染，其中人、猴、马和驴感染后出现明显的脑炎临床症状、病死率较高，猪群感染最为普遍，主要引起繁殖障碍，蚊虫叮咬是该病的主要传播途径。

一、病原

流行性乙型脑炎病毒属于黄病毒科黄病毒属。病毒粒子呈球形，有囊膜和纤突，能凝集鸡、鸽、鸭及绵羊的红细胞，能在鸡胚卵黄囊及鸡胚成纤维细胞、仓鼠肾细胞、猪肾传代细胞内增殖，并产生细胞病变和蚀斑。病毒对外界环境的抵抗力不强，在−20℃可保存1年，在50％甘油生理盐水中于4℃可存活6个月。病毒在pH 7以下或pH 10以上，活性迅速下降，常用消毒药都有良好的灭活作用。

二、流行病学

1．易感动物

人和家畜中的马属动物、猪、牛、羊等均有易感性。猪不分品种和性别均易感，发病年龄多与性成熟期相吻合，感染率高，发病率低，多数病愈后不再复发，成为带毒猪。

2．传染源

猪是本病主要的传染源和增殖宿主。蝙蝠和越冬昆虫是乙脑病毒的储存宿主。

3. 传播途径

本病主要通过带病毒的蚊虫叮咬而传播，其中三带喙库蚊为本病主要媒介，病毒通常在猪一蚊一猪等动物间循环。

4. 流行特点

在热带地区，本病全年均可发生。在亚热带和温带地区本病有明显的季节性，主要在7～9月流行，这与蚊的生态习性有密切关系。

三、临床症状

1. 猪

突然减食或停食，体温升高至41℃左右。精神沉郁，嗜睡；粪呈干粒状、上附黏液，有的带血。有的病猪可出现后肢轻度麻痹，行走不稳，有的后肢关节肿痛而跛行。怀孕母猪突发流产、死胎，多数胎衣滞留，阴道流出红褐色或灰褐色黏液。也有的病症消失后才发生流产；有的则超出预产期产下死胎和正常胎儿，活胎大小悬殊较大，产下的活胎出生后1～2d内，出现痉挛，倒地死亡。公猪发病多一侧睾丸肿大0.5～1倍，同侧阴囊皮肤肿胀发亮，大多经2～3d逐渐消肿，恢复正常或睾丸缩小变硬，而失去种用价值。

2. 牛

多呈隐性感染，自然发病者极为少见。牛感染发病后主要见有发热和神经临床症状。发热时，食欲废绝，呻吟、磨牙、痉挛、转圈以及四肢强直和昏睡。急性者经1～2d，慢性者10d左右可能死亡。

3. 山羊

主要是隐性感染。发病后表现为发热和神经症状；肢体出现麻痹，牙关紧咬，嘴唇麻痹流涎，四肢伸曲困难，走路不稳或后肢麻痹无法站立，经5d左右可能死亡。

四、病理变化

(1)马　脑脊髓液增量，脑膜和脑实质充血、出血、水肿，肺水肿，肝、肾浊肿，心内、外膜出血，胃肠有急性卡他性炎症。

(2)猪　脑的病理变化与马相似。肿胀的睾丸实质充血、出血和坏死灶。

(3)牛、羊　脑组织学检查，均有非化脓性脑炎变化。

五、诊断

本病有严格的季节性，散发性，多发生于幼龄动物，有明显的脑炎临床症状，怀孕母猪发生流产，公猪发生睾丸炎。死后取大脑皮质、丘脑和海马角进行组织学检查，发现非化脓性脑炎等，可作为诊断的依据。

1. 病原学诊断

病原的分离鉴定是诊断本病的经典方法。发病初期可采用血液和血清分离病毒，病死动物应尽快采取脑组织和体液，流产的胎儿也可作为样品。近年来多采用BHK细胞进行分离。

2. 血清学诊断

血凝抑制试验、中和试验和补体结合试验是本病常用的实验室诊断方法。此外，还有荧光抗体法、ELISA、反向间接血凝试验、免疫黏附血凝试验和免疫酶组化染色法等。

3. 鉴别诊断

当猪发病时，应注意与猪布鲁氏菌病、猪繁殖与呼吸综合征、猪伪狂犬病、猪细小病毒病等相区别。

六、防治措施

1. 消灭传播媒介和控制传播源

防蚊灭蚊，注意环境卫生，填平坑洼，疏通沟渠，排除积水，消除蚊子的滋生场所。坚持各种消毒制度，同时也可使用驱虫药在猪舍内外经常进行喷洒灭蚊。

2. 免疫接种

预防本病要定期进行免疫接种。我国已经成功研制本病动物用疫苗，通常在蚊虫开始活动前1个月对抗体阴性猪或4月龄以上的种猪进行免疫接种，或在配种前1个月注射疫苗，最好在第1次免疫2周后加强免疫1次。以后每年在蚊虫开始活动前或配种前免疫1次，热带地区建议1年免疫2次。

本病无特效疗法，应积极采取对症疗法和支持疗法。病马在早期采取降低颅内压、调整大脑机能、解毒为主的综合性治疗措施，同时加强护理，可收到一定的疗效。

七、公共卫生

预防人类乙型脑炎主要靠免疫接种，我国对本病实行计划免疫，即所有儿童都要按时接受疫苗接种。疫苗注射的对象主要为流行区6个月以上、10岁以下的儿童。在流行前1个月开始首次皮下注射，间隔7～10d复种1次，以后每年加强免疫1次。预防接种后2～3周体内产生保护性抗体，一般能维持4～6个月。

*技能训练一　口蹄疫的检验技术

一、训练目标

通过完成本次技能训练，使学生初步掌握口蹄疫的病毒感染相关抗原琼脂扩散试验、反向间接红细胞凝集试验以及病毒中和试验。

二、训练材料

(1)器材　主要有1mL灭菌注射器及注射针头、灭菌吸管及试管、灭菌剪刀、镊子、橡胶手套、平皿、吸管、金属打孔器(孔径4mm)等。

(2)试剂 主要有 VIA 抗原、口蹄疫 A、O、C 和 Asia 型鼠化毒及标准阳性血清、猪水疱病病毒及标准阳性血清、待检血清、Tris-HCl 缓冲液(Tris 2.42g，NaCl 3.8g，NaN_3 0.2g，去离子水加至 100mL，用 HCl 调 pH 值至 7.6)、pH 7.6 0.1mol/L PBS 液、琼脂糖(电泳用)等。

三、训练内容与方法步骤

1. 口蹄疫病毒感染相关抗原琼脂扩散试验(VIA-AGID)

(1)血清处理 被检血清和阳性血清均以 56℃灭能 30min。

(2)琼脂糖平板的制备 取琼脂糖 1g，Tris-HCl 缓冲液 100mL，装入三角瓶中，于沸水中加热或高压，将琼脂糖彻底熔化。然后吸取 8mL 琼脂液加到平皿里，制成 3mm 厚的琼脂板。待琼脂完全凝固后，加盖置于湿盒中，贮藏在 4℃冰箱中备用。

(3)打孔 将模板放在琼脂板上，用打孔器垂直通过模板的孔在琼脂板上打孔，打完孔后拿走模板，用细针头轻轻挑出孔中的琼脂块，并将平皿底部在酒精灯上略烤封底。

(4)加样 用微量移液器每孔加样 20μL。按图 2-1 方式进行，即中心孔加 VIA 抗原，1、4 孔加 FMD 阳性高免兔血清，2、3、5、6 孔加被检血清。

(5)扩散 将加样的琼脂平皿置于湿盒里，于室温(15~25℃)任其自然扩散。

(6)观察 于 24h 进行第 1 次观察，72h 做第 2 次观察，120h 做最后观察。观察时，可借助灯光或自然光源，特别是弱反应须借助于强光源才能看清沉淀线。

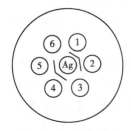

图 2-1 口蹄疫琼脂扩散试验

(7)结果判定 当 1、4 孔标准阳性血清与抗原中心孔之间形成沉淀线时，本试验成立。若被检血清孔与中心孔之间也出现沉淀线，并与阳性沉淀线末端相融合，则被检血清判为阳性；被检血清孔与中心孔之间虽不出现沉淀线，但阳性沉淀线的末端向内弯向被检血清孔，则被检血清判为弱阳性；如被检血清孔与中心孔之间不出现沉淀线，且阳性沉淀线直向被检血清孔，则被检血清判为阴性。如图 2-1 所示，2 孔被检血清为阳性，5 孔被检血清为弱阳性，3、6 孔被检血清为阴性。

2. 反向间接红细胞凝集试验

(1)病料处理

①用 pH 7.2 的 0.01mol/L 磷酸缓冲液(或生理盐水)洗 2~3 次，并用消毒滤纸吸去水分。

②称重，加少许玻璃砂研磨，制成 1:3 悬液，室温浸毒 1h 或 4℃冰箱中过夜。

③3000~4000r/min，离心 20min，收集上清液。

④58℃水浴箱灭能 40min(或不灭能)。

⑤3000~4000r/min，离心 20min，收集上清液即为被检抗原，置 4℃冰箱中备用。

(2)被检抗原的稀释 试管架上摆上 8 支试管，自第 1 管开始由左至右用稀释液进行倍比稀释(即 1:6，1:12，1:24……1:768)，每管体积 0.5mL。

(3)滴加被检抗原 取有机玻璃反应板，在第 1 至第 4 排每排的第 8 孔滴加第 8 管稀释抗原 2 滴，每排的第 7 孔滴加第 7 管稀释抗原 2 滴，依此类推至第 1 孔，每排的第 9 孔滴加稀释液 2 滴，作为阴性对照，每排的第 10 孔按顺序分别滴加 A、O、C、Asia 4 种标准抗原(1∶30稀释)各2滴,作为阳性对照(注意每型换滴管1只)。

(4)滴加红细胞诊断液 用前将红细胞诊断液摇匀,于反应板第1至第4排孔分别滴加A、O、C、Asia型红细胞诊断液1滴。轻轻振摇反应板,使红细胞均匀分布。室温放置1.5~2h后判定结果。

(5)结果判定

①判定标准:按以下标准判定红细胞凝集程度。

++++:完全凝集

+++:75%凝集

++:50%凝集

+:25%凝集

—:不凝集

②观察反应板上各排孔的凝集图形。假如只有1排孔凝集,且阴性对照孔不凝集(阴性),阳性对照孔凝集(阳性),其余3排孔不凝集,则证明此种凝集是与A型红细胞诊断液同型病毒所致的特异性凝集,被检抗原即判为A型,若只有第2排孔凝集,其余3排孔不凝集,则被检抗原判为O型,依此类推。

③致敏红细胞凝集(凝集程度为++以上者)的抗原最高稀释度为其凝集效价。

④某排孔的凝集效价高于其余排孔的凝集效价2个对数(以2为底)滴度以上者即可判为阳性。

3. 病毒中和试验(VN)

(1)稀释血清 将血清做2倍连续稀释。一般含4个稀释度(如1∶4~1∶32)。如有特殊需要,可做6个稀释度(1∶4~1∶128)。稀释方法如下:

①先向96孔微量板A2~A4、B2~B4各孔加稀释液,25μL/孔。

②将1∶4稀释的待检血清加入A1、B1和A2、B2孔,25μL/孔。

③稀释:将A2、B2孔中的稀释液和血清混匀后吸出25μL移至A2、B2孔。再混匀后吸出25μL移至A4、B4孔。混匀后吸出25μL弃去。

(2)对照

①血清对照:如A5、B5为血清对照孔,先加稀释液25μL/孔,再加1/4稀释的标准阳性血清25μL/孔(血清1/8稀释)。

②空白对照:至少2孔,如A6、B6孔,加稀释液100μL/孔。

③细胞对照:至少2孔,如A7、B7孔,加稀释液50μL/孔。

④病毒对照:至少2孔,如A8、B8孔,加稀释液25μL/孔。

(3)稀释病毒和加样 按$TCID_{50}/50μL$滴定结果,稀释病毒至$200TCID_{50}/50μL$。然后加入各血清稀释度孔和病毒及阳性对照孔(A8、B8),每孔25μL。

(4)中和作用 加盖,37℃振荡1h。

(5)加入细胞 将2~3日龄单层丰满、形态正常的BHK21或IBRS2细胞按常规消化,离心(1000r/min,10min)收集细胞,加细胞营养液制成$(1\sim2)\times10^6$个/mL细胞悬液(pH 7.4)。然后加入除空白对照(A6、B6)孔外的各试验孔,每孔50μL。

(6)加盖 37℃振荡10min。置二氧化碳培养箱37℃静置培养2~3d。

(7)结果判定 FMDV致BHK21或IBRS2细胞的CPE很典型,在普通显微镜下易于识别，通常在 48h 后用倒置显微镜观察即可判定结果。

试验成立的条件：

①标准阳性血清孔无 CPE 出现。

②细胞对照孔中细胞生长已形成单层，形态正常。

③病毒对照孔无细胞生长，或有少量病变细胞存留。

血清中和滴度为 1∶45 或更高者判为阳性。血清中和滴度为 1∶16～1∶32 判为可疑，须进一步采样做试验，如第 2 次血清滴度 1∶6 或高于 1∶16 判为阳性。血清中和滴度为 1∶8 判为阴性。

四、训练报告

口蹄疫病毒毒型鉴定的意义为何？鉴定口蹄疫病毒毒型的主要方法有几种？试述其优缺点。

*技能训练二　鸡白痢的实验室诊断

一、训练目标

通过完成本次技能训练，使学生熟悉和掌握鸡白痢的血清学检验方法。

二、训练材料

(1)器材　洁净的玻璃板、干燥的灭菌试管、注射针头、带柄不锈金属环（环直径约 4.5mm）、巴氏滴管、移液器、玻璃铅笔等。

(2)诊断液　鸡白痢全血平板凝集抗原、试管凝集反应抗原、鸡白痢阳性血清和阴性血清。

三、训练内容与方法步骤

1. 快速全血平板凝集反应

(1)操作方法　先将鸡白痢全血平板凝集抗原瓶充分摇匀，用滴管吸取抗原，垂直滴 1 滴（约 0.05mL）于玻片上，然后使用注射针头刺破鸡的翅静脉或冠尖，以金属环沾取血液 1 满环（约 0.02mL）混入抗原内，随即搅拌均匀，并使散开至直径约 2cm 为宜。

(2)结果判断

①抗原与血清混合后在 2min 内发生明显颗粒状或块状凝集者为阳性。

②2min 内不出现凝集，或出现均匀一致的极微小颗粒，或临干前在边缘处出现絮状者判为阴性反应。

③除上述情况之外而不易判断为阳性或阴性者，判为可疑反应。

(3)注意事项

①抗原应在 2～15℃冷暗处保存，有效期内使用。

②本抗原适用于产卵母鸡及 1 年以上公鸡，雏鸡敏感度较差。

③本试验应在 20℃以上室温中进行。

2. 血清凝集反应

(1) 血清试管凝集反应

①被检血清制备：以 20 或 22 号针头刺破鸡翅静脉，使之出血，用一支清洁、干燥的灭菌试管靠近流血处，采集 2mL 血液，斜放凝固以析出血清，分离出血清，置 4℃待检。

②抗原：试管凝集反应抗原，必须具有各种代表性的鸡白痢菌株的抗原成分，对阳性血清有高度凝集力，对阴性血清无凝集力，使用时将抗原稀释成每毫升含菌 10 亿个，并把 pH 值调到 8.2～8.5，稀释的抗原当天用完。

③操作方法：在试管架上依次摆 3 支试管，吸取稀释抗原 2mL 置第 1 管，再吸取各 1mL 分置第 2、3 管。先吸取被检血清 0.08mL 注入第 1 管，充分混合后从第 1 管吸取 1mL 移入第 2 管，充分混合后再从第 2 管吸取 1mL 移入第 3 管，混合后从第 3 管吸出 1mL 弃去，最后将 3 支试管摇振数次，使抗原与血清充分混合，在 37℃温箱中孵育 20h 后观察结果。

④结果判断：试管 1、2、3 的血清稀释倍数依次分别为 1∶25、1∶50、1∶100，凝集阳性者，抗原显著凝集于管底，上清液透明；阴性者，试管呈均匀混浊；可疑者介于前两者之间。在鸡 1∶50 以上凝集者为阳性。在火鸡 1∶25 以上凝集者为阳性。

(2) 血清平板凝集反应

①抗原：与试管凝集反应者相同，但浓度比试管法的大 50 倍，悬浮于含 0.5% 石炭酸的 12% 氯化钠溶液中。

②操作方法：用一块玻板以玻璃铅笔按约 $3cm^2$ 画成若干方格，每一方格加被检血清和抗原各 1 滴，用牙签充分混合。

③结果判定：观察 30～60s，凝集者为阳性，不凝集者为阴性。试验应在 10℃以上室温进行。

四、训练报告

1. 试比较鸡白痢的快速全平板凝集反应与血清凝集反应的异同点。
2. 我国绝大多数鸡群鸡白痢的阳性率比较高，试分析其原因和拟订防治对策。
3. 对一处约有 500 只不安全母鸡的鸡场，应采取哪些措施，方可成为无鸡白痢的鸡场？

技能训练三　巴氏杆菌病的实验室诊断

一、训练目标

通过完成本次技能训练，使学生初步掌握巴氏杆菌病的微生物学诊断步骤和方法。

二、训练材料

外科刀、外科剪、镊子、玻片、研磨器、一次性注射器、酒精灯、酒精棉球、无菌的平皿和试管、美蓝染液、革兰染液、姬姆萨染液、显微镜、香柏油、鲜血琼脂、血清琼脂、小鼠。

三、训练内容与方法步骤

1. 检验材料

大家畜采集新鲜的待检实质器官：肝、脾、肾、肺脏等器官和心血等材料，另做心血和实质器官的涂片数张；小动物或家禽可取完整的尸体。

2. 镜检

取病料涂数片，分别进行美蓝、革兰、姬姆萨等染色，然后镜检。多杀性巴氏杆菌呈卵圆形或球杆状，两极浓染。血液涂片用瑞氏或姬姆萨染色时，细菌被染成蓝色或淡青色，红细胞染成淡红色（家禽的红细胞含有紫色的核）。

3. 培养

将病料分别接种于鲜血琼脂、血清琼脂和普通肉汤，于37℃进行培养。多杀性巴氏杆菌在鲜血琼脂上长出较平坦、半透明的露滴样菌落，不溶血；在血清琼脂上生长旺盛，在45°折射光线下镜检，可见不同色泽的荧光。如Fg型的菌落呈现蓝绿色而带金光，边缘有狭窄的红黄光带；Fo型的菌落较大，有水样湿润感，橘红色而带金光，边缘有乳白色光带。在普通肉汤中呈均匀混浊，以后便有沉淀，振摇时沉淀物呈瓣状升起。

当分离纯培养后，可由培养物做涂片检查（在由培养基上的培养物所做的涂片中，大部分不表现两极染色特性，而常呈球杆状或双球状）。观察其形态、染色特性（革兰染色）、培养特性以及生理生化鉴定。本菌的主要生理生化特性见表2-1。

表2-1　多杀性巴氏杆菌的主要生化特性

血琼脂溶血	麦糠凯琼脂生长	靛基质	硫化氢	葡萄糖	甘露醇	蔗糖	卫茅醇	乳糖	鼠李糖	菊糖
—	—	+	+	A	A	A	A	—	—	—

4. 动物试验

无菌环境下取病料，将其研磨成糊状，用灭菌生理盐水稀释成1:5～1:10乳剂，接种于实验动物皮下或肌肉内，剂量为0.2～0.5mL。猪、牛、羊等家畜的病料可接种小鼠或家兔；家禽的病料可接种鸽、鸡或小鼠。

实验动物如于接种后18～24h左右死亡，则采取心血及实质脏器做涂片镜检和分离培养。根据病原菌的形态、染色、培养、生化等特性加以鉴定。在采取病料做培养、镜检完毕后，还需要对病死动物尸体进行剖检并观察病理变化。在接种局部可见肌肉及皮下组织发生水肿和发炎灶；胸腔和心包有浆液性纤维素性渗出物；心外膜有多数出血点；淋巴结水肿并增大；肝脏瘀血（如接种鸡，可见有密布的针尖至针头大灰白色小坏死灶）。

动物巴氏杆菌病常与其他疾病并发，或继发于其他疾病。所以，用微生物学方法鉴定出病料中有多杀性巴氏杆菌后，还应注意有无其他疾病存在，尤其是要注意检查猪瘟、鸡新城疫、小鹅瘟、兔出血症等严重危害动物的传染病。

四、训练报告

1. 简述动物巴氏杆菌病的微生物学诊断程序。

2. 当猪群中怀疑同时有猪肺疫和猪瘟存在时，从猪体分离得到巴氏杆菌是否可以确诊为猪肺疫？为什么？

*技能训练四　布鲁氏菌病实验室诊断

一、训练目标

通过完成本次技能训练，使学生掌握布鲁氏菌病的检疫方法。

二、训练材料

清洁灭菌小试管(试管口径为 1cm)、试管架、0.5mL 吸管、1mL 吸管、10mL 吸管、布鲁氏菌试管凝集抗原、平板凝集抗原(使用时用 0.5%石炭酸生理盐水做 1∶2 稀释)、琥红平板凝集抗原、布鲁氏菌水解素、全乳环状反应抗原、标准阳性血清和阴性血清。

三、训练内容与方法步骤

1. 细菌学检查

家畜布鲁氏菌病的检疫，即通过流行病学调查、临床检查、细菌学检查、血清学诊断及变态反应等方法，检出畜群中的患畜。

试验材料可取患病动物的流产胎儿、胎盘、阴道分泌物、胃内容物、肝、脾、淋巴结、乳汁、血液、精液等。

(1)显微镜检查　通常取胎盘或胎儿胃液等做镜检。将病料涂片后，采用改良的 Ziehl-Neelsen 抗酸染色法或改良 Koster 染色法染色，前者将布鲁氏菌染为红色，杂菌为蓝色，但胎儿弧菌和衣原体也呈红色，可以从形态上加以区别，后者将布鲁氏菌染为红色。

(2)分离培养　将病料制成乳剂，选 350~400g 健康的雄性豚鼠，皮下或腹腔接种 1~2mL，经 25~30d 剖杀，取脾或接种部位附近的淋巴结，接种于肝汤或胰蛋白胨液体培养基中。在 10%CO_2 的空气中培养，有轻度混浊时，接种于血琼脂平板上，培养 4~6d 可见菌落长出，如未见生长，每隔 4d 接种 1 次，直到 4 周后仍不生长，则为阴性。布鲁氏菌在血琼脂上为不溶血、灰白色、细小、隆起的菌落。

(3)分离菌的鉴定

①涂片镜检：初次分离的布鲁氏菌呈小球状，继代培养后，猪型和牛型呈杆状，羊型仍为球杆状。

②生化试验：不液化明胶，不产生靛基质，能还原硝酸盐为亚酸硝酸盐，能分解尿素，在半固体培养基中发酵糖类，见表 2-2。

表 2-2　布鲁氏菌的糖分解反应

菌　型	麦芽糖	鼠李糖	蔗糖
羊型布鲁氏菌	−	−	−
牛型布鲁氏菌	−	+	−
猪型布鲁氏菌	+	−	+

③玻片凝集试验区：取少许菌落与布鲁氏菌阳性血清在玻片上混合，如出现凝集，就可确定为布鲁氏菌，不发生凝集则为阴性。

2. 血清学试验

布鲁氏菌病的血清学试验方法有多种，其中以凝集试验和补体结合试验较为常用。

(1)试管凝集试验(表2-3)

①被检血清的稀释度：一般情况下，牛、马和骆驼用1∶50、1∶100、1∶200、1∶400 4个稀释度；猪、山羊、绵羊和犬用1∶25、1∶50、1∶100、1∶200 4个稀释度。大规模检疫时也可用2个稀释度，即牛、马和骆驼用1∶50和1∶100；猪、羊、犬用1∶25、1∶50。

②稀释血清和加入抗原的方法：以羊、猪为例，每份被检血清用5支小试管(8~10mL)，第1管加入稀释液2.3mL，第2管不加，第3、4、5管各加入0.5mL，用1mL吸管取被检血清0.2mL，加入第1管中，混匀(一般吸吹3~4次)后吸混合液分别加入第2管和第3管各0.5mL，将第3管混匀，吸取0.5mL加入到第4管，第4管混匀吸取0.5mL加入到第5管，第5管混合后弃去0.5mL。如此稀释后，从第2管起血清稀释度分别为1∶12.5、1∶25、1∶50和1∶100。然后将1∶20稀释的抗原由第2管起，每管加入0.5mL，血清的最后稀释度由第2管起分别为1∶25、1∶50、1∶100和1∶200。

牛和骆驼的血清稀释和加入抗原的方法与前述者一致，不同的是仅第1管加稀释液2.4mL及被检血清0.1mL，加抗原后从第2管起到第5管血清的稀释度依次为1∶50、1∶100、1∶200和1∶400。

每次试验必须做3种对照，每批凝集试验应有阳性血清(1∶25)、阴性血清(1∶25)和抗原对照。

表2-3 试管凝集试验

管号	1	2	3	4	5	6	7	8
血清稀释倍数	1∶12.5	1∶25	1∶50	1∶100	1∶200	抗原对照	阳性血清对照(1∶12.5)	阴性血清对照(1∶12.5)
0.5%石炭酸生理盐水(mL)	2.3	—	0.5	0.5	0.5	0.5	—	—
被检血清(mL)	0.2	0.5	0.5	0.5	0.5	—	0.5	0.5
抗原(1∶20)(mL)	—	0.5	0.5	0.5	0.5	0.5	0.5	0.5

③所有试管充分振荡后置于37~38℃温箱中22~24h，然后观察并记录结果。

④结果判定：根据各管中上层液体的透明度、抗原被凝集的程度及凝块的形状，来判定凝集反应的强度。

＋＋＋＋：液体完全透明，菌体完全凝集呈伞状沉于管底，振荡时，沉淀物呈片、块或颗粒状(100%菌体被凝集)。

＋＋＋：液体基本透明(轻微混浊)，75%菌体被凝集，沉于管底，振荡时情况如上。

＋＋：液体不甚透明，50%菌体被凝集，沉于管底，振荡时有块状或小絮片状物。

＋：液体不透明，有25％菌体被凝集，沉于管底。

一：液体不透明，管底无凝集，振荡后均匀混浊，菌体完全不凝集。

出现＋＋(50％)以上凝集的最高血清稀释度，即该份血清的凝集价(效价)。

牛、马和骆驼的血清于1：100稀释呈现＋＋或以上时，判为阳性反应，于1：50呈现＋＋时，判为可疑反应。

猪、羊和犬的血清于1：50稀释度呈现＋＋或以上时，判为阳性反应，于1：25稀释度呈现＋＋时，判为可疑反应。

可疑反应的动物，经3～4周后采血重检，牛、羊重检时仍为可疑，判为阳性。猪和马重检时，如仍为可疑，且群体中从未有过阳性反应时，判为阴性；如群体中出现过阳性反应时，判为阳性。

(2)平板凝集试验

①操作步骤：取洁净无油脂光滑的玻璃板一块，用蜡笔划成约$4cm^2$的5个小格，第一格写血清编号，用0.2mL吸管将每份血清以0.08mL、0.04mL、0.02mL和0.01mL的剂量加入4个小格内，吸管必须稍斜并接触玻板。接着在每格血清上垂直滴加抗原0.03mL，然后用牙签搅拌将血清抗原混合均匀。一份血清用一根牙签，以0.01mL、0.02mL、0.04mL及0.08mL的顺序混合均匀，并于酒精灯上稍微加热，5～8min内记录反应结果(加热时防止温度过高，尤其要注意被检液干涸或玻璃板破损)。

平板血凝试验的血清量0.08mL、0.04mL、0.02mL和0.01mL，加入抗原后，其效价相当于试管凝集价的1：25、1：50、1：100和1：200，每批次必须要有阴、阳性血清对照。

②判定标准：

＋＋＋＋：100％凝集，出现大凝集片或小粒状物，液体完全清亮。

＋＋＋：75％凝集，有明显的凝块或颗粒，液体几乎完全透明。

＋＋：50％凝集，有可见凝集块或颗粒，液体不甚透明。

＋：25％凝集，可见少量颗粒，液体不透明。

一：无凝集，液体均匀混浊。

本法和试管凝集反应一样，在确定凝集价时，按出现"＋＋"以上凝集现象为准，牛、马和骆驼的血清价1：100以上为，判为阳性，1：50为疑似。羊、猪和犬的清价1：50以上为，判为阳性，1：25为疑似。

阳性牲畜，应立即隔离；可疑牲畜必须于注射后一个月进行复检，如仍为可疑则按阳性处理，如为阴性则视为健畜。

四、训练报告

布鲁氏菌病常用的检测方法有哪些？其优缺点如何？

复习思考题

1. 炭疽的诊断要点有哪些？发生炭疽后的具体防治措施有哪些？
2. 结核病的典型临床症状有哪些？以奶牛为例谈谈如何进行结核病的综合防治。
3. 猪布鲁氏菌病的临床表现有哪些？怎样防治？

4. 大肠杆菌引起猪的传染病有几种情况？流行病学、临床症状和病理变化各有何特点？

5. 禽大肠杆菌病有哪些临床类型？各有什么症状？

6. 犊牛大肠杆菌病有几种临床类型？各有什么症状和病理变化特点？

7. 禽沙门菌病有哪些临床症状和病理变化？如何防治？

8. 仔猪副伤寒有哪些临床症状和病理变化？如何防治？

9. 猪肺疫有哪些主要临床症状和病理变化？有这种情况的猪场怎么办？

10. 禽霍乱有哪些主要临床症状和病理变化？如何防治？

*11. 简述破伤风的临床主要症状。当动物有深创时如何处理来防治破伤风的发生？

12. 口蹄疫病毒有几种血清型？口蹄疫难以控制和消灭的原因有哪些？如何应用综合性防治措施来预防和扑灭口蹄疫？

13. 简述狂犬病主要传播方式和感染途径。犬发生狂犬病时有哪些临床特征？怎样防治狂犬病？

14. 猪伪狂犬病的主要临床症状是什么？规模化猪场如何采取综合性防治措施来防治猪伪狂犬病？

15. 猪日本乙型脑炎具有哪些临床特征？如何防治？

*16. 牛羊衣原体病各分为哪几种病型？

*17. 钩端螺旋体病的主要传播途径是什么？怎样检查钩端螺旋体？

猪主要传染病

知识目标

1. 重点掌握猪丹毒、猪瘟、猪繁殖与呼吸综合征、猪细小病毒病、猪圆环病毒病等传染病的病原、流行特点、临床症状、诊断方法及防治措施。
2. 掌握猪链球菌病、猪支原体肺炎、猪传染性胸膜肺炎、猪附红细胞体病、猪痢疾、猪传染性萎缩性鼻炎等传染病的流行特点、诊断方法及防治措施。
3. 了解猪流行性感冒、猪传染性胃肠炎、猪流行性腹泻等传染病的临床特征和分布状况。

技能目标

1. 能够运用所学知识对猪主要传染病做出初步诊断并提出初步防治措施。
2. 熟练猪瘟、巴氏杆菌病的实验室诊断技能。

项目一
猪的主要细菌性传染病

情景一 猪丹毒

猪丹毒是由猪丹毒杆菌引起的一种急性、热性传染病。急性型呈败血症变化;亚急性型在皮肤上出现紫红色疹块,俗称打火印;慢性型则主要以关节炎为特点,有时也表现为疣状型心内膜炎。

本病流行已有一百多年历史,并呈世界性分布,是危害养猪业的一种重要传染病。

一、病原

猪丹毒杆菌又称为红斑丹毒丝菌,属于丹毒杆菌属,革兰染色阳性,兼性厌氧。在急性病例组织的直接涂片或培养物中,本菌细长,呈直或稍弯的杆状,单个、成对或小丛存在。该菌无芽孢和荚膜,无鞭毛不能运动。本菌对不良环境有较强的抵抗力,能抗干燥,干燥状态下存活至少 3 周,尸体中细菌可存活几个月,湿热敏感。一般的消毒剂和热(60℃ 15min)可将其杀死,但在 0.5%石炭酸中抵抗力强,故可用 0.5%石炭酸生理盐水从污染病料中分离病原。

二、流行病学

1. 易感动物

本病易感动物包括人在内的多种动物均可感染,主要发生于猪。以 3~12 月龄的猪最为易感。

2. 传染源

病猪、带菌猪和其他带菌畜禽是本病的传染源。病猪或带菌猪的分泌物和排泄物含有大量的病菌,污染饲料、饮水、用具以及土壤等。

3. 传播途径

传播途径是消化道和损伤的皮肤,吸血昆虫也可传播本病,使该病的流行有一定的季节性。

4. 流行特点

本病具有明显的季节性,夏季多发,多呈散发性和地方流行性;但在某些气温偏高且四季气温变化不大的地区，发病无季节性。

三、临床症状

1. 急性型

急性型主要呈败血症变化。突然发病，一头或几头猪突然死亡。病猪体温高达42～43℃，精神不振，步行不稳，全身皮肤尤其是胸部、腹部、四肢内侧和耳部等皮肤较薄处出现不规则的鲜红斑块，常为特征性的方形或菱形，初为淡红色，渐渐变为浅紫红色或暗紫色，指压褪色，停止按压则又恢复。有时后肢麻痹，呼吸困难，寒颤绝食，多数1～2d死亡，或转为慢性型。

2. 亚急性型

亚急性型猪丹毒以皮肤出现疹块为特征，所以又叫疹块型猪丹毒。病初精神不振，食欲降低，体温升高，便秘，呕吐。1～2d后，在背部、胸颈和四肢等处皮肤出现方形、圆形或菱形的疹块，初坚硬后变为红色，突出于皮肤表面，中间苍白，界限明显，有时许多小疹块合并成大疹块。病程约6～8d，疹块颜色渐退，形成干痂，脱落而自愈，或转为慢性型和败血型。

3. 慢性型

慢性型一般由上述两型转化而来，也有原发性的。慢性型猪丹毒主要表现为关节炎，四肢关节肿胀热痛，行走困难，跛行。有时发生心内膜炎，消瘦，贫血，喜卧，呼吸和心脏机能障碍，咳嗽，呼吸困难，生长发育不良，体质虚弱，常因心肌麻痹而突然死亡。

四、病理变化

1. 急性型

急性病例以急性败血症的全身变化和皮肤表面弥漫性出血而形成疹块为特征。胃黏膜充血、出血，胃底黏膜脱落，小肠黏膜主要在十二指肠和空肠前半部有出血性炎症。脾充血肿大，樱桃红色，切面外翻隆起，脆软的髓质易于刮下。淋巴结充血，肿大和点状出血。肝充血，红棕色。肾瘀血肿胀，严重者呈蓝紫色，纵切皮质有点状出血。

2. 亚急性型

亚急性型病猪耳、颈、背、腹、四肢等处的皮肤上产生许多疹块，与周围皮肤界限明显，由于皮肤肿胀压迫血管，使疹块中央变为苍白色，周围围绕有一圈红晕。

3. 慢性型

慢性型病例主要为增生性、非化脓性关节炎，常发生在腕关节、肘关节、跗关节和膝关节。关节肿胀，有多量浆液性纤维素性渗出物，黏稠或带红色。后期滑膜绒毛增生肥厚。心内膜炎主要发生在二尖瓣，瓣膜上附有大片血栓性赘生物，菜花状。

五、诊断

1. 临床诊断

根据流行特点、临床症状和病理变化，结合青霉素治疗有效，一般可以初步诊断。但在流行初期，往往呈急性败血症变化、无特征性临床症状，需做实验室检查才能确诊。

2. 细菌学诊断

从活的病猪耳静脉或疹块边缘采集血液样品，或采集病死猪心、肝、脾、肾、关节滑液以及心内膜赘生物等制片，染色镜检，如发现革兰阳性，较细长，单个、成对或成丛存在的杆菌时，可初步确诊。同时可以用血清培养基培养后镜检和进行生化鉴定后确诊。

3. 血清学诊断

血清培养凝集试验方法检出率很高，而且快速。荧光抗体检查法也是猪丹毒快速检疫的方法之一。Dot-PAA-ELISA方法操作简便、快速准确、结果可存档、重复性和稳定性好，适合基层检疫单位和养猪企业用于猪群免疫监测和猪丹毒流行病学调查。

六、防治措施

1. 预防

加强饲养管理，定期消毒，保持圈舍干燥、卫生，提高机体抗病能力。对于新购进的猪致少隔离30d。定期注射猪丹毒疫苗。目前市售主要有猪丹毒弱毒疫苗、猪丹毒氢氧化铝甲醛疫苗和猪瘟-猪丹毒-猪肺疫三联疫苗。加强农贸市场、屠宰和交通检疫。发现病情立即封锁疫点，及时隔离治疗，对污染的环境及用具彻底消毒。

2. 治疗

青霉素治疗该病特效，其次土霉素、金霉素、四环素等都可用于治疗。不能停药过早，否则容易复发或转为慢性。

3. 妥善处理畜禽尸体，全场彻底消毒

尸体和内脏有显著猪丹毒病变的作工业用；有轻微病变的，肉尸、内脏高温处理后出场，脂肪用于炼制，猪皮消毒后出场，血液工业用。死亡猪要化制，彻底消毒，防止病原菌扩散。

情景二 猪链球菌病

链球菌病是一种人畜共患传染病，是由多种不同群的链球菌引起的猪的不同临床类型多种疾病的总称。表现为急性出血性败血症、心内膜炎、脑膜炎、关节炎等。

猪链球菌病是世界各国常见的猪传染病，危害严重。近年来猪Ⅱ型链球菌病在我国各地均有发生，并且出现了人感染猪链球菌的病例，已成为我国当前一种新的人畜共患重要病原菌。

一、病原

链球菌（*Streptococcus*）种类繁多，广泛存在于自然界，是人和动物呼吸道、肠道、生殖道等处的常在菌。单个细菌呈圆形或卵圆形，多个呈链状或成对排列，菌链长短不一，不形成芽孢，一般无鞭毛（D群某些菌株除外），有的菌株在血液、腹水、组织涂片中可见有荚膜。革兰染色阳性。本菌对外界环境抵抗力较强，4℃条件下在腐烂的尸体中可存活6周，湿热敏感，60℃ 30min可杀死，煮沸立即死亡。阳光直射2h死亡。对常用的消毒药如2%石炭酸、0.1%新洁尔灭等较敏感。

二、流行病学

1. 易感动物

马属动物、牛、羊、鸡、兔、水貂等动物和人均可感染,但自然条件下猪最易感,不同品种、性别、年龄的猪均易感,其中以仔猪、架子猪的发病率最高。

2. 传染源

病猪和病愈后带菌猪为自然流行的主要传染源。病猪的鼻液、唾液、尿液、血液、脓汁等,未经严格处理的尸体、内脏、肉类及废弃物,是散布本病的主要传染源。

3. 传播途径

本病主要是直接传播,可以通过呼吸道、消化道或伤口等途径感染发病,病猪与健康猪接触,或由病猪排泄物污染的饲料、饮水以及器物等可引起猪只的大批发病而造成流行。

4. 流行特点

季节性不明显,但以夏、秋季节多发,特别是潮湿闷热天气。呈散发性或地方流行性。但在新疫区,多呈急性暴发,发病率和死亡率均高,给养猪业带来严重的经济损失。转群、运输、阉割、免疫、气候突变及猪群饲养密度过大、猪舍卫生条件差、通风不良等各种应激因素都可诱发本病的发生和流行,并可加重病情。

三、临床症状

本病潜伏期较短,自然感染潜伏期多为1~3d,长的可达6d以上。根据临床症状及病程可分为急性败血型、脑膜脑炎型、关节炎型和淋巴结脓肿型4个类型。

1. 急性败血型

病原为C群马链球菌兽疫亚种及类马链球菌,D群、L群链球菌也能引发本病。本型以仔猪发病较多,架子猪次之。

在流行初期常有最急性病例,往往不见症状而死亡或仅停食1~2顿,体温升高(41~42℃),呼吸困难,黏膜发绀,口鼻流出淡红色泡沫液体,腹下有紫红斑,突然倒地死亡。急性病例,病程约2~4d,常精神沉郁,体温41~42℃,高热稽留,震颤,食欲废绝,结膜潮红,流泪,流鼻液,便秘,少数在发病后期皮肤(耳尖、四肢末端、腹下)有出血斑点。有的病猪出现共济失调、磨牙、空嚼或昏睡等神经症状。病程后期出现呼吸困难。常在2~5d内死亡,死前天然孔流出暗红色血液,病死率达80%~90%。

2. 脑膜脑炎型

主要由C群链球菌所引起,多见于哺乳或断奶仔猪,也可发生于较大的猪,哺乳仔猪发病常与母猪带菌有关。

病猪体温升高,不食,有浆液性或黏液性鼻液,很快出现神经症状,共济失调,后肢摇摆不稳,盲目运动或转圈运动,空嚼、磨牙,继而后肢麻痹,侧卧于地,四肢不断划动,经1~2d死亡,最急性的几小时内死亡,有的可转为慢性关节炎型,生长不良,关节肿胀。

3. 慢性型(关节炎型)

多由急性败血型转变而来的多发性关节炎。病猪体温时高时低,精神、食欲时好时坏，主要表现为一肢或多肢关节肿痛，高度跛行，甚至不能站立，严重者后肢瘫痪。病程较长，可达2～3周，病猪因心力衰竭、麻痹而死亡，或逐渐好转而恢复。

4. 淋巴结脓肿型

主要由E群链球菌引起，以淋巴结化脓性炎症、形成脓肿为特征。多见于架子猪，发病率低。病猪脓肿破溃后，脓汁污染饲料、饮水、环境，带菌猪扁桃体容易分离本菌，尤为病愈猪带菌可达半年之久。颌下淋巴结化脓性炎症最常见，其次为咽部、耳下和颈部淋巴结。可见局部隆起，触诊坚硬，有热有痛，可影响采食、咀嚼、吞咽、甚至呼吸，直至脓肿成熟，可自行破溃而自愈。病程3～5周，一般不引起死亡。

此外，C、D、E、L群β型溶血性链球菌也可经呼吸道感染，引起肺炎或胸膜肺炎，经生殖道感染则引起不育和流产。

四、病理变化

1. 急性败血型

呈现出血性败血症和浆膜炎变化为主。死亡猪只尸僵较缓，血液凝固不良，急性死亡猪只天然孔有暗红色血液流出，在颈、胸、腹下及四肢末端等处皮肤呈现紫红色出血斑或出血点。喉头、气管充血，常见大量泡沫样分泌物。黏膜、浆膜下出血。肺充血，间质水肿，体积增大，表面有出血点，有时可见纤维素渗出物附着。全身淋巴结不同程度肿大、充血或出血。心包积液呈淡黄色，心内膜有出血斑点，有的可见纤维素性心包炎，心肌柔软，色淡似煮肉样。病程稍长者可见纤维素性胸膜炎。多数病例脾瘀血肿大，柔软易脆裂，有时周边可见黑红色梗死区。肾脏多为轻度肿大，充血和出血。膀胱黏膜充血或点状出血。胃和小肠黏膜有不同程度的充血和出血。

2. 脑膜脑炎型

脑膜充血、出血，脑切面可见白质和灰质均有小出血点。心包、胸腔、腹腔有不同程度的纤维素性炎症。全身淋巴结不同程度肿大，充血或出血。肺、胆囊、胃壁、头颈水肿，肠系膜胶冻样水肿。

3. 关节炎型

关节炎型病猪关节肿大，切开关节有黄色渗出液。有时一些跛部损伤，引起关节化脓，关节内形成纤维性脓性物质。

五、诊断

由于本病临床表现多样，因此必须结合流行规律及其特点，典型症状以及病理剖检变化，对诊断本病才具有实际意义。

1. 临床诊断

主要根据流行特点、典型症状，结合死后血液暗红凝固不良、心内外膜出血、脾肿大有黑色梗死灶等剖检变化，做出初步诊断。但是由于本病的败血型症状、病理变化复杂，无特征性，易与其他许多败血型传染病相混淆，要进一步确诊，须采集病料做微生物学检查。

2. 微生物学诊断

根据不同病型采取不同的病料，病猪的肝、脾、肺、血液、淋巴结、脑、关节囊液及胸、腹腔积液等均可。将上述采集到的病料或脓液制片染色镜检。应注意与双球菌和两极着色的巴氏杆菌等区别。可应用鲜血琼脂37℃培养24~48h，多数产生β溶血，菌株鉴定可通过生化试验、血清学试验。还可用病料悬液或培养物接种兔等实验动物，动物死后，再进行分离和鉴定。

3. 血清学诊断

目前常用的血清学诊断方法有免疫荧光抗体技术、SPA协同凝集试验、乳胶凝集试验和ELISA等。其中，ELISA具有特异性强、敏感性高、简便快速等优点，对于本病诊断、检疫和流行病学调查有一定实用价值。

六、防治措施

1. 加强饲养管理

链球菌是条件性致病菌，因此改善饲养环境，加强通风，减少应激，合理搭配饲料，提高动物机体的抗病能力，建立规范的消毒制度是预防本病的重要措施。坚持全进全出或自繁自养。引进种猪实行严格检疫，观察1~2个月方可入群。一旦发现病猪应及时淘汰或隔离治疗。病死猪应进行高温处理，污染环境要彻底消毒，可用10%石灰乳或2%氢氧化钠等进行消毒。同时防止外伤，新生仔猪要注意脐带无菌结扎和碘酒消毒。

2. 定期预防接种

根据当地发病情况定期进行猪链球菌疫苗的免疫接种。由于链球菌血清群和血清型较多，交叉免疫保护程度低，因此应用多价疫苗才有可能获得较好效果。分离本地菌株制备自家疫苗，免疫效果可能会更好。还可以进行药物预防，饲料中加入阿莫西林，连喂2周，可有效预防本病的发生。

3. 及时治疗

注意尽早、足量用药和耐药性的问题。猪链球菌病多为急性型，而且对药物特别是抗生素容易产生耐药性，因此必须早期用药，药量要足，最好通过药敏试验选用最有效的抗菌药物。一般来说，青霉素、阿莫西林等都可选用，阿莫西林敏感性更高一些。本病病原对四环素和链霉素等有耐药性。若已经形成脓肿，待脓肿成熟时，可切开排脓，以3%过氧化氢或0.1%高锰酸钾溶液冲洗，涂以碘酊或撒上消炎粉，并内服抗菌药物。

情景三　猪支原体肺炎

猪支原体肺炎又称猪地方流行性肺炎或猪喘气病，是由猪肺炎支原体引起的一种慢性接触性呼吸系统传染病。其主要症状为咳嗽和气喘，特征病变是肺的尖叶、心叶、中间叶和膈叶前缘呈肉样或虾肉样实变。本病遍布全球，特别是现代集约化养殖的猪场，发病率高，给世界养猪业造成巨大的经济损失。

一、病原

猪支原体肺炎的病原为猪肺炎支原体，是一种无细胞壁、呈多形性的微生物，有球状、环状、点状、杆状和两极状，革兰染色阴性，不易着色，姬姆萨或瑞氏染色良好。猪肺炎支原体对外界环境抵抗力不强，在外界环境中存活不超过36h，病肺组织块内的病原体在-15℃可保存45d。常用的化学消毒药均能将其杀灭。

二、流行病学

1. 易感动物

自然感染病例仅发生于猪，不同品种、年龄、性别的猪均易感，其中以哺乳仔猪和断奶仔猪最易感，其次是妊娠后期的母猪和哺乳母猪，育肥猪发病较少。母猪和成年猪多呈慢性和隐性感染。

2. 传染源

病猪和带菌猪是本病的主要传染源。病原体存在于病猪及带菌猪的呼吸道及其分泌物中，在猪体内存在的时间很长，病猪在症状消失之后半年至一年多仍可排菌。猪场发生本病主要是由于引进带菌猪所致，仔猪常被带菌母猪感染。

3. 传播途径

呼吸道是本病的传播途径。病原体随病猪咳嗽、气喘和喷嚏的分泌物排出体外，形成飞沫，经呼吸道感染健康猪。

4. 流行特点

本病四季均可发生，没有明显的季节性，但以冬、春寒冷季节多见。猪场首次发生本病常呈暴发流行，多呈急性经过，症状重，病死率高。在老疫区猪场多为慢性或隐性经过，症状不明显，病死率低。猪舍通风不良、猪群拥挤、气候突变、阴湿寒冷、饲养管理和卫生条件不良可促进本病发生和加重病情，如继发感染或混合感染多杀性巴氏杆菌、肺炎球菌、胸膜肺炎放线杆菌、副猪嗜血杆菌和猪繁殖与呼吸综合征病毒等病原体，则病情更重，继而导致严重的经济损失。

三、临床症状

本病的潜伏期一般为11～16d。根据病程和临床表现可分为急性型、慢性型和隐性型。最常见的是慢性型和隐性型。

1. 急性型

常见于新发支原体肺炎的猪群。病初精神不振，呼吸加快，不愿走动。继之出现剧喘，腹式呼吸，呈犬坐姿势，时发痉挛性咳嗽。食欲减退，日渐消瘦。体温一般正常，有继发感染则体温升高。病程约1～2周，病猪常因窒息而死，死亡率高。耐过猪常转为慢性。

2. 慢性型

多数病例一开始就取慢性经过，少数病例由急性转变而来。症状为长时间咳嗽，夜间、清晨、运动时及进食后最为明显，严重的可发生痉挛性咳嗽。症状随饲养管理条件和气候环境的改变而改变。病猪体温不高，但消瘦，发育不良，饲料利用率低。病程长达2～3个月，有的甚至在半年以上，发病率高，死亡率低。病猪易发生继发感染，造成猪群死亡率增加。

3. 隐性型

病猪无明显的临床表现，或偶见个别猪轻度咳嗽和气喘，生长发育一般正常，只有剖检或 X 射线检查时才能发现肺炎病变。隐性型病猪在老疫区猪群中占有相当大的比例，往往被忽视而成为危险的传染源。

四、病理变化

剖检时，病变主要在肺脏、肺门和纵隔淋巴结。肺脏病变主要见于心叶、尖叶、中间叶和膈叶的前缘。两侧肺病变大致对称，病变呈间质性肺炎变化，病变区与正常区界限明显。病变部分切面湿润、平滑、呈半透明状，似肉样，称肉变。严重病例，可见病变部颜色加深，半透明状不明显，称为胰变或虾肉样变。如继发细菌感染，可引起肺和胸膜的纤维素性、化脓性和坏死性病变。肺门淋巴结和纵隔淋巴结肿大呈灰白色，切面湿润稍外翻，边缘有时见到轻度充血。

五、诊断

1. 临床诊断

根据流行特点，慢性干咳，生长受阻，发育迟缓，死亡率低，反复发作等症状，以及肺脏的病变区和正常区界限明显等特征性病理变化可做出初步诊断。

2. 物理学诊断

X 射线检查对慢性和隐性感染的病猪有重要的诊断价值。检查时，病猪在肺野内侧区和心膈角区呈现不规则的云絮状渗出性阴影，阴影密度中等，边缘模糊。病期不同，病变阴影表现各有差异。

3. 血清学诊断

20 世纪 80 年代以来，血清学诊断也取得一定进展，如 ELISA、补体结合试验、免疫荧光试验等都有助于本病的快速诊断。

六、防治措施

1. 平时饲养管理措施

保持猪群合理、均衡的营养水平，增强猪的抵抗力；采用全进全出的饲养方式；严格执行消毒程序；饲养密度要合理，保持栏舍的清洁、干燥以及保证舍内适合的温度，加强通风，减少各种应激。

2. 免疫接种

免疫接种能有效地预防和控制猪支原体肺炎，因此对猪群要定期进行免疫接种。我国目前使用的疫苗是弱毒疫苗和进口亚单位疫苗。按说明使用，在制订免疫程序时要考虑母源抗体对免疫效果的干扰。

3. 药物防治

猪肺炎支原体对土霉素、泰妙菌素、泰乐菌素、恩诺沙星、利高霉素（林可霉素和壮观霉素以 1∶2 的比例混合）和卡那霉素等有较高的敏感性，对青霉素、磺胺类药物不敏感。定期在饲料中添加药物能有效预防猪支原体肺炎。药物预防时可采用脉冲式给药方法，保育期 2～3d 给药，停药间隔 5～10d，重复进行，育肥初期 5d 给药，育肥后期和怀孕母猪 5～7d 给药，其他时间停药。通过分时间段给药，提高猪群健康水平，改善饲料转化率，提高日增重。

情景四　猪传染性萎缩性鼻炎

猪传染性萎缩性鼻炎(AR)主要是由支气管败血波氏杆菌和产毒素性多杀性巴氏杆菌感染引起猪的一种慢性呼吸道传染病。临床主要以慢性鼻炎、鼻甲骨萎缩，特别是鼻甲骨下卷曲萎缩、颜面变形和生长迟缓为特征。

本病在世界各地均有发生，严重危害各国养猪业，是集约化养殖场的一个重要呼吸系统传染病。我国以前没有本病，主要由于进口检疫不严，导致本病在我国广泛传播。

一、病原

现已证实，传染性萎缩性鼻炎是一种多因素性疾病。支气管败血波氏杆菌的Ⅰ相菌(*Bordetella bronchiseptica*，Bb)和多杀性巴氏杆菌毒素源性菌株(Pm)是引起传染性萎缩性鼻炎的主要病原。支气管败血波氏杆菌Ⅰ相菌为革兰染色阴性细小球杆菌，两极染色，不形成芽孢，有的有荚膜，具有周身鞭毛、能运动。本菌对外界环境和理化因素抵抗力不强，一般常用的消毒药均可将其杀死。

产毒素性多杀性巴氏杆菌是荚膜血清 A、D 型株，所产生的耐热毒素，能使皮肤坏死，并能致死小鼠。与 Bb 相比，仅少数猪场可分离到 Pm，而且 Pm 单独感染猪群，即可发生 AR，并造成经济损失。

二、流行病学

1. 易感动物

任何年龄的猪都可感染本病。支气管败血波氏杆菌主要侵害幼龄猪，3 月龄以上的猪感染，一般不发病。品种不同的猪，易感性也有差异，国内土种猪较少发病。

2. 传染源

病猪和带菌猪是主要传染源，猫、大鼠和兔携带的支气管败血波氏杆菌也可引起猪发生传染性萎缩性鼻炎。

3. 传播途径

本病的主要传播途径是飞沫传播，通过接触经呼吸道感染，多数是由带菌母猪传染给仔猪。污染的环境、器具、饲养人员的衣物也可以促使本病传播。

4. 流行特点

本病在猪群传播比较慢，多为散发性或地方流行性。主要发生于春、秋季，如果猪圈潮湿、拥挤、蛋白质、赖氨酸、钙、磷等矿物质和维生素缺乏时，可促使本病发生。此外，有的病猪可能有其他微生物参与产生致病作用，使其病情加重。

三、临床症状

最初呈现鼻炎症状，多见于 6～8 周龄仔猪。表现为喷嚏(当饲喂和运动时表现尤为剧烈），剧烈地将鼻端向周围的墙、物上摩擦，鼻腔流出浆性、黏性或脓性鼻汁，吸气时鼻开张，发出鼾声，严重的张口呼吸。由于鼻泪管阻塞，同时可见流泪，由于灰尘附着于眼内角下形成弯月形的黄、黑色泪斑。

继鼻炎后而出现鼻甲骨萎缩，致使鼻腔和面部变形，是本病的特征症状。如两侧鼻甲骨症状相同时，外观鼻短缩，此时因皮肤下组织正常发育，使鼻盘正后部皮肤形成较深的皱褶；若一侧鼻甲骨萎缩严重，则使鼻弯向一侧；鼻甲骨萎缩额窦不能正常发育，使两眼间宽度变小和头部轮廓变形。体温一般正常，病猪生长停滞，难以育肥，有的成为僵猪。但多数病猪出现鼻甲骨萎缩与感染周龄和是否发生重复感染以及其他应激因素存在与否的关系非常密切。感染时年龄越小，则发生鼻甲骨萎缩的越多，也越严重。一次感染后，若无发生新的重复或混合感染，萎缩的鼻甲骨可以再生。有的鼻炎延及筛骨板，则感染可经此而扩散至大脑，发生脑炎。此外，病猪常有肺炎发生，其原因可能是由于鼻甲骨损坏，异物和继发性细菌侵入肺部造成，也可能是主要病原直接作用的结果。因此，鼻甲骨的萎缩促进肺炎的发生，而肺炎又反过来加重鼻甲骨萎缩病变的过程。

四、病理变化

特征性病变是鼻腔的软骨、鼻甲骨发生软化和萎缩，特别是鼻甲骨的下卷曲萎缩最常见。严重病例，鼻甲骨完全消失，鼻中隔弯曲，使鼻腔变为一个鼻道。

鼻腔常有大量的黏脓性甚至干酪样渗出物，随病程长短和继发性感染的性质而异。急性时渗出物含有脱落的上皮碎屑。慢性时，鼻黏膜一般苍白，轻度水肿。窦黏膜中度充血，有时窦内充满黏液性分泌物。病变转到筛骨时，当除去筛骨前面的骨性障碍后，可见大量波浪黏液或脓性渗出物的积聚。

五、诊断

1. **临床诊断**

根据流行病学，临床症状及病理变化，对本病常在地区较易确诊。

2. **病理解剖学诊断**

在两侧第1、2对臼齿间或第1臼齿与犬齿间的连线锯成横断面，可观察鼻甲骨的形态和变化。发生萎缩时，卷曲变小而钝直，甚至消失。

3. **微生物学诊断**

急性症状的患病仔猪有较高的检出率，但确诊须做细菌的分离鉴定。用灭菌鼻拭子探进鼻腔的1/2深处，小心转动数次，取黏液性分泌物做细菌分离培养，最常用的培养基是含1%葡萄糖的血清麦康凯琼脂，37℃培养48h后观察，如菌落呈烟灰色、中等大小、透明，培养物有特殊腐霉气味，染色为革兰阴性杆菌，用支气管败血波氏杆菌的兔免疫血清进行玻板凝集反应为阳性，则移植于肉汤、琼脂进一步做生化鉴定。最后用抗O、抗K血清做凝集反应来确认Ⅰ相菌。

4. **血清学诊断**

目前本病的血清学诊断方法主要是针对支气管败血波氏杆菌，有试管凝集试验、平板凝集试验等。此外，还可应用荧光抗体检测技术诊断本病。

六、防治措施

1. 控制传染源

引种时严格检查,不再引进带菌猪,对于已存在有本病猪场,则应做到就地控制和消灭,不留后患,最好方法是严格封闭的情况下,全部催肥屠宰肉用。

2. 切断感染途径

淘汰或隔离感染母猪是净化措施的关键,虽然母仔猪隔离育成,施行人工哺乳或健猪寄养,可避免接触感染,但实施上多有困难。近年来推行早期隔离断奶技术有助于本病的预防。

3. 药物防治

用土霉素等抗生素及磺胺类药物防治本病有效。土霉素拌料,连喂3d,可防止新病例出现,产前1个月、产后1~3个月长期投予,有预防效果,能提高增重率和饲料利用率,但难以消除带菌状态。对出现临床症状的病猪,于鼻腔内用25%硫酸卡那霉素喷雾或用1%~2%硼酸和高锰酸钾溶液冲洗鼻腔,同时注射氟苯尼考加丁胺卡那霉素,连用3~5d。也可选用恩诺沙星、环丙沙星、泰妙菌素、强力霉素、阿莫西林等进行治疗。

4. 定期预防接种

可用自家苗或哈尔滨兽医研究所研制的二联灭活疫苗。对新生仔猪或妊娠母猪接种,可按以下程序进行免疫:初产母猪,产前4周和2周各免疫1次,经产母猪在产前4~2周免疫1次,公猪每年1次,非免母猪所产仔猪,在7~10日龄和3~4周龄各免疫1次。

情景五 猪传染性胸膜肺炎

猪传染性胸膜肺炎是由胸膜肺炎放线杆菌引起的猪的一种高度接触传染性呼吸系统疾病。急性和亚急性病例以纤维素性出血性胸膜肺炎,慢性病例以纤维素性坏死性胸膜肺炎为主要特征。

自1957年发现以来,本病广泛存在于世界所有养猪国家,特别是对现代集约化养猪危害更大,已经成为影响养猪业发展的最为严重的疾病之一。

一、病原

猪传染性胸膜肺炎的病原为胸膜肺炎放线杆菌,属于巴氏杆菌科放线杆菌属,是革兰染色阴性、具有荚膜的小球杆菌。人工培养具有多形性。本菌兼性厌氧。胸膜肺炎放线杆菌对外界环境抵抗力不强,易被常用消毒剂和热杀灭,一般60℃ 15~20min即可灭活。

二、流行病学

1. 易感动物

猪是其高度专一宿主。各种年龄猪均易感,6~8周龄之后的猪多发。

2. 传染源

病猪和带菌猪是猪传染性胸膜肺炎的主要传染源。病原体胸膜肺炎放线杆菌是一种呼吸道寄生菌，主要存在于病猪和带菌猪的肺部和扁桃体，最急性和急性期还在血液和鼻液中大量存在。

3. 传播途径

本病的传播途径主要是带菌猪和健康猪的直接接触传播。也可以通过咳嗽、喷嚏喷出的飞沫进行传播。污染的器具、饲养人员的衣物、啮齿类动物和鸟类也可能传播此病。人工授精不会传播本病。

4. 流行特点

本病的发生一般无明显季节性，但以秋、冬气候恶劣的季节为多。外界因素对其影响很大，饲养密度过大、气温的突然改变，潮湿，通风不良，以及应激，均可促发本病，从而导致发病率和死亡率增加。

三、临床症状

根据免疫状态、环境条件、感染程度和病程可将猪传染性胸膜肺炎分为最急性型、急性型、亚急性型和慢性型4种。

1. 最急性型

猪群中一头或几头突然发病，并可在无明显症状下死亡，随后，疫情发展很快，病猪体温升高达41.5℃以上，精神委顿，食欲减退或废绝，呼吸困难，常呈犬坐姿势，口鼻流出血样泡沫状分泌物，鼻端、耳及四肢末端皮肤发绀，可于24～36h内死亡，死亡率高。新生仔猪多为急性败血症死亡。

2. 急性型

往往在同一猪舍或不同猪舍的许多猪发病，病猪精神沉郁，食欲不振或废绝，体温可达40.5～41℃，呼吸困难和咳嗽严重，有时张口呼吸，心血管系统衰竭。鼻端、耳及四肢末端皮肤发绀。转归取决于肺脏病变的面积以及治疗情况。

3. 亚急性型和慢性型

常由急性转化而来，病猪不爱活动，喜卧，体温不升高或略有升高，有一过性或间歇性咳嗽，食欲不振，料肉比降低。慢性感染猪群临床症状表现不明显，但可能被支原体、细菌性、病毒性病原体感染而导致病情恶化。个别猪可发生关节炎、心内膜炎以及不同部位的脓肿。首次暴发可导致母猪流产。

四、病理变化

肉眼可见的病理变化主要在呼吸系统。肺炎病变呈双侧性，并多在心叶、尖叶、和膈叶出现病灶，与正常组织界限分明。

1. 最急性型

最急性死亡的病猪气管、支气管中充满血样泡沫状液体，肺炎坏死区色暗，硬固，不出现纤维素性胸膜炎。

2. 急性型

急性期死亡的猪可见明显的泛发性纤维素性出血性胸膜肺炎，并有败血症变化，肺脏暗红色，肿胀充实，肺脏切面呈紫红色肝样变，喉头充满血性液体。随着病程发展，纤维素性胸膜肺炎蔓延至整个肺脏，使肺脏和胸膜粘连难以分离。

3. 慢性型

慢性病例以纤维素性坏死性胸膜肺炎为特征，常见膈叶上有大小不同的坏死结节，周围形成厚的结缔组织包囊，并在其上附有纤维素性渗出物，与胸壁、心包或者肺叶间粘连。

五、诊断

根据临床症状，剖检病变及流行病学可做初步诊断，确诊需进行微生物学、血清学、分子生物学等病原学诊断方法。

1. 临床诊断

临床上，传染性胸膜肺炎在急性暴发期易于诊断。剖检时可发现明显的带有胸膜炎的肺部病变特征。慢性感染病例可见肺脏有硬的、界线分明的囊肿，同时伴有纤维素性胸膜肺炎。

2. 微生物学诊断

细菌学检查对本病的防治及减少其潜在的经济损失是极为重要的。将无菌方法采集到的新鲜的支气管、鼻腔分泌物及肺部病变部分进行抹片或涂片，革兰染色发现大量阴性球杆菌，即可初步诊断为猪传染性胸膜肺炎。也可将疑似病料处理后在划有金黄色葡萄球菌十字线的血琼脂平板上进行培养，过夜培养后若见十字线附近有小菌落，呈卫星现象，可确诊为胸膜肺炎放线杆菌感染。

3. 血清学诊断

猪传染性胸膜肺炎的血清学诊断方法很多，有荧光抗体、凝集试验、乳胶凝集试验、ELISA等。目前国际公认的方法是改良补体结合试验。血清学诊断是一个猪群免疫状况的指南和猪群净化的一种手段。

六、防治措施

1. 预防

①实行全进全出，提早断奶，隔离饲养。进猪必须来自无本病原的猪群。有慢性感染的猪场，对新购进的血清学阴性猪应先进行基础免疫，2周后再转入猪场。

②认真开展综合防治，做好猪场环境和舍内卫生。加强消毒，消除发病诱因和应激因素。做好防寒保温。

③认真观察猪群，定期进行血清学检查，及时淘汰阳性猪和本病病猪；阴性健康猪进行药物预防。

④适时免疫接种。目前有灭活疫苗和亚单位疫苗可供使用。大多数国家采用本地区优势菌株制造多价灭活疫苗。发病前1个月免疫1次，免疫期6个月。也有一些国家使用亚单位疫苗。免疫对本病只有降低临床发病严重程度，减少死亡和经济损失的作用，不能阻止感染。

2. 治疗

疾病早期抗生素治疗能有效减少死亡率。由于胸膜肺炎放线杆菌容易产生耐药性，因此药物治疗时间不宜过长,并要随时检测细菌的药敏性以便有计划地定期轮换使用。青霉素、头孢菌素、氨苄青霉素为首选药物。磺胺、庆大霉素、四环素、泰妙菌素、金霉素及阿莫西林对猪传染性胸膜肺炎的防治也有良好效果。

药物治疗尽管在临床上会有一定的效果,但并不能在猪群中消灭感染。慢性感染或隐性感染猪都是潜在的传染源,所以,对愈后不良的重病猪应予以宰杀。通过免疫接种、药物治疗、淘汰以及血清学监测等净化措施可以建立无传染性胸膜肺炎猪群。要有计划地淘汰阳性母猪直至整个猪群全部转为血清学阴性。在净化期,要用药物预防的方法来保护猪群免受胸膜肺炎放线杆菌的感染。

情景六 猪痢疾

猪痢疾又称弧菌性痢疾、血痢、黏液性出血性腹泻,是由猪痢疾蛇形螺旋体引起的一种以大肠黏膜发生黏液性、出血性以及坏死性炎症,水样下痢和粪便充满血液为特征的肠道传染病。

一、病原

猪痢疾的病原为猪痢疾蛇形螺旋体,蛇形螺旋体属成员,革兰染色阴性,呈舒展的螺旋状,有 4~6 个疏螺弯曲,两端尖锐。在暗视野显微镜下观察较活泼,常以长轴为中心旋转活动。它是一种耐氧的厌氧微生物,对氧有一定的耐受力。该病原对阳光照射、干燥、加热以及一般消毒药等抵抗力较弱。

二、流行病学

1. 易感动物

自然条件下只有猪易感,各种年龄猪均可感染,一般以 2~3 月龄的猪发病较多。小猪发病率和死亡率比大猪高。

2. 传染源

本病的传染源主要是病猪和带菌猪,康复猪可带菌长达数月。带菌猪正常情况下不发病,饲养管理条件下降导致猪的免疫力降低时,可促发本病。

3. 传播途径

本病主要通过消化道感染。病猪排出带有大量猪痢疾蛇形螺旋体的粪便,污染地面、饲料、饮水和周围环境,导致猪痢疾的传播。饲养员的衣物、用具和车辆也可携带传播。

4. 流行特点

猪痢疾的发病无明显季节性,流行过程缓慢,持续时间长,并可能周期性发生。

三、临床症状

自然感染的潜伏期长短不一,一般 10~14d。腹泻是猪痢疾最常见的症状,只是严重程度有所不同。根据病程长短将猪痢疾分为最急性型、急性型、亚急性型和慢性型 4 种。

1. 急性型和亚急性型

极少数猪出现最急性感染,几小时后死亡,临床上不表现任何症状。多数猪病初体温升高，排黄或灰白色粪便，继之出现大量带有血块和黏液的粪便，随着腹泻的发展，出现含有血液、黏液和纤维素性渗出物的水样粪便。后肢常被污染。病猪常弓背，偶尔踢腹，渴欲增加，日渐消瘦、虚弱，运动失调和衰竭。病猪常因脱水、酸中毒和高钾血症而死亡。

2. 慢性型

全身症状与急性型和亚急性型相同，只是慢性型病例猪的粪便中常带有均匀的黑色血液，常称黑痢。

四、病理变化

眼观猪痢疾死亡猪消瘦，被毛粗乱。剖检可见特征病变存在于大肠。大肠壁和肠系膜充血、水肿，肠系膜淋巴结肿大，腹腔内有少量透明积液，浆膜面有白色突出于表面的病灶。黏膜肿胀明显，已无皱褶，表面覆盖着由黏液和带有血液的纤维素性渗出物形成的伪膜。病程稍长的慢性病例，黏膜表面通常覆盖着一层致密的纤维素性渗出物，浅表性坏死。

五、诊断

1. 临床诊断

根据流行病学、临床症状、剖检病变可以初步诊断。

2. 微生物学诊断

拭子采集结肠黏膜或粪便样品制备涂片，镜下观察有数量较多的呈螺旋形，两端尖锐的微生物，可确诊为猪痢疾。或将样品制成悬滴液置于暗视野显微镜下观察，可见活泼的旋转运动的螺旋状微生物即可确诊。要注意与肠道正常存在的小螺旋体或类螺旋体相区别，后者较小，1个螺弯，两端钝圆。

3. 血清学诊断

微量凝集试验、免疫荧光试验、平板凝集试验、ELISA 和免疫琼脂扩散试验等血清学方法均可用于诊断猪痢疾。

六、防治措施

至今尚无有效疫苗用于预防，因此只有采取综合防治措施和药物防治来控制本病。

1. 综合防治

①坚持自繁自养，尽量少引进猪只。

②禁止从疫区引进种猪，引进猪应隔离检疫，观察 2 个月以上方可混群。

③保持猪舍和环境卫生，严格执行消毒程序，处理好粪便。

2. 药物防治

①病猪及时治疗，痢菌净、磺胺、硫酸新霉素、泰乐菌素、庆大霉素、金霉素、二甲硝基咪唑、维吉尼霉素和林肯霉素等对本病有效。

②在使用抗生素进行预防和治疗之前，应对病原体做药敏试验，才能取得良好效果。

③该病易复发，必须坚持治疗，并改善饲养管理条件，才能减少本病的发生。

④发病猪群应全群淘汰，彻底清扫和消毒，并空圈 2 月以上。

项目二 猪的主要病毒性传染病

情景一 猪瘟

猪瘟(HC)俗称烂肠瘟，是由猪瘟病毒(HCV)引起猪的一种高度传染性和致死性传染病。其特征是发病急、高热稽留和细小血管壁变性，从而引起广泛性出血、梗死和坏死。该病呈世界性分布，在各养猪国家都有不同程度流行。当前我国猪瘟发病状况具有一定的多样性，猪瘟流行呈现典型猪瘟和非典型猪瘟共存、持续感染与隐性感染共存、免疫耐受与带毒综合征共存的特点。我国将其列入一类动物疫病。

一、病原

猪瘟病毒属于黄病毒科瘟病毒属。病毒粒子呈球形，有囊膜，直径为38~50nm，呈二十面体对称，核酸类型为单链正股 RNA，具有感染性。本病毒目前认为只有1个血清型，但病毒株的毒力有强、中、低之分。HCV 分布于病猪全身体液和各组织内，以淋巴结、脾和血液含毒量最高。病猪尿液、粪便等分泌物和排泄物都含有大量病毒，发热期含毒量最高。猪瘟病毒对外界抵抗力较强，在尿、血液和腐败尸体中能存活2~3d，骨髓中能活15d，78℃经1h才能致死，日光直射9h仍不能杀死，在腌猪肉中能活80d。升汞、石炭酸等杀灭猪瘟病毒的效力不大，2%氢氧化钠溶液是最合适的消毒药。5%石灰乳及5%漂白粉等药液均能杀死本病毒。

二、流行病学

1. **易感动物**
本病在自然条件下只感染猪，不同年龄、性别、品种的猪和野猪都易感。

2. **传染源**
家猪和野猪是猪瘟病毒的自然宿主。病猪和带毒猪是主要传染源，病猪排泄物和分泌物，病死猪尸体和脏器、急宰病猪的血、肉、内脏、废水、废料污染的饲料、饮水都可散播病毒。

3. **传播途径**
本病主要通过直接接触或间接接触方式传播，一般经消化道感染，也可经呼吸道、眼结膜感染或通过损伤的皮肤、阉割时的创口感染。公猪精液也可传播本病。此外，患病和弱毒株感染的母猪也可以经胎盘垂直感染胎儿。

4. 流行特点

本病一年四季均可发生，一般以春、秋季多发。目前，我国一种病型温和，病势缓慢，病变局限，并呈散发性的非典型猪瘟时常发生。同时，由于免疫不当引起免疫失败及一些管理方面的因素，也有典型猪瘟发生，造成较大的经济损失。近年来，猪瘟的流行特点发生了新的变化。从频发的大流行性转变为周期性、波浪式的地区散发性流行，流行速度缓慢，发病率和死亡率降低，潜伏期及病程延长；临床症状和病理变化由典型转为非典型，并出现了亚临床感染、母猪繁殖障碍、妊娠母猪带毒综合征、胎盘感染、出生仔猪先天性震颤、仔猪持续性感染及先天免疫耐受等。这些现象已引起学术界的广泛关注及兽医行政管理、防疫部门的高度重视。

三、临床症状

潜伏期一般为5~7d，短的2d，长的可达21d。

1. 最急性型

多见于流行初期，主要表现为突然发病，高热稽留，体温高达41℃以上，全身痉挛，四肢抽搐，皮肤和可视黏膜发绀，有出血斑点，很快死亡，病程不超过5d，死亡率为90%~100%。

2. 急性型

病猪表现呆滞，呈弓背，怕冷，低头垂尾。食欲减退或废绝。体温升高达41~42℃，持续不退，脓性结膜炎，两眼有黏性或脓性分泌物。先便秘，后腹泻，粪便呈灰黄色，偶见带血带脓；全身皮肤（主要腹下、鼻端、耳和四肢内侧等少毛部位）出血、发绀非常明显。母猪流产。公猪包皮内积尿液，用手挤压可流出浑浊恶臭尿液。哺乳仔猪发生急性猪瘟时，主要表现为神经症状，如磨牙、痉挛、角弓反张或倒地抽搐，最终死亡。病程1~2周，死亡率为50%~60%。

3. 慢性型

发病初期病猪食欲不振，精神沉郁，体温升高，通常在40~41℃之间，并持续数周不降，便秘与腹泻交替发生，被毛粗乱，皮肤有紫斑或坏死痂；腹部蜷缩，行走无力。妊娠母猪一般不表现症状，但病毒可通过胎盘传染给胎儿，引起死胎、早产等。病猪日渐消瘦，后期常因衰竭而死亡。病程1个月以上，死亡率为10%~30%。

4. 非典型

非典型猪瘟又叫温和型猪瘟，多发生于11周龄以下，而且多呈散发性或在局部地区的少数养猪场发生，流行速度缓慢，症状较轻且不典型。患猪体温在41℃左右，多数腹下有轻度瘀血或四肢下部发绀，有的四肢末端坏死，俗称紫蹄病；有的耳尖、尾尖呈紫黑色，出现干耳、干尾现象，甚至耳壳脱落；有的病猪皮肤有出血点。患猪采食量下降，精神欠佳，发育迟缓，后期四肢瘫痪，不能站立，部分病猪跗关节肿大。病程半个月以上，有的可经2~3个月才能逐渐康复。

四、病理变化

1. 最急性型

多无特征性变化，仅见浆膜、黏膜和肾脏等处有少量的点状出血，淋巴结轻度肿胀、潮红或出血病变。

2. 急性型

在皮肤、浆膜、黏膜和内脏器官有不同程度的出血。全身淋巴结特别是颌下、支气管、肠系膜及腹股沟等处淋巴结肿胀，充血或出血，外表呈紫褐色，切面为大理石样，这种病变有诊断意义。脾脏不肿胀，边缘常可见到紫黑色突起（出血性梗死），有时很多的梗死灶连接成带状，一个脾出现几个或十几个梗死灶，检出率为30%~40%。肾脏色较淡，呈土黄色，表面点状出血非常普遍，量少时出血点散在，多时则布满整个肾脏表面，宛如麻雀蛋模样，出血点颜色较暗，切面肾皮质和髓质均只有点状和绒状出血，肾乳头、肾盂常见有严重出血。目前大多数猪瘟病例主要表现为黏膜表面的针尖状出血点；多数病猪的扁桃体出现坏死；部分病猪小肠、大肠黏膜有充血和出血点；盲肠（特别是回盲瓣处）和结肠的淋巴组织坏死，并形成突出于黏膜表面的灰色纽扣状溃疡。

3. 慢性型

出血和梗死变化不明显，但回肠末端、盲肠和结肠常有特征性的坏死和溃疡变化，呈纽扣状，呈褐色或黑色。

4. 非典型

多数病猪尸体剖检无典型的肾、膀胱出血及脾出血性梗死。有时可见到淋巴结水肿和边缘充血、出血。有的仅见肾色泽变浅及少量针尖大小出血点或肾发育不良。

五、诊断

根据临床症状、病理变化和流行特点，可做出相当准确的诊断，但对慢性型、温和型猪瘟，须进行实验室检查才能确诊。常用的实验室诊断方法有以下几种。

1. 免疫荧光抗体试验

采取早期病猪的扁桃体和淋巴结或晚期病猪的脾和肾或肺组织，做冰冻切片或组织切片，用猪瘟荧光抗体染色检查，细胞浆内呈现明亮的黄绿色荧光者为阳性。正常对照猪组织细胞浆内应为无黄绿色荧光。

2. 正向间接血凝试验

本法操作简单，要求条件不高，便于基层推广应用。主要用于监测猪瘟免疫抗体水平，一般认为，间接血凝的抗体水平在1∶16以上者能抵抗强毒攻击。

3. 兔体免疫交叉试验

对猪瘟诊断确实可靠，但所需时间长。具体方法是：采取病猪的病料通过青霉素、链霉素处理后，接种到兔体内，接种的家兔7d以后再用猪瘟兔化弱毒经过耳静脉注射，经过1d以后每隔6h测温1次，连测3d，如果发生定型热反应，则为阴性，不是猪瘟病毒，如无任何反应就说明存在猪瘟病毒。

4. 病毒分离与鉴定

取猪扁桃体、淋巴结、脾或肾组织加双抗后磨成乳剂，滤过、离心后取上清，接种 PK15 细胞等，接种 48～72h 后取出接毒后的细胞片，用 HC 免疫荧光抗体法或免疫酶染色法检查，结果判定同上。也可用新城疫病毒强化实验鉴定分离物。

六、防治措施

预防猪瘟必须采取综合性预防措施，把好引种关，有条件的坚持自繁自养，实施全进全出的饲养管理制度；建立免疫监测制度，及时淘汰隐性感染猪和带毒种猪；认真执行免疫接种程序，定期检测免疫效果；做好消毒工作，减少猪瘟病毒的侵入。

免疫接种是防治猪瘟的主要手段。目前市场上预防猪瘟的疫苗主要有以下 3 种：猪瘟兔化弱毒疫苗、猪瘟细胞疫苗、猪瘟脾淋组织苗。仔猪一般在 20 日龄和 60 日龄各接种 1 次疫苗，猪瘟流行严重的猪场可采取超前免疫，即在仔猪出生后未吃初乳前，接种 1～2 头份猪瘟疫苗，注苗后 1～2h 后再自由哺乳，于 70 日龄第 2 次免疫。超前免疫可避免母源抗体对疫苗的干扰，而达到较好的防疫效果，可考虑推广应用，但本方法在实际应用中有一定难度，在生产管理过程中应严格控制吃初乳的时间，否则难以达到理想效果。种猪每半年加强 1 次，种母猪在每次配种前 25d 免疫 1 次。为了确保免疫效果，可适当加大免疫剂量，以下剂量仅供参考：种猪 4～5 头份，仔猪 2～3 头份，断奶前仔猪可接种 4 头份，以防母源抗体干扰。

曾经出现免疫失败的猪场，尤其是有繁殖障碍型、温和型猪瘟存在的情况下，可选用猪瘟脾淋组织苗进行免疫，效果较好。

＊附：非洲猪瘟

非洲猪瘟是猪的一种急性、发热性、高致死性、高度接触传染性疾病，该病以高热、皮肤发绀及淋巴结和内脏器官的严重出血为特征，且发病过程短，死亡率高。非洲猪瘟在症状上与急性猪瘟相似。目前，由于该病危害严重，在引种猪和产品贸易交往中应高度警惕、严格检疫。

1. 病原

非洲猪瘟病毒（ASFV）为双链 DNA 病毒，具有囊膜，是非洲猪瘟病毒科中唯一成员。病毒对乙醚及氯仿等脂溶剂敏感，对热、腐败、干燥的抵抗力较强，在室温下保存 18 个月的血清和血液仍可分离到病毒。病毒在感染猪制作的火腿中能存活 5～6 个月，在土壤中可存活 3 个月，60℃经 30min 可灭活病毒。

2. 流行病学

自然感染只感染猪，包括野猪和家猪，非洲和西班牙有几种软蜱是 ASFV 的贮存宿主和媒介。家猪高度易感，且无明显的品种、年龄和性别差异。该病主要通过接触或采食被 ASFV 污染的物品而经口传染；短距离内可经空气传播；也可通过蜱、蚊、虻等吸血昆虫叮咬传播。直接接触感染的潜伏期一般为 5～19d，蜱叮咬感染向经口传染；短距离内可经空气传播；也可通过蜱、蚊、虻等吸血昆虫叮咬传播。直接接触感染的潜伏期一般为5~19d，蜱叮咬感染的潜伏期一般不超过5d。不同毒株有所差异，强毒株可导致猪在12~14d内100%死亡，中等毒力毒株病死率一般为30%~50%，低毒力毒株仅可引起少量猪只死亡。

3. 临床症状

病猪体温突然上升，达40.5℃以上，稽留约4d。体温下降或死前1~2d才开始出现精神沉郁，食欲减退，全身衰弱，四肢无力和行走，心跳急速，呼吸加快，并伴有咳嗽，眼鼻浆液性或脓性分泌物，鼻端、耳、腹部等处常有紫绀。病程4~7d，病死率95%~100%。慢性病猪主要呈慢性肺炎症状，时有咳嗽，呼吸加快以致困难，猪只生长缓慢、发育迟缓、瘦弱。皮肤上会出现坏死性小片和慢性皮肤溃疡，病程数周至数月，但死亡率低于30%。

4. 病理变化

病理变化与猪瘟相似，耳、鼻端、腹壁、腋下、外阴等无毛或少毛部位的皮肤出现紫红色斑块，界限明显。四肢、腹壁等处有出血斑。全身淋巴结充血，有水肿，在肾与肠系膜等部的淋巴结最严重，外观似血瘤。脾外表变小，少数有肿胀、局部充血或梗死，喉头、会厌部有严重出血。胸腔、腹腔和心包内有较多的黄色积液，偶尔混有血液，心包积水。心内外膜有出血点。肺小叶间水肿，气管黏膜有瘀斑。结肠浆膜、肠系膜水肿，呈胶样浸润。胃肠黏膜有斑点状或弥漫性出血或有溃疡。肝有时充血和肿胀。胆囊肿大，充满胆汁。膀胱黏膜有出血斑。小肠有不同程度的炎症，盲肠大，充满胆汁。膀胱黏膜有出血斑。小肠有不同程度的炎症，盲肠和结肠充血、出血或溃疡。

慢性病例极为消瘦，较为明显的病变是浆液性纤维素性心外膜炎。心包膜增厚，与心外膜及邻近肺脏粘连。心包积有大量积液，色黄或浅红，其中混有纤维素团块。肺呈支气管肺炎，胸腔、关节有黄色液体。

5. 诊断

病猪发热后4d才出现临床症状，并在出现症状时，体温开始下降。本病来势凶猛，病猪一般呈超急性死亡；无毛或少毛区皮肤发紫，界限明显。耳部紫绀区常肿胀。腹壁、四肢等处皮肤有出血斑，中央黑色，四周干枯；淋巴结，尤其是腹腔淋巴结严重出血，状如血瘤；胸腹腔及心包内大量积液，色黄或浅红；肺间质、结肠黏膜和浆膜、肠系膜、胆囊壁水肿，呈胶样。

急性非洲猪瘟与猪瘟的症状和病变都很相似，须通过详细的病情调查，观察多头病猪的症状和病变，才能做出初步诊断。也可通过动物接种试验加以区别：取病猪抗凝血、脾、淋巴结等制成组织悬液，加抗生素处理后接种猪瘟免疫猪和易感猪，如均在5d后发病则为非洲猪瘟，仅易感猪发病则为猪瘟。

6. 防治措施

目前尚无有效的治疗药物和疫苗。在无本病的国家和地区应事先建立快速诊断方法和制订一旦发生本病时的扑灭计划，防止ASFV的传入。

情景二 猪繁殖与呼吸综合征

猪繁殖与呼吸综合征（PRRS）是由猪繁殖与呼吸综合征病毒引起的以母猪繁殖障碍、仔猪和育成猪呼吸道症状及高死亡率为主要特征的一种传染病。该病的特征为母猪表现厌食、发热和流产、早产、死胎、木乃伊胎等繁殖障碍，新生仔猪表现呼吸道症状和高死亡率。该病于1987年在美国初次被发现，我国于1996年首次在暴发流产的胎儿中分离到猪繁殖与呼吸综合症病毒，2006年，由猪繁殖与呼吸综合征病毒变异毒株引起的"高热综合征"在我国暴发。该病已成为危害我国养猪业的新传染病之一，我国将其称为高致病性猪蓝耳病，列入一类动物疫病。

一、病原

猪繁殖与呼吸综合征病毒（PRRSV）属于动脉炎病毒科动脉炎病毒属。在美国被称为猪繁殖与呼吸综合征病毒，而在欧洲则称其为来利斯塔德病毒（LV）。病毒粒子呈卵圆形，有囊膜的RNA病毒。本病毒不能凝集猪、羊、牛、鼠、马、兔、鸡和人O型红细胞。血清学试验及结构基因序列分析表明，PRRSV可分为两种基因型，即欧洲型（简称A亚群，代表株为LV）和美洲型（简称B亚群，代表株为VR-2332）。前者主要流行于欧洲地区，后者主要流行于美洲和亚太地区。

病毒对热敏感，37℃ 48h、56℃ 45min完全失去感染力。对低温有很强的抵抗力，$-70℃$或$-20℃$下可以长期保存，在4℃中保存约1个月。对乙醚、氯仿等敏感。

二、流行病学

1. 易感动物

猪和野猪是PRRSV的唯一自然宿主。各种年龄和品种的猪对PRRSV均易感，但以妊娠母猪和1月龄内的仔猪最易感。

2. 传染源

病猪和带毒猪是本病的主要传染源。可通过粪、尿、鼻腔分泌物等排出病毒，感染健康猪。

3. 传播途径

本病主要通过呼吸道或通过公猪的精液经生殖道在同猪群间进行水平传播，也可以进行母子间的垂直传播。此外，风媒传播在本病流行中具有重要的意义。污染的器械、用具和人员、携带病毒的昆虫和鸟类等这些因素在传播中的作用也不能完全被忽视。

4. 流行特点

本病的发生在新疫区常呈地方流行性，老疫区则多为散发性。病毒在猪群间传播速度极快，在2~3个月内一个猪群的95%以上均变为血清学抗体阳性，并在其体内保持16个月以上。由于不同毒株的毒力和致病性不同，猪抵抗力不同，以及细菌或病毒的混合感染等多种因素的影响，发病后的严重程度也不同。近几年，PRRS有一些新的流行特点，感染后的临床表现出现多样化，混合感染也日趋严重，PRRSV的毒力有增强的趋势。2006

年夏、秋季节，我国南方部分地区发生猪"高热病"疫情。对猪高热病病因进行调查分析。通过对分离到的病毒采用全基因序列分析、回归本动物感染试验等技术手段，迅速锁定了新的变异猪蓝耳病病毒。最终确定变异猪蓝耳病病毒是猪高热病主要病原，并定名为高致病性猪蓝耳病。

三、临床症状

本病的潜伏期差异较大，最短为3d，最长为28d，一般自然感染为14d。受病毒毒株、免疫状态及饲养管理因素和环境条件等的影响，本病的临床症状变化很大。

1. 繁殖母猪

主要表现为精神倦怠、厌食、发热。出现不同程度的呼吸困难。少数母猪(1%~5%)耳朵、乳头、外阴、腹部、尾部和腿部发绀。妊娠后期发生流产、早产、死胎、木乃伊胎及弱仔，这种现象往往持续数周。少数母猪表现为产后无乳、胎衣停滞及阴道分泌物增多。有的母猪表现出肢体麻痹性神经症状。母猪流产率可达50%~70%，死胎率可达35%以上，木乃伊胎可达25%。部分新生仔猪表现呼吸困难，运动失调及轻瘫等症状，产后1周内死亡率明显增高(40%~80%)。

2. 仔猪

新生仔猪和哺乳仔猪呼吸症状常较为严重，表现张口呼吸、喷嚏、流涕等。体温升高达40.5~42℃，肌肉震颤，共济失调，渐进性消瘦，眼睑水肿。少部分仔猪可见耳部、体表皮肤发紫。断奶前仔猪死亡率可达80%~100%，断奶后仔猪的增重降低，死亡率升高10%~25%。耐过猪生长缓慢，易继发其他疾病。

3. 公猪

公猪感染后出现食欲不振、高热，其精液的数量和质量下降，可以在精液中检查到PRRSV。并可以通过精液传播病毒而成为重要的传染源。

4. 肥育猪

老龄猪和肥育猪受PRRSV感染的影响小，仅出现短时间的食欲不振、轻度呼吸系统症状及耳朵皮肤发绀现象，但可因继发感染而加重病情，导致病猪的发育迟缓或死亡。

四、病理变化

肉眼变化不明显，个别母猪可见在真皮内形成色斑、水肿和坏死。剖检仔猪仅见头部水肿、胸腔和腹腔有积水，个别仔猪可见化脓性脑炎和心肌炎的病变。患病哺乳仔猪肺部出现重度多灶性乃至弥漫性黄褐色或褐色的肝变，对本病的诊断具有一定的意义。此外，尚可见到脾脏肿大，淋巴结肿胀，心脏肿大并变圆，胸腺萎缩。心包、腹腔积液，眼睑及阴囊水肿等变化。

五、诊断

本病主要根据流行病学、临床症状、病毒分离鉴定及血清抗体检测进行综合诊断。根据各年龄猪只均出现程度不同的临床表现，但以怀孕中后期的母猪和哺乳仔猪最多发等现象，可做出初步诊断，确诊则必须依靠实验室检测。

1. 病毒分离与鉴定

将病猪的肺、死胎儿的肠和腹水、胎儿血清、母猪血液、鼻拭子等进行病毒分离。

2. 血清学试验

取耐过猪的血清进行间接免疫荧光抗体试验或 ELISA 方法，灵敏度高，特异性强，目前有标准试剂盒供应市场，无论欧洲毒株或美洲毒株感染均可检测。

反转录-聚合酶链反应(RT-PCR)也已广泛应用于本病的检测，还可区分欧洲型和美洲型毒株。

3. 鉴别诊断

当发现猪繁殖障碍时，应与猪细小病毒感染、猪瘟、猪伪狂犬病、钩端螺旋体病、猪流行性乙型脑炎、猪传染性脑心肌炎、猪流感等传染病鉴别。

六、防治措施

防治本病目前尚无特效药物，预防本病应严把种猪引进关，严禁从疫区引进种猪，引进的种猪要隔离观察 2 周以上，确保安全后方可入群。采取全进全出的饲养方式。定期对种母猪、种公猪进行本病的血清学监测，及时淘汰可疑病猪。

疫苗免疫是控制本病的有效方法，对于正在流行或流行过本病的商品猪场可用弱毒疫苗紧急预防接种或免疫预防。后备母猪在配种前进行 2 次免疫，首免在配种前 2 个月，间隔 1 个月进行二免。仔猪在母源抗体消失前首免，母源抗体消失后进行再次免疫。公猪和妊娠母猪不能接种弱毒疫苗。

我国研制出了高致病性猪蓝耳病灭活疫苗和活疫苗，安全性高但免疫效果差，需要进行多次免疫。为做好高致病性猪蓝耳病防控工作，国家农业部采取了一系列措施，及时制定并下发了《高致病性猪蓝耳病防治技术规范》和《猪病免疫推荐方案》，指导切实落实各项防控措施。

情景三　猪细小病毒病

猪细小病毒病是由猪细小病毒引起的猪的一种繁殖障碍性病，其特征是受感染母猪产出死胎、畸形胎、木乃伊胎及病弱仔猪，而母猪本身有明显临床症状。近年来发现猪细小病毒病与猪圆环病毒Ⅱ型混合感染后，可促进猪圆环病毒病症状的出现。

本病于 1967 年在英国首次报道，目前各个国家几乎均有本病的发生。我国自 20 世纪 80 年代从上海、北京和江苏等地也相继分离到猪细小病毒，是当前引起猪繁殖障碍的一种主要病毒性传染病。

一、病原

猪细小病毒(PPV)属于细小病毒科细小病毒属。病毒粒子呈圆形或六角形，无囊膜，呈二十面体立体对称，基因组为单股 DNA。PPV 只有 1 个血清型，但其毒力有强弱之分，本病毒能凝集鼠、大鼠、人(O 型)、猴、小鼠、鸡和猫的红细胞。本病毒对外界抵抗力极强，在 56℃恒温 48h，病毒的传染性和凝集红细胞能力均无明显改变。70℃ 2h 处理后仍有感染性，80℃ 5min加热才可使病毒失去血凝活性和感染性。本病毒对乙醚、氯仿等脂溶剂有抵抗力。2%氢氧化钠溶液5min可杀死该病毒。

二、流行病学

1. 易感动物

猪是本病的唯一易感动物，不同年龄、性别的家猪和野猪都可感染。但只有母猪表现繁殖障碍。

2. 传染源

病猪和带毒猪是主要的传染源。病毒可通过胎盘传给胎儿，感染本病毒的母猪所产死胎、活胎、仔猪及子宫分泌物中均含有高滴度的病毒，是本病的重要传染源。

3. 传播途径

本病可经胎盘垂直感染和交配感染，公猪、育肥猪、母猪主要通过被污染的食物、环境，经呼吸道、消化道感染。

4. 流行特点

本病的流行常发生于春、秋产仔季节。常见于初产母猪，一般呈地方流行性或散发性，一旦发生，猪场可能连续几年不断地出现母猪繁殖失败。母猪怀孕期感染后，其胚胎死亡率可达80%～100%。

三、临床症状

仔猪和后备母猪的急性感染通常都表现为亚临床病例，但在其体内很多组织器官（尤其是淋巴组织）中均可发现有病毒存在。仅怀孕母猪表现症状，母猪在不同孕期感染，分别造成死胎、木乃伊胎、流产等不同症状：在怀孕30～50d感染时，主要产木乃伊化胎儿；怀孕50～60d感染时多产死胎；怀孕70d时常出现流产症状；而怀孕70d后感染的母猪则多能正常产活仔猪。此外，还表现产弱仔、母猪发情不正常、久配不孕等。

四、病理变化

该病缺乏特异性的眼观病变，仅见母猪子宫内膜有轻微炎症，胎儿在子宫溶解、吸收。受感染的胎儿可见充血、水肿、出血、体腔积液、木乃伊化及坏死等病变。

五、诊断

如果猪场发生流产、死胎、胎儿发育异常等现象，而母猪本身和同一场内的公猪没有明显的临床症状，可怀疑为该病。但最后确诊必须依靠实验室检验。

1. 实验室检验

可取妊娠70d前流产的木乃伊化胎儿、胎儿肺送实验室进行诊断。妊娠70d后的木乃伊化胎儿、死产仔猪和初生仔猪则不宜送检，因其中可能含有干扰检验的抗体。检验方法可进行病毒的细胞培养和鉴定、血凝抑制试验、血清中和试验、荧光抗体染色试验、PCR等。

2. 鉴别诊断

本病诊断时应与猪伪狂犬病、猪繁殖与呼吸综合征、猪流行性乙型脑炎等疾病相区别。

六、防治措施

本病尚无特效的治疗方法,应在免疫预防的基础上,采取综合性预防措施。

1. 加强饲养管理和消毒措施

坚持自繁自养,防止带毒猪传入猪场。加强检疫措施防止尚未感染的其他种猪场引入阳性猪只。引进种猪时应通过血清学或病原学检查,当血凝抑制试验或病毒抗原检测阴性时方可混群饲养,阳性猪只则应进行合理的处理。

2. 免疫接种

免疫接种对本病有良好的预防效果。疫苗有灭活疫苗和弱毒疫苗2种,其中以灭活疫苗多用,灭活疫苗包括氢氧化铝灭活疫苗和油乳剂灭活疫苗。疫苗接种可在母猪配种前的1~2个月内进行,2周后二免,可预防本病的发生。仔猪的母源抗体可持续14~24周,在HI抗体效价大于1:80时可抵抗猪细小病毒感染,因此,在断奶时将仔猪从污染猪群移到没有本病污染的地区饲养,可以培育出血清阴性猪群。

情景四　猪圆环病毒病

猪圆环病毒病(PCV)是由猪圆环病毒Ⅱ型(PCV-2)引起猪的一种多系统功能障碍性传染病,临床上以新生仔猪先天震颤和断奶仔猪多系统衰弱综合征为其主要的表现形式,并出现严重的免疫抑制,从而容易导致继发或并发其他传染病,被世界各国的兽医公认为最重要的猪传染病之一。

本病于1991年首先在加拿大被发现,1996年暴发于世界许多国家,病死率为10%~30%。我国首次报道于2000年,2001—2002年在我国大部分地区暴发,给养猪业造成了严重的经济损失。

一、病原

猪圆环病毒属于圆环病毒科圆环病毒属。病毒粒子呈二十面体对称,无囊膜,病毒基因组为单股环状DNA,为已知的最小动物病毒之一。PCV存在两种血清型,即PCV-1和PCV-2。PCV-1无致病性,广泛存在于正常猪体各器官组织及猪源细胞;PCV-2对猪有致病性,是引起断奶仔猪多系统衰竭综合症的主要病原,与PCV-1核苷酸序列同源性低于80%。PCV-1和PCV-2的血清学交叉反应有限。

二、流行病学

1. 易感动物

猪对PCV-2具有较强的易感性,各种年龄、品种的猪均可被感染,哺乳期的仔猪、育肥猪和母猪最易感。

病猪和成年带毒猪(多数为隐性感染)为本病的主要传染源。病毒存在于病猪的呼吸道、肺脏、脾脏和淋巴结中,从鼻液、粪便和精液等排出病毒。在感染猪群中仔猪的发病率差异很大,发病后的严重程度也明显不同。发病率通常为8%~10%,也有报道可达

20%左右。

2. 传染源

病猪和带毒猪为本病的主要传染源。病毒存在于病猪的呼吸道、肺脏、脾和淋巴结中，从鼻液和粪便中排出。

3. 传播途径

主要经呼吸道、消化道和精液及胎盘传染，也可通过感染病毒的人员、工作服、用具和设备传播。

4. 流行特点

本病的发生无季节性。常与猪繁殖与呼吸综合征病毒、猪细小病毒、伪狂犬病病毒及副猪嗜血杆菌、猪支原体肺炎，多杀性巴氏杆菌和链球菌等混合或继发感染。饲养管理不良、饲养条件差、饲料质量低、环境恶劣、通风不良、饲养密度过大，不同日龄的猪只混群饲养，以及各种应激因素的存在均可诱发本病，并加重病情的发展，增加死亡率。

三、临床症状

猪圆环病毒感染主要引起断奶仔猪多系统衰竭综合征和仔猪先天性震颤。

1. 断奶仔猪多系统衰竭综合征

病猪表现精神沉郁、食欲不振、发热，被毛粗乱，进行性消瘦、生长迟缓、呼吸困难、咳嗽、气喘、贫血、皮肤苍白、体表淋巴结肿大。有的表现皮肤与可视黏膜发黄、腹泻、嗜睡。临床上约有20%的病猪呈现贫血与黄疸症状，具有诊断意义。

2. 仔猪先天性震颤

又名抖抖病，主要发生于2~7日龄仔猪，其临床症状的变化性很大，震颤程度不等，同窝仔猪的发病数量也不定，通常表现为双侧性震颤，当仔猪休息或睡眠时可得到缓和，但受到寒冷或噪声等外界刺激时，震颤可重新激发或加重。1周龄内出现严重震颤的仔猪往往由于不能得到哺乳而死亡，1周龄以上的仔猪常常能耐过，也有震颤症状延至到生长期或育肥期。

此外，在临床上还能见到与PCV-2相关的中枢神经系统疾病、增生性坏死性肺炎、肠炎和关节炎等。这些情况多见于PRRS阳性猪继发感染PCV-2所致。

四、病理变化

发生断奶仔猪多系统衰竭综合征时，剖检可见的主要的病理变化为患猪消瘦，贫血，皮肤苍白，部分病猪出现黄疸；淋巴结肿大3~4倍，切面为均匀的白色；肺脏肿胀，坚硬似橡皮样；肝脏发暗，肝小叶间结缔组织增生；肾脏水肿、苍白，被膜下有坏死灶。脾脏轻度肿胀、坏死。胃、肠、回盲瓣黏膜有出血、坏死。

五、诊断

根据流行特点，结合本病的临床症状、病理变化等特点一般可以做出初步诊断，确诊需要进行实验室诊断。目前，可用的病原学检测方法包括间接免疫荧光法、免疫组化法、PCR等。检测抗体的方法主要是ELISA。

六、防治措施

目前，国内外尚无特效的治疗方法，也没有切实可行的疫苗预防猪圆环病毒感染。无论是对仔猪先天性震颤，还是对猪断奶多系统衰弱综合征均没有有效的预防措施。一般性建议包括实行全进全出饲养管理制度，保持良好的卫生及通风状况，确保饲料品质和使用抗生素控制继发感染，以及对发病猪只进行及时淘汰、扑杀处理。

1. 严格实行全进全出制度，落实生物安全措施

猪舍要清洁卫生保温，通风良好，饲养密度要适中，不同日龄的猪应分群饲养，不得混养；减少各种应激因素，创造一个良好的饲养环境。

2. 定期消毒，杀死病原体、切断传播途径

生产中应用3%的氢氧化钠溶液、0.3%的过氧乙酸溶液及0.5%的强力消毒灵和抗毒威消毒效果良好。

3. 免疫预防

可使用以杆状病毒表达PCV-2的衣壳蛋白、表达PCV-1的衣壳蛋白嵌合病毒和灭活的PCV-2为免疫原的3种疫苗。前2种疫苗用于3~4周龄的商品猪免疫，1次即可。第3种疫苗用于母猪免疫。免疫后，可减少断奶衰竭综合征发生，降低死亡率，提高料肉比。

4. 药物预防，控制继发感染

如应用支原净、丁胺卡那霉素、强力霉素、庆大霉素、磺胺嘧啶钠、抗病毒药等药物进行治疗，同时肌注维生素B_{12}、维生素C及肌肝和静脉注射葡萄糖注射液等也有一定的治疗效果。

情景五　猪传染性胃肠炎

猪传染性胃肠炎(TGE)是由猪传染性胃肠炎病毒引起猪的一种急性、高度接触性肠道传染病。临床上以发热、呕吐、严重腹泻和脱水为特征。

该病于1945年首次在美国被发现，目前分布于许多养猪国家和地区。各种年龄的猪都可感染发病。危害最严重的是哺乳仔猪，10日龄以内的仔猪死亡率最高可达100%，但5周龄以上的猪死亡率很低。

一、病原

猪传染性胃肠炎病毒属于冠状病毒科冠状病毒属，有囊膜，形态多样，呈圆形、椭圆形和多边形等。本病毒主要存在于空肠、十二指肠及回肠的黏膜。本病毒只有一个血清型，但近年来许多国家都发现了该病毒的变异株，即猪呼吸道冠状病毒。该病毒不耐热，56℃45min或65℃10min即全部死亡。对光敏感，在阳光下暴晒6h即可死亡，紫外线能使病毒迅速灭活。病毒对乙醚、氢氧化钠、石炭酸、甲醛、氯仿等消毒药敏感。

二、流行病学

1. 易感动物

本病仅发生于猪，各种年龄的猪均易感，10日龄以内仔猪的发病率和死亡率很高，

病势及死亡率与仔猪年龄呈负相关,日龄越小,病势越重,死亡率越高。随着年龄的增长死亡率降低,断奶猪、育肥猪和成年猪的症状较轻。

2. 传染源

病猪和带毒猪是主要传染源,它们从粪便、呕吐物、鼻液以及呼出气体中排出病毒,污染饲料、饮水、空气及用具等传染给易感猪。

3. 传播途径

本病以消化道和呼吸道为主要的传播方式。

4. 流行特点

本病多发生于冬、春寒冷季节。在新疫区呈流行性发生,传播迅速,使各年龄组的猪群发病。10日龄以内的猪病死率高达100%,但断奶猪、育肥猪和成年猪发病后多能自然康复;在老疫区则呈地方流行性或散发性发生,发病率低。

三、临床症状

本病潜伏期短,一般为15~18h,长的可达2~3d。

仔猪突然发病,首先呕吐,继而发生急剧水样腹泻,粪便黄色、淡绿或白色,常混有未消化的凝乳块,恶臭味。病猪明显脱水、消瘦、极度口渴,少部分重症患猪卧地不起。10日龄以内的仔猪多在2~7d内死亡。日龄越小,病程越短,死亡率越高,有时死亡率可达100%,病愈仔猪发育不良,成为僵猪。

断奶猪、育肥猪及成年猪临床表现轻微,主要表现为食欲减退或消失,个别猪出现水样腹泻、呕吐,有应激因素或继发感染时病死率可能增加。

哺乳母猪则表现为泌乳减少或停止,体温升高、呕吐、食欲不振、腹泻,一般经3~7d病情好转,恢复,极少死亡。但也有的母猪与病仔猪接触,而本身无可见症状。

四、病理变化

眼观病变主要在胃肠道。胃内充满凝乳块,胃底黏膜充血、出血。有时日龄较大的猪胃黏膜有溃疡灶,且靠近幽门处有较大的坏死区。小肠壁变薄,弹性降低,肠管扩张呈半透明状。在低倍显微镜下观察小肠黏膜,可见到小肠绒毛变短、萎缩及上皮细胞变性、坏死和脱落。

五、诊断

根据流行病学(寒冷季节发生、10日龄以内的病死率高)、临床症状(腹泻、呕吐和脱水)、病理变化(小肠壁变薄、肠管扩张、内容物稀薄、肠绒毛萎缩)可做出初步诊断,确诊必须进行实验室检查。

1. 病毒分离与鉴定

取病猪的肛拭子,粪、肠内容物或空肠、回肠段为病料,经口感染5日龄仔猪,盲传2代以上,分离病毒。用标准抗猪传染性胃肠炎病毒的血清做中和试验进行鉴定。

2. 荧光抗体检查

取腹泻早期病猪空肠和回肠的刮削物做涂片或以这段肠管做冰冻切片,进行直接或间接荧光染色，在荧光显微镜下检查，见上皮细胞及肠绒毛细胞浆内呈现荧光者为阳性。此法快速，可在2~3h内做出诊断。

3. 血清学诊断

常用的方法包括血清中和试验、ELISA、间接血凝抑制试验、间接免疫荧光试验等。取急性和康复期双份血清，56℃灭能30min，测定中和抗体，据血清抗体消长规律确定TGE感染情况，是最准确的诊断方法。

本病诊断时应与症状相似的其他疾病如仔猪黄痢、仔猪白痢、猪流行性腹泻和轮状病毒感染等相区别。

六、防治措施

由于气温骤然变化和带毒猪排毒是诱发本病的主要原因，脱水和电解质的丢失是导致死亡的直接原因，因此，平时预防和发病后采取措施各有侧重。首先，要加强饲养管理，确保哺乳猪舍的温度达到要求。其次，采取免疫接种，及时进行疫苗的免疫接种是控制该病的有效方法之一。对于本病目前尚无特效药物治疗，发病后一般采取对症治疗措施。

1. 药物治疗

用抗生素和磺胺类药物等仅可起到防止病猪继发细菌感染和缩短病程的作用。

(1) 补充体液，以防脱水和酸中毒　让仔猪自由饮水服用下列配方溶液：氯化钠3.5g，氯化钾1.5g，碳酸氢钠2.5g，葡萄糖20g，水1000mL。另外，还可于腹腔注射一定量的5％葡萄糖盐水加灭菌碳酸氢钠。

(2) 使用抗病毒药物　可肌肉注射病毒灵、病毒唑、双黄连等。对重症病猪可用硫酸阿托品注射控制腹泻，对失水过多的重症病猪可静脉注射葡萄糖、生理盐水等。

2. 免疫接种

用传染性胃肠炎弱毒疫苗对母猪进行免疫接种。母猪分娩前5周口服1头份，分娩前2周口服1头份，同时肌肉注射1头份。两种接种方式结合可产生局部性体液免疫和全身性细胞免疫，效果好，新生仔猪在出生后通过初乳获得被动免疫，保护率可达95％以上；对于未接种TEG疫苗且受到本病威胁的仔猪，在出生后1~2d内进行口服接种，4~5d产生免疫力。

情景六　猪流行性感冒

猪流行性感冒(SI)简称猪流感，是由猪流感病毒引起的一种急性、热性、高度接触性的呼吸道传染病。以发病急骤，传播快，咳嗽，呼吸困难，发病率高，病死率低为特征。

本病自1918年在美国首次报道，1931年Shope首次分离到猪流感病毒以来，在世界范围内分布。现在世界上许多国家都先后发现猪流感病毒和与之相应的抗体。2009年4月，墨西哥公布发生人传染人的甲型H1N1流感案例，引起世界的高度关注，在公共卫生方面具有重要意义。

一、病原

猪流感的病原是猪流感病毒(SIV),是猪群中一种可引起地方性流行性感冒的正黏液病毒。

本病毒能在鸡胚内繁殖,也可在猪肾、犊牛肾、犬肾、人胚肾、胎猪肺、鸡胚成纤维细胞和人双倍体等多种细胞上生长繁殖,并能引起细胞病变。本病毒能凝集鸡、大鼠、小鼠、马和人的红细胞。

本病毒对热比较敏感。56℃ 30min、60℃ 10min、65～70℃数分钟即可灭活。病毒对低温抵抗力较强,在-70℃稳定,冻干冷冻可保存数年。病料中的病毒在50%甘油生理盐水中可存活40d。福尔马林、酚类、乙醚、氨离子、卤素化合物(如漂白粉和碘剂等)、重金属离子等一般消毒剂和灭活剂对本病毒均有灭活作用。尤其对碘蒸汽和碘溶液敏感。医学测试显示,目前主流抗病毒药物对这种毒株有效。

二、流行病学

1. 易感动物

不同年龄、性别和品种的猪都可感染发病。人也可感染。病毒主要在呼吸道黏膜上皮细胞内增殖,随着喷嚏和咳嗽排出体外,经呼吸道感染。

2. 传染源

病猪、带毒猪和隐性感染猪是本病主要传染源。

3. 传播途径

主要传播途径可能是猪与猪通过鼻咽途径直接传播。在感染的急性发烧期中,鼻分泌物存在大量病毒,对易感动物提供了丰富的感染材料。在实验条件下,将病毒液滴入鼻腔或者吸入颗粒气溶胶,猪都很容易被感染。接触传播也很容易发生,在猪群密集、通风不良等环境,空气传播可引起大范围的暴发流行。在常发生本病的地区,也可以散发。

4. 流行特点

本病的流行有一定的季节性,多发生于气候骤变的晚秋、早春和寒冷的冬季,其他季节也可以发生。

本病传播迅速,常呈地方流行性或大流行性。本病发病率高,死亡率低(4%～10%)。

本病的流行特点是发病急,病程短,发病突然,当存在与胸膜肺炎放线杆菌、多杀性巴氏杆菌、猪Ⅱ型链球菌等混合或继发感染,即病程延长,病死率增高。

三、临床症状

本病潜伏期很短,几小时到数天,自然发病时平均为4d。典型猪流感的症状是:发病急骤,1～2d内大批猪发病。患猪精神沉郁,食欲减少或废绝,体温升高到40～41℃,呼吸急促,张口呼吸,口流白沫,眼、鼻有浆液性至黏液性分泌物,不活动,蜷缩,肌肉和关节疼痛,常卧地不起。体重明显下降和衰弱。病程短,若无并发症,多数病猪在7～10d后恢复。临床典型的急性暴发通常发生于完全易感的血清学阴性猪群。

在非典型发病时，传播慢，病猪数量少。患病猪食欲减少，持续咳嗽，消化不良，瘦弱，病程较长。若有伴发症常常引起死亡。

妊娠母猪感染时，可出现流产，严重者引起死亡。康复母猪往往造成木乃伊胎、死胎和仔猪出生后发育不良和死亡率增高。

四、病理变化

猪流感的病理变化主要在呼吸器官。鼻、咽、喉、气管和支气管的黏膜充血、肿胀，表面覆有黏稠的液体，小支气管和细支气管内充满泡沫样渗出液。胸腔、心包腔蓄积大量混有纤维素的浆液。肺脏的病变常发生于尖叶、心叶、叶间叶、膈叶的背部与基底部，与周围组织有明显的界限，颜色由红至紫，塌陷、坚实，韧度似皮革，脾脏肿大，颈部淋巴结、纵膈淋巴结、支气管淋巴结肿大多汁。

五、诊断

根据流行病史、发病情况、临床症状和病理变化，可初步诊断该猪群为流行性感冒继发副猪嗜血杆菌病。

类症鉴别，由于猪的流行性感冒不一定总是以典型的形式出现，并且与其他呼吸道疾病又很相似，所以，临床诊断只能是假定性的。在秋季或初冬，猪群中发生呼吸道疾病就可怀疑为猪流行性感冒。

暴发性地出现上呼吸道综合征，包括结膜炎、喷嚏和咳嗽以及低死亡率，可以将猪流行性感冒与猪的其他上呼吸道疾病区别开，在鉴别诊断时，应注意猪气喘病和本病的区别，二者最易混淆。

六、防治措施

本病无有效疫苗和特效疗法，平时应加强饲养管理，提高猪群的营养需求，定时清洁环境卫生。发病后重要的是加强护理，及时保持猪舍清洁、干燥、温暖、无贼风袭击。供给充足的清洁饮水，康复的头几天，饲料要限量供给。在发病时不得骚扰或移动病猪，以减少应激死亡。

患病猪要及时进行隔离治疗，主要是对症治疗，防止继发感染。可选用：15%盐酸吗啉胍（病毒灵）注射液，按猪每千克体重用25mg，肌肉注射，每日2次，连注2d。30%安乃近注射液，按猪每千克体重用30mg，肌肉注射，每日2次，连注2d。如全群感染，可用中药拌料喂服。中药方：荆芥、金银花、大青叶、柴胡、葛根、黄芩、木通、板蓝根、甘草、干姜各25~50g（每头计、体重50kg左右），把药晒干，粉碎成细末，拌入料中喂服，如无食欲，可煎汤喂服，一般1剂即愈，必要时第2d再服1剂。

为了防止人畜共患，饲养管理员和直接接触生猪的人应做到有效防护措施，注意个人卫生；经常使用肥皂或清水洗手，避免接触患猪，平时应避免接触流感样症状（发热、咳嗽、流涕等）或肺炎等呼吸道病人；尤其在咳嗽或打喷嚏后；避免接触生猪或前往有猪的场所；避免前往人群拥挤的场所；咳嗽或打喷嚏时用纸巾捂住口鼻，然后将纸巾丢到垃圾桶。对死因不明的生猪一律焚烧深埋再做消毒处理。如人不慎感染了猪流感病毒，应立即向上级卫生主管部门报告，接触患病的人群应做相应7日医学隔离观察。

情景七　猪流行性腹泻

猪流行性腹泻（PED）是由猪流行性腹泻病毒引起猪的一种急性肠道传染病。其临床特征为腹泻、呕吐和脱水。本病的流行特点、临床症状和病理变化与猪传染性胃肠炎极为相似。

一、病原

猪流行性腹泻病毒（PEDV）属于冠状病毒科冠状病毒属。病毒粒子呈圆形，有囊膜。病毒只能在肠上皮组织培养物内生长，对外界环境和消毒药的抵抗力不强，一般消毒药都可将其杀灭，对乙醚和氯仿敏感。

二、流行病学

该病仅发生于猪，病毒传入猪群的途径可能是通过运输病猪或被污染的饲料、车辆，以及被病毒污染的靴、鞋或其他携带病毒的污染物。粪—口途径是该病传播的主要方式，健康猪的自然感染主要是经口接触了含毒粪便污染物。

1. 易感动物

本病仅发生于猪，各种年龄猪均可感染，仔猪和育成猪的发病率通常为100%，母猪为15%～90%。

2. 传染源

病猪是主要传染源。病毒存在于肠绒毛上皮细胞和肠系膜淋巴结，随粪便排出后，污染环境、饲料、饮水、交通工具及用具等而传染。

3. 传播途径

本病主要通过消化道感染。

4. 流行特点

本病多发生在寒冷季节，我国多在12月至翌年的2月寒冬季节发生。本病有流行自限性，一般在流行约5周后自行终止。

三、临床症状

潜伏期一般为5～8d，人工感染潜伏期为8～24h。

临床症状与猪传染性胃肠炎相似，只是程度较轻，传播速度也比猪传染性胃肠炎慢得多。主要表现为水样腹泻，有时可能伴有呕吐。腹泻物呈灰黄色、灰色，或呈透明水样，顺肛门流出。感染猪只在腹泻初期或在腹泻出现以前可出现急性死亡，特别是应激性高的猪死亡率更高。症状的轻重随年龄的大小而有差异，年龄越小，症状越重。7日龄内的新生仔猪发生腹泻后3～4d，呈现严重脱水而死亡，死亡率可达50%～100%，病猪体温正常或稍高，精神沉郁，食欲减退或废绝。断奶仔猪、母猪常表现精神委顿、食欲下降和持续性腹泻，约1周后，逐渐恢复正常。育肥猪感染后发生腹泻，1周后康复，死亡率1%～3%。成年猪症状较轻。

四、病理变化

病死猪尸体消瘦脱水,皮下干燥,胃内有多量黄白色的乳凝块。小肠病变具有特征性,肠管膨满、扩张,肠壁内充满黄色液体,小肠黏膜、肠系膜充血,个别试验猪小肠黏膜有轻度点状出血,其他实质性器官均未见有肉眼病变。显微镜或放大镜下观察可见小肠绒毛缩短,显著萎缩。

五、诊断

本病的流行病学、临床症状、病理变化基本上与猪传染性胃肠炎相似,只是病死率比猪传染性胃肠炎稍低,在猪群中传播速度也比较缓慢一些。根据上述特点可做出初步诊断。确诊要依靠实验室诊断。

1. 荧光抗体法

荧光抗体法是最为敏感、快速和可靠的方法。取发生腹泻48h内的猪小肠,制成小肠黏膜抹片或冷冻切片,之后用丙酮固定,加荧光抗体染色后镜检。一般感染18h后,小肠各段均能发现荧光抗体阳性细胞,出现腹泻6h后阳性细胞数达高峰。空肠和回肠90%~100%阳性,十二指肠70%~80%阳性。

2. ELISA

ELISA可用于检测病猪粪便、小肠内容物中的病毒抗原,也可用于检测病猪血清中的特异性抗体,但通常需要采取发病初期和间隔2~3周病愈猪的双份血清进行检测。

3. 微量血清中和试验

用已适应于传代细胞生长的猪流行性腹泻病毒与被检血清进行微量中和试验,测定待检血清中的特异性抗体。

六、防治措施

目前本病尚无特效的治疗方法。

1. 疫苗免疫预防

目前常用的疫苗有轮状病毒-流行性腹泻二联疫苗,流行性腹泻-传染性胃肠炎-轮状病毒三联疫苗。于每年的10月中旬左右,仔猪、架子猪和育肥猪每头注射1头份,生产母猪每头注射2头份。对于正在发病的猪群于母猪产前20~30d注射3头份。

2. 加强管理和消毒工作

加强饲养管理,饲喂营养丰富的饲料,做好仔猪、哺乳猪的保温和保健工作。做好场内的卫生消毒工作,用消毒威、百毒杀等消毒药对猪舍进行消毒,用干石灰铺设走道和运动场。

3. 对症治疗

目前本病无特效的治疗方法,发病猪可以让其自由饮水以减轻脱水,对育肥猪适当限饲;为预防继发感染和加快康复,可以试投一些抗菌药物和助消化药。保持猪舍温度和干燥环境。注意保持猪舍良好的卫生,严格控制猪只的调动以及人员、猪场运输工具的流动。接种疫苗是目前预防本病有效而可靠的方法，猪流行性腹泻甲醛氢氧化铝灭活疫苗保护率达85%以上，可用于预防本病。

技能训练　猪瘟的实验室诊断

一、训练目标

通过完成本次技能训练，使学生了解和掌握猪瘟的现场诊断和实验室诊断方法。

二、训练材料

手术剪、手术刀、镊子、接种环、酒精灯、酒精棉球、麦康凯琼脂培养基、血液琼脂培养基、抗猪瘟荧光抗体、磷酸盐缓冲盐水、猪瘟酶标抗体、过氧化氢、叠氮钠等。

三、训练内容与方法步骤

1. 临床诊断和尸体剖检诊断

详细询问猪群的发病情况，包括发病经过、发病头数、主要症状、治疗措施及效果、病程和死亡情况。发病猪的来源及接种情况，发病猪群附近其他猪群的情况。详细检查病猪的临床症状，包括精神状态、体温变化、食欲、粪便的形状、口腔黏膜、体表可触及的淋巴结的肿大情况等。病猪剖检，检查各内脏器官的眼观病理变化，特别注意淋巴结、肾脏、膀胱、咽喉部、胆囊、肠道等脏器的出血性变化。

2. 细菌学检查

采取刚死亡不久的病猪或急宰猪的血液、淋巴结、脾脏等材料，接种于血液琼脂和麦康凯琼脂平板上，培养24～48h，检查有无疑似的病原菌，如有需要进一步鉴定做动物接种试验。猪瘟诊断中细菌检查的目的是为了确定发病猪是否存在并发或继发细菌感染，有时也为了排除猪瘟。

3. 家兔接种试验

本试验是利用猪瘟强毒不引起家兔发病，但能使家兔产生免疫力，在注射猪瘟兔化弱毒疫苗时不会引起家兔体温升高，以此来判定给兔注射的病料中是否有猪瘟强毒。

①选择体重在1.5kg以上的清洁健康家兔4只，分2组，试验前3d测温，每日3次，体温正常兔可供试验用。

②取病猪脾脏、淋巴结制等病料制成1∶10悬液，离心后取上清液加青霉素、链霉素各1000U处理后，给试验组兔每只肌肉注射5mL。另一组兔不注射，供对照。

③每隔6h测温1次，连测3d。

④7d后，给两组家兔静脉脉注射1∶20稀释的猪瘟兔化弱毒疫苗，每只1mL。接种后，每6h测温1次，连续3d。

⑤如果试验组兔体温正常、对照组兔出现定型热反应，即可诊断为猪瘟。如果试验组兔与对照组兔都出现定型热反应则不是猪瘟。

四、训练报告

根据技能训练内容制作一份诊断猪瘟的报告。

复习思考题

1. 试述猪急性败血型链球菌病的症状和病变特点。如何防治本病？
*2. 简述猪痢疾的病变特点。如何防治本病？
*3. 试述猪萎缩性鼻炎的症状特点。
4. 简述猪支原体肺炎的临床症状及病变特点。
5. 猪传染性胸膜肺炎病原是什么？是一种什么性质的传染病？如何进行防治？
6. 试述猪瘟的临床症状、病理变化及防治措施。
7. 近年来，国内外都报道一种所谓温和型猪瘟，它具有哪些主要特点？
8. 猪繁殖与呼吸综合征的流行特点、症状和病变特征是什么？目前如何防治？
9. 试述猪细小病毒病的临床特征与防治措施。
10. 从病原学和流行病学特点简要介绍猪传染性胃肠炎与猪流行性腹泻的异同。
11. 以呼吸困难为主要症状的猪传染病有哪些？说明各自的特点。
12. 以繁殖障碍为主要症状的猪传染病有哪些？说明各自的特点。
13. 以腹泻为主要症状的猪传染病有哪些？说明各自的特点。
14. 猪圆环病毒感染具有哪些临床特征？
15. 简述急性猪瘟、急性猪巴氏杆菌病、急性仔猪副伤寒和急性猪丹毒的鉴别诊断要点。

家禽主要传染病

知识目标

1. 掌握家禽主要传染病的流行特点、临床特征、病理变化、重点防控措施。
2. 理解家禽主要传染病生物安全措施的意义。
3. 了解家禽主要传染病的实验室诊断方法。

技能目标

1. 能够用所学知识对发病家禽主要传染病做出初步诊断并会提出初步防治措施。
2. 熟练掌握家禽主要传染病的防控技术。
3. 熟练掌握凝集反应、琼脂扩散试验、血凝和血凝抑制试验的操作技能。

项目一
家禽的主要细菌性传染病

情景一　鸡传染性鼻炎

鸡传染性鼻炎是由副鸡嗜血杆菌所引起的鸡的一种急性呼吸系统传染病。主要症状为鼻腔与鼻窦发炎，流鼻涕，单侧或双侧脸部肿胀和打喷嚏，并伴发结膜炎的发生。本病主要发生于育成鸡及产蛋鸡群，造成鸡群生长停滞、死淘率增加以及产蛋量显著下降。

一、病原

副鸡嗜血杆菌属于巴氏杆菌科嗜血杆菌属，呈多形性。在初分离时为一种革兰阴性的小球杆菌，两极染色，不形成芽孢，无荚膜、无鞭毛，不能运动。本菌的抵抗力很弱，对一般消毒剂敏感。培养基上的细菌在4℃时能存活两周，在自然环境中数小时即死亡。对热及消毒药也很敏感，在45℃存活不超过6min，在真空冻干条件下可以保存10年。

二、流行病学

1. 易感动物

本病发生于鸡，1周龄内的雏鸡由于母源抗体的保护而不易发病，随年龄的增加易感性增加，8～9周龄以上的育成鸡及产蛋鸡最易感。商品肉鸡发病也比较多见。雉鸡、珍珠鸡、鹌鹑偶然也能发病，其他禽类、小鼠、家兔均不感染。

2. 传染源

病鸡及隐性带菌鸡是传染源，而慢性病鸡及隐性带菌鸡是鸡群中发生本病的重要原因。

3. 传播途径

主要以飞沫及尘埃经呼吸道传染，但也可通过污染的饲料和饮水经消化道传染。

4. 流行特点

本病的发生与一些能使机体抵抗力下降的诱因密切相关。如鸡群密度过大，不同年龄的鸡混群饲养，通风不良，鸡舍内闷热，氨气浓度高，或鸡舍寒冷潮湿，缺乏维生素A，感染寄生虫等都能促使鸡群严重发病。

三、临床症状

本病的潜伏期很短,用培养物或鼻腔分泌物人工鼻内或窦内接种易感鸡,24~48h内发病。自然接触感染,常在1~3d内出现症状,很快蔓延至整个鸡群。

一般常见症状为鼻孔先流出清液,以后转为浆液黏性分泌物,有时打喷嚏。脸肿胀或显示水肿、眼结膜炎、眼睑肿胀。食欲及饮水减少,或有下痢,体重减轻。病鸡精神沉郁,脸部浮肿,缩头,呆立。仔鸡生长不良,成年母鸡产卵减少,公鸡肉髯常见肿大。如炎症蔓延至下呼吸道,则呼吸困难,病鸡常摇头欲将呼吸道内的黏液排出,并有啰音。咽喉也可积有分泌物的凝块。最后常窒息而死。

单纯的传染性鼻炎死亡率很低,多因发病后期继发或混合其他病症而死亡。

四、病理变化

主要病变为鼻腔和窦黏膜呈急性卡他性炎,黏膜充血肿胀,表面覆有大量黏液,窦内有渗出物凝块,后成为干酪样坏死物。

主要病变为鼻腔和窦黏膜呈急性卡他性炎症,黏膜充血肿胀,表面覆有大量黏液,窦内有渗出物凝块,后成为干酪样坏死物。常见卡他性结膜炎,结膜充血肿胀。脸部及肉髯皮下水肿,或有干酪样物。严重时可见气管黏膜炎症,偶有肺炎及气囊炎。常见卡他性结膜炎,结膜充血肿胀,内有干酪样物,严重的可见眼睛失明。严重时可见气管黏膜炎症,偶有肺炎及气囊炎。

临床上由于混合感染的存在,病变往往复杂多样,有的死鸡有2~3种疾病的病理变化特征。

*五、诊断

根据流行病学、临床症状、病理变化可以做出初出诊断,这种诊断方法对于有经验的兽医来说是比较容易而且可靠的。确诊本病可用实验室方法,常用而简单的方法主要有以下几种。

1. 直接镜检

取病鸡眶下窦或鼻窦渗出物,涂片,染色,镜检,可见大量革兰阴性的球杆菌。

2. 动物接种试验

取病鸡的窦分泌物或培养物,接种于2~3只健康鸡窦内,可在24~48h出现传染性鼻炎症状。如接种材料含菌量较少,其潜伏期可延长至7d。

3. 病原的分离与鉴定

用病鸡鼻窦深部采取的病料,直接在血琼脂平板上划直线,然后再用葡萄球菌在平板上划横线,置于厌氧培养箱中,37℃培养24~48h后,在葡萄球菌菌落边沿可长出一种细小的卫星菌落,而其他部位很少见细菌生长。取单个的卫星菌落进行扩增。将纯培养物分别接种在鲜血(5%鸡血)琼脂平板和马丁肉汤琼脂平板上,若在前者上生长出针尖大小、透明、不溶血菌落,做涂片镜检可观察到大量两极着色的球杆菌,而在马丁肉汤琼脂上无菌落生长,可做出确诊。

其他还可以用血清学诊断、直接补体结合试验、琼脂扩散试验、血凝抑制试验、荧光抗体技术、ELISA、PCR等方法进行诊断和血清的分型。

六、防治措施

鉴于本病发生常由于外界不良因素而诱发，因此平时养鸡场在饲养管理方面应注意以下几个方面：

①鸡舍内氨气含量过大是发生本病的重要因素：为此要做好保温通风工作，可安装供暖设备和自动控制通风装置，可明显降低鸡舍内氨气的浓度，保证鸡舍内空气新鲜。

②加强饮水用具的清洗消毒和饮用水的消毒是防病的重要措施之一。

③严格控制外来人员进入：如需进入，必须严格执行消毒工作。鸡场工作人员应严格执行更衣、洗澡、换鞋等防疫制度。

④免疫接种：目前有还有A、B、C 3种血清型的弱毒疫苗和灭活疫苗，都是在5周龄后开始免疫，肌肉注射。

⑤治疗：副鸡嗜血杆菌对磺胺类药物非常敏感，是治疗本病的首选药物。

情景二　鸭传染性浆膜炎

鸭传染性浆膜炎又称鸭疫里氏杆菌病，原名鸭疫巴氏杆菌病，是鸭、鹅、火鸡和多种禽类的一种急性或慢性传染病。本病的临床特征为倦怠，眼与鼻孔有分泌物，绿色下痢，共济失调和抽搐。病变特征为纤维素性心包炎、肝周炎、气囊炎、干酪性输卵管炎和脑膜炎。本病常引起小鸭大批死亡和生长发育迟缓，造成较大的经济损失。

一、病原

病原为鸭疫里氏杆菌，属于巴氏杆菌科。本菌为革兰阴性小杆菌，无芽孢，不能运动，有荚膜，涂片经瑞氏染色呈两极浓染。本菌的抵抗力不强，在室温下，大多数菌株在固体培养基上存活不超过3~4d，4℃条件下，肉汤培养物可存活2~3周。55℃作用12~16h细菌全部被灭活。菌种冻干后可长期保存。

二、流行病学

1. 易感动物

1~8周龄的鸭均易感，但以2~4周龄的雏鸭最易感。1周龄以下或8周龄以上的鸭极少发病。除鸭外，雏鹅也可感染发病。

2. 传播途径

该病主要经呼吸道或皮肤伤口感染。

3. 传染源

病鸭及其排泄物。

4. 流行特点

育雏舍鸭群密度过大，空气不流通，地面潮湿，卫生条件不好，饲料中蛋白质水平过低，维生素和微量元素缺乏以及其他应激因素等均可促使该病的发生和流行。该病无明显季节性，一年四季均可发生，冬、春季节较为多发。

三、临床症状

潜伏期为1~3d，有时可达1周。最急性型病例常无任何症状突然死亡。

1. 急性型

精神沉郁，缩颈、嗜眠、嘴拱地，腿软，不愿走动，行动迟缓，共济失调，食欲减退或不思饮食。眼有浆液性或黏液性分泌物，常使两眼周围羽毛粘连脱落；鼻孔中也有分泌物。粪便稀薄，呈绿色或黄绿色，部分雏鸭腹胀。死前有神经症状，表现为痉挛、摇头、背脖和伸腿呈角弓反张，抽搐而死。病程一般为1~2d。

2. 亚急性型或慢性型

日龄较大的小鸭(4~7周龄)多呈亚急性或慢性经过，病程达7d或以上。病鸭表现除上述症状外，少数病例出现脑膜炎症状，头颈歪斜，不断鸣叫，转圈或倒退运动。这样的病例能长期存活，但发育不良。

四、病理变化

特征性病理变化是浆膜面上有纤维素性炎性渗出物，以心包膜、肝被膜和气囊壁的炎症为主。心包膜被覆着淡黄色或干酪样纤维素性渗出物，心包囊内充满黄色絮状物和淡黄色渗出液。肝脏表面覆盖一层灰白色或灰黄色纤维素性膜。气囊混浊增厚，气囊壁上附有纤维素性渗出物。脾脏有时可见肿大，表面附有纤维素性薄膜。

脑膜及脑实质血管扩张、瘀血。

慢性局灶性感染常见于皮肤，偶尔也出现在关节。皮肤病变多发生在背下部或肛门周围，出现坏死性皮炎，皮肤或脂肪呈黄色，切面呈海绵状，似蜂窝织炎变化；跗关节肿大，发生关节炎，关节液增多，触之有波动感。

少数输卵管内有干酪样渗出物。

五、诊断

根据临床症状和剖检变化可做出初步诊断，但应注意和鸭大肠杆菌败血症、鸭巴氏杆菌病、鸭衣原体病和鸭沙门菌病相区别，确诊必须进行实验室检查。

1. 涂片镜检

可直接取病变器官涂片镜检，如取血液、肝脏、脾脏或脑做涂片，瑞氏染色镜检常可见两端浓染的小杆菌，但往往菌体很少，不易与多杀性巴氏杆菌区别。

2. 细菌的分离与鉴定

可无菌采集心血、肝或脑等病变材料，接种于TSA培养基或巧克力培养基上，在含CO_2的环境中培养24~48h，观察菌落形态并做纯培养，对其若干特性进行鉴定。

3. 血清学检查

如果有标准定型血清，可采用玻片凝集或琼脂扩散反应进行血清型的鉴定。也可做荧光抗体检查。

六、防治措施

①加强饲养管理：注意鸭舍的通风、环境干燥、清洁卫生，经常消毒，采用全进全出的饲养制度。

②氟苯尼考、头孢类、磺胺类等药物对该病有良好的防治效果。

③用于预防接种该病的疫苗：目前国内外主要有灭活油乳剂疫苗和弱毒活疫苗 2 种，皮下免疫接种。

项目二
家禽的主要病毒性传染病

情景一 新城疫

新城疫(ND)是由新城疫病毒引起的多种禽类发生的急性、烈性、高度接触性传染病，又称亚洲鸡瘟。首次发生在印度尼西亚，同年又发生在英国新城，故称为新城疫。

一、病原

新城疫病毒(NDV)属于副黏病毒科腮腺炎病毒属，呈球形，多数呈蝌蚪状，为单股RNA，有囊膜。该病毒广泛存在于病鸡的所有器官、分泌物和排泄物中。NDV对高温、日光及消毒剂抵抗力不强。

二、流行病学

1. 易感动物

鸡、火鸡、珍珠鸡及野鸭对本病均有易感性，以鸡最易感。各种年龄的鸡均可感染，但以幼雏和中雏易感性最强。哺乳动物对本病有很强的抵抗力，但人可感染，表现为结膜炎或类似流感临床症状。

2. 传染源

本病的主要传染源是病鸡以及在流行间歇期的带毒鸡，但鸟类的作用也不可忽视。

3. 传播途径

主要是消化道和呼吸道，其次是眼结膜，创伤及交配也可引起感染。空气和饮水传播，人、器械、车辆、饲料、垫草、昆虫的机械携带，以及带毒的鸽、麻雀等禽类的传播对该病具有重要的流行病学意义。

4. 流行特点

本病一年四季均可发生，但以冬、春季较多。不同品种、日龄和性别的鸡均可感染，但幼龄雏鸡的发病率和死亡率明显高于成年鸡。

三、临床症状

特征性临床症状：神经紊乱、呼吸困难、下痢、浆膜出血。

一般根据临床表现和病程长短，可分为：速发型、中发型、迟发型3种。

（1）速发型　最快的表现为突然发病，常无明显症状而迅速死亡。一般多见于发病初期和雏鸡。更多的表现为：

①病初体温升高，43~44℃，食欲减退或废绝，有渴感。

②精神萎靡不振，不愿走动，低头缩颈，两翅下垂，眼半闭或全闭，昏睡。

③鸡冠、肉髯红紫色或暗紫色。

④呼吸困难，常伸头张口呼吸，口鼻内有黏液性分泌物，并发出咯咯的喘鸣声或尖锐的叫声。

⑤嗉囊内有大量液体，倒提时有酸臭液体从口中流出。

⑥拉稀，粪便多呈黄绿色或黄白色，有时混有少量血液，后期往往排出蛋清样粪便。

⑦最后麻痹死亡。病程一般为2~5d。

（2）中发型　初期症状与速发型相似，但轻微些，多见呼吸系统和神经系统症状。可见较为严重的呼吸道症状（咳嗽、打喷嚏、流鼻涕）、神经症状（共济失调、瘫痪），部分鸡排出绿色腹泻物，中等程度死亡。蛋鸡产蛋量明显下降。

（3）迟发型　一般可引起食欲下降、轻微的呼吸道症状（咳嗽、打喷嚏、气管有啰音），少量出现神经症状和腹泻；蛋鸡产蛋量下降，可达5％~50％，甚至更高，也可能出现软壳蛋或畸形蛋，死亡率较低。

四、病理变化

剖检可见各处黏膜和浆膜出血，特别是腺胃乳头和贲门部出血。心包、气管、喉头、肠和肠系膜充血或出血。直肠和泄殖腔黏膜出血。卵巢坏死、出血，卵泡破裂性腹膜炎等。消化道淋巴滤泡的肿大出血和溃疡是新城疫的一个突出特征。盲肠扁桃体，在左右回盲口各一处，枣核样隆起，出血（而不是充血），坏死。

本病的主要病理变化是全身黏膜和浆膜出血，淋巴系统肿胀、出血和坏死，尤其以消化道和呼吸道最为明显。嗉囊充满酸臭味的稀薄液体和气体。食道与腺胃交界处、腺胃乳头、腺胃与肌胃交界处、肌胃角质膜下有出血或溃疡，这是新城疫的特征性病理变化。由小肠到盲肠和直肠黏膜有大小不等的出血点，肠黏膜上有纤维素性坏死性病理变化，有的形成假膜，假膜脱落后即呈枣核状溃疡，具有诊断意义。盲肠扁桃体常见肿大、出血和坏死。

气管出血或坏死，周围组织水肿。心冠脂肪可见针尖大小的出血点。产蛋母鸡卵泡和输卵管显著充血，卵泡膜极易破裂以致卵黄流入腹腔引起卵黄性腹膜炎。肝、脾、肾无特殊病理变化；脑膜充血或出血。

鸽新城疫的主要病理变化在消化道，如十二指肠、空肠、回肠、直肠、泄殖腔等多有出血性变化。有的在腺胃、肌胃角质膜下有少量出血点，颈部皮下广泛出血。

鹅感染新城疫时病理变化主要以消化道、脾脏、胰脏等广泛性渗出和坏死为特征。

五、诊断

根据本病的流行特点、典型临床症状和特征性病理变化，可做出初步诊断。确诊需进行实验室检查。病毒分离和鉴定是诊断新城疫最可靠的方法，常用的是鸡胚接种、血凝试验、血凝抑制试验、中和试验及荧光抗体技术。但应注意，从鸡体内分离出 NDV 不一定是强毒，还不能证明该鸡群流行新城疫。因为有的鸡群存在强毒和中等毒力的 NDV，必须针对分离的毒株做毒力测定后，才能做出确诊。还可应用 ELISA 和免疫组化来诊断本病。

常通过血清学诊断来判定，主要有血凝试验、血凝抑制试验、ELISA 等。

六、防治措施

1. 一般措施

新城疫的预防工作是一项综合性工程。饲养管理，防疫，消毒，免疫，治疗及监测 6 个环节缺一不可。目前国内生产和使用的疫苗有活疫苗和灭活疫苗两种，其中活疫苗有 5 种：Ⅰ系疫苗(Mukteswar 株)、Ⅱ系疫苗(B1 株)、Ⅲ系疫苗(F 株)、Ⅳ系疫苗(La Sota 株)和 V4 弱毒苗。其中Ⅰ系疫苗是中毒疫苗，绝大多数国家已禁止使用，Ⅱ、Ⅲ、Ⅳ系疫苗都是弱毒疫苗，大小鸡均可使用，多采用滴鼻、点眼、饮水方法，气雾免疫在鸡群存在支原体、大肠杆菌和其他呼吸道病毒感染时易诱发呼吸道疾病，使用时应注意。V4 弱毒疫苗具有耐热和嗜肠道的特点，适用于热带、亚热带地区的散养鸡群。灭活疫苗的质量取决于所含的抗原量和佐剂，市场上的产品差异很大。

不能单纯依赖疫苗来控制本病，还需要通过加强饲养管理和鸡舍卫生、注意饲料营养、减少应激来提高鸡群的整体健康水平；特别要强调全进全出和封闭式饲养制，提倡育雏、育成、成年鸡分场饲养方式。严格防疫消毒制度，杜绝强毒污染和入侵。建立科学的适合于本场实际的免疫程序，充分考虑母源抗体水平，疫苗种类及毒力，最佳剂量和接种途径，鸡种和年龄。坚持定期的免疫监测，随时调整免疫计划，使鸡群始终保持有效的抗体水平。一旦发生典型新城疫，应立即隔离和淘汰早期病鸡，全群紧急接种 3 倍剂量的 La Sota(Ⅳ系)活毒疫苗，必要时也可考虑注射Ⅰ系活毒疫苗。如果把 3 倍量Ⅳ系活疫苗与 ND 油乳剂灭活疫苗同时应用，效果更好。对发病鸡群投服多维和适当抗生素，可增加抵抗力，控制细菌感染。

2. 扑灭措施

发生新城疫后，应采取紧急措施，防止疫情扩大。

①应采取隔离饲养：一旦确诊，应及时上报当地政府，划定疫区进行封锁。

②受威胁鸡群尽快用新城疫疫苗紧急接种：一般用Ⅳ系疫苗或克隆-30 等 3~4 倍量紧急接种。

③其他：对场地、物品、用具、鸡笼、鸡舍等严格消毒，做好病死禽的无害化处理。当疫区内最后一只病鸡死亡或扑杀后，经过 2 周的观察，如果再无新的病例出现，经严格的终末消毒后，方可解除封锁。

情景二　禽流感

禽流感(AI)又称真性鸡瘟或欧洲鸡瘟，是禽流行性感冒的简称，它是一种由 A 型流感病毒引起的人和多种禽类急性、热性、高度接触性传染性疾病。禽类感染后，可表现为无症状带毒、亚临床症状、轻度呼吸系统疾病、产蛋下降或急性全身致死性疾病。有H5、H7、H9三个型和多个亚型，常见有H5N1、H5N2、H5N3、H7N1、H7N2、H7N3、H7N7、H7N9、H9N2、H9N3等，对禽类有着很大的危害，并且感染人。

一、病原

流感病毒属于正黏病毒科，典型的病毒粒子呈球形，有囊膜，囊膜上有两种不同类型的呈辐射状致密镶嵌的纤突：一种是血凝素（HA），是棒状的糖蛋白多聚体；另一种是神经氨酸酶（NA），呈蘑菇状，是完全不同于某些正常细胞中相应酶的糖蛋白多聚体。HA在4℃条件下能凝集马、驴、猪、羊、牛、鸡、鸽、豚鼠和人的红细胞，但在37℃时，由于NA对受体的破坏作用，使病毒迅速从红细胞中释放。根据此特性可应用血凝试验和血凝抑制试验诊断。

流感病毒对外界环境的抵抗力不强，对乙醚、丙酮等有机溶剂敏感，对热也敏感。56℃ 30min或60℃ 20min可使病毒灭活。一般消毒剂对病毒均有作用。

二、流行病学

1. 易感动物

禽流感主要以鸡、鸭和火鸡最易感，珍珠鸡、鹌鹑、雉鸡、鹧鸪、八哥、孔雀、鸭、鹅及各种候鸟都可感染发病。据国外报道，已发现带毒的鸟类达88种之多。我国在17种野鸟中发现禽流感病毒。

2. 传染源

病禽和带毒禽是主要的传染源，病愈后可长期带毒。病毒存在于病禽和带毒禽的鼻液或气管、支气管渗出液以及肺和肺淋巴结内。

3. 传播途径

主要的传播途径是经呼吸道传播。禽流感病毒除可通过呼吸道传播外，还可通过病禽的各种排泄物、分泌物和尸体等污染饮水和饲料，经消化道或经伤口传播。没有证据表明禽流感病毒可以垂直传播。

4. 流行特点

本病多发在秋末、春初气候骤变的季节和寒冷冬季。一般情况下，禽流感只在禽间发生传播和流行。饲养管理、环境卫生条件差、营养不良、体内外寄生虫病都可促进本病的发生和流行。常呈地方流行性或大流行性。

三、临床症状

1. 鸡

潜伏期为3~5d。

①高致病性禽流感：常突然暴发，流行初期的急性病例可出现无任何征兆突然死亡。病程稍长的，出现体温升高，达41.5℃以上，精神沉郁，食欲减退或废绝，羽毛松乱，头翅下垂，呈昏睡状态。冠与肉髯呈黑紫色，有淡色的皮肤坏死区。头、颈部出现水肿，眼睑、冠髯和跗关节肿胀，结膜发炎，分泌物增多，鼻有黏液性分泌物，病鸡常甩头，企图

甩出分泌物。口腔黏膜有出血点，甚至有纤维蛋白渗出物。腿部角质鳞片下出血。产蛋鸡产蛋下降。病死率可达50%～100%。

②亚急性禽流感：病鸡有的出现神经症状，惊厥，瘫痪，失明，共济失调。病程往往很短，常于症状出现后数小时内死亡。

③温和性禽流感：表现从无症状直至严重的呼吸道症状，蛋鸡产蛋量明显下降。病死率0～15%。

2. 鸭

潜伏期与病毒毒株的强弱、感染剂量、感染途径有关。短的几小时，长的可达数天。

有些雏鸭感染后，无明显症状，很快死亡，但多数病鸭会出现呼吸道症状。病初打喷嚏，鼻腔内有浆液性或黏液性分泌液，鼻孔经常堵塞，呼吸困难，常有摆头、张口喘息症状。一侧或两侧眶下窦肿胀。

慢性病例，羽毛松乱，消瘦、生长发育缓慢。

四、病理变化

头、脸、眼睑、冠、肉髯等地方水肿、瘀血、出血，眼角膜混浊，眼结膜出血。皮下出血、水肿。有鼻炎、鼻窦炎、气管炎、气囊炎、肺出血、水肿。肝、肾、脾、肠等内脏器官广泛性严重出血和炎症。脾脏有灰白色斑点样坏死，胰脏有褐色斑点样出血、变性、坏死；法氏囊出血；从口腔至泄殖腔整个消化道黏膜出血、溃疡或有灰白色斑点、条纹样膜状物(坏死性伪膜)。其他组织器官也可见出血，并常可见有明显的纤维素性腹膜炎、气囊炎等。有的病鸡心肌有灰白色坏死性条纹。

*五、实验室诊断

常用的诊断方法有PCR、间接ELISA、血凝抑制试验等。

根据病的流行特点、临床表现和病理变化可做出初步诊断，确诊有赖于实验室诊断。

1. 病毒的分离和鉴定

用灭菌棉拭子取鼻咽部分泌物，置于1～2mL的肉汤中，每毫升肉汤中加青霉素1万U、硫酸链霉素2mg、庆大霉素1mg、卡那霉素650μg、两性霉素B 20μg，以控制细菌和霉菌的污染。或者将病变的组织磨碎后用上述肉汤制成10%悬液，离心沉淀除去组织碎屑，每份病料以各0.2～0.3mg剂量接种于孵化9～11日龄的鸡胚尿囊腔和羊膜腔内，在37℃培养4d，收获24h以后的死胚及培养4d仍存活的鸡胚尿囊液，分装标记后，稀释鸡胚液，测其血凝价。如尿囊液为HA阴性，则应再同以上方法盲传2～3代，以免病毒量小而将病毒丢失。

2. 血凝和血凝抑制试验

在证明鸡胚液有HA活性之后，首先要排除新城疫病毒，取1滴1∶10稀释的正常鸡血清(最好是SPF鸡血清)和1滴新城疫抗血清，置于一块玻璃板上，将有HA活性的鸡胚液各1滴分别与上述血清混合，再各加上1滴5%鸡红细胞悬液。如果这2滴血清中都出现HA活性，即证明没有新城疫病毒的存在。如果新城疫抗血清抑制了HA活性，即证明有新城疫病毒的存在。

琼脂扩散试验也可用于检测禽类血清中的抗体,效果较好,但不能分辨病毒的亚型。此外,病毒的中和试验、反转录-聚合酶链反应(RT-PCR)、神经氨酸酶抑制试验、ELISA等也可以用于诊断。

3. 鉴别诊断

本病易与新城疫、鸡传染性喉气管炎、产蛋下降综合征及鸡传染性支气管炎等相混淆,应注意鉴别诊断,禽流感与新城疫、鸡传染性喉气管炎鉴别诊断见表4-1和表4-2。

表4-1 禽流感(AI)与新城疫(ND)的鉴别诊断

鉴别项目	AI	ND
鸡冠、肉垂、眼睑肿胀	+++	-
气囊壁增厚、纤维素性渗出	+++	
出血性素质	++++	++
心肌弛缓、柔软	+++	
肠管伪膜性、溃疡性病变	-	+++
心脏、肝脏灶状坏死	+++	
肝脏的铁反应	++++	++
脾脏的铁反应	在动脉管周围	在红髓区内
肾小球坏死	++++	-
肾髓质及集合管坏死	++++	+
淋巴组织坏死	+	+++
脑神经细胞坏死	+++	+
脚鳞出血	++	
鸡新城疫血凝抑制试验	-	
禽流感血凝抑制试验	+	
禽流感琼脂扩散试验		
凝集马、驴、骡、绵羊、山羊红细胞	+	-

表4-2 禽流感(AI)与鸡传染性喉气管炎(ILT)的鉴别诊断

鉴别项目	AI	ILT
呼吸困难	++	++++
咳出血样渗出物	-	++
鸡冠、肉垂、头、颈肿胀	+++	-
喉头、气管内干酪样凝固物	+	++++

(续)

鉴别项目	AI	ILT
出血性素质（皮下及胸内脂肪、腺胃及泄殖腔等处）	+++	-
喉头、气管上皮细胞核内包涵体	-	+
禽流感琼脂扩散试验	+	-
禽流感血凝抑制试验	+	-
鸡传染性喉气管炎琼脂扩散试验	-	+

注：特别需要注意的是进行高致病性禽流感的诊断和病原操作时，一定要按《国家高致病性禽流感防治技术规范》的相关规定进行。病原学诊断由禽流感国家参考实验室进行。

六、防治措施

(1) 该病无有效治疗方法 一旦出现疑似病例，立即向上级有关部门报告，及时确诊。一旦确诊，立即进行封锁，扑杀以疫点为中心3km范围内所有禽类，禁止所有禽、蛋外流，消毒处理并深埋所有禽类尸体。进行全范围内的大消毒。3km外的禽类全部进行紧急免疫。待疫情完全消失并在21d内无新病例出现，报上级有关部门同意后进行终末消毒，解除封锁。

(2) 预防
① 加强饲养管理和营养供应，加强消毒。
② 免疫接种：14日龄皮下注射禽流感疫苗进行首免，45日龄皮下注射禽流感疫苗进行二免。土蛋鸡、种鸡在产蛋前2周皮下注射禽流感疫苗进行再次免疫。

情景三 鸡传染性喉气管炎

鸡传染性喉气管炎（AILT）是由传染性喉气管炎病毒引起的一种急性、接触性上部呼吸道传染病。其特征是呼吸困难、咳嗽和咳出含有血样的渗出物。剖检时可见喉部、气管黏膜肿胀、出血和糜烂。本病传播快，死亡率较低，在我国较多地区发生和流行，危害养鸡业的发展。

一、病原

鸡传染性喉气管炎的病原是鸡传染性喉气管炎病毒，属疱疹病毒Ⅰ型，病毒核酸为双股DNA。该病毒只有1个血清型，但有强毒株和弱毒株之分，不同毒株间的毒力和致病性差异较大，给本病的控制带来一定难度。病毒对脂类溶剂、热和各种消毒剂均敏感，但在20～60℃较稳定，在乙醚中24h后丧失感染性。55℃ 10～15min，30℃ 48h可灭活；3%甲酚或1%碱溶液中1min可杀死病毒。

二、流行病学

1. 易感动物

在自然条件下，本病主要侵害鸡，各种年龄及品种的鸡均可感染。但以成年鸡症状最为明显。幼龄火鸡、野鸡、鹌鹑和孔雀也可感染。鸭、鸽、珍珠鸡和麻雀不易感，哺乳动物不易感。

2. 传染源

病鸡、康复后的带毒鸡和无症状的带毒鸡是主要传染源。

3. 传播途径

经呼吸道及眼传染，也可以经消化道感染。由呼吸器官及鼻分泌物污染的垫草、饲料、饮水及用具可成为传播媒介，人及野生动物的活动也可机械地传播。种蛋蛋内及蛋壳上的病毒不能传播，因为被感染的鸡不存在出壳前死亡。

4. 流行特点

本病一年四季均可发生，秋、冬寒冷季节多发。鸡群拥挤、通风不良、饲养管理不善、维生素A缺乏、寄生虫感染等，均可促进本病的发生。此病在同群鸡传播速度快，群间传播速度较慢，常呈地方流行性。本病感染率高，但致死率较低。

三、临床症状

自然感染的潜伏期为6～12d，人工气管内接种为2～4d。由于病毒的毒力不同、侵害部位不同，传染性喉气管炎在临床上可分为喉气管型和结膜型，由于病型不同，所呈现的症状也不完全一样。

1. 喉气管型（急性型）

本型是由高度致病性病毒株引起的主要在成年鸡发生，传播迅速，短期内全群感染，其特征是呼吸困难、抬头伸颈，并发出响亮的喘鸣声，表情极为痛苦，有时蹲下，身体就随着一呼一吸而呈波浪式的起伏；咳嗽或摇头时，咳出血痰，血痰常附着于墙壁、水槽、食槽或鸡笼上，个别鸡的嘴有血染。将鸡的喉头用手向上顶，令鸡张开口，可见喉头周围有泡沫状液体，喉头出血。若喉头被血液或纤维蛋白凝块堵塞，病鸡会窒息死亡，死亡鸡的鸡冠及肉髯呈暗紫色，死亡鸡体况较好，死亡时多呈仰卧姿势。

2. 结膜型（温和型）

本型是由低致病性病毒株引起的，主要为30～40日龄的雏鸡发生，症状较轻。其特征为眼结膜炎，眼结膜红肿，1～2d后流眼泪，眼分泌物从浆液性到脓性，最后导致眼盲，眶下窦肿胀。产蛋鸡产蛋率下降，畸型蛋增多。

四、病理变化

1. 喉气管型

最具特征性病变在喉头和气管。在喙的周围常附有带血的黏液。在喉和气管内有卡他性或卡他出血性渗出物，渗出物呈血凝块状堵塞喉和气管。或在喉和气管内存有纤维素性的干酪样物质，呈灰黄色附着于喉头周围，很容易从黏膜剥脱，堵塞喉腔，特别是堵塞喉裂部。干酪样物从黏膜脱落后，黏膜急剧充血，轻度增厚，散在点状或斑状出血，气管的上部气管环出血。产蛋鸡卵巢异常，出现卵泡变软、变形、出血等。

2. 结膜型

温和型病例一般只出现眼结膜和眶下窦上皮水肿和充血，有时角膜混浊，眶下窦肿胀，有干酪样物质。有些病鸡的眼睑，特别是下眼睑发生水肿，而有的则发生纤维素性结膜炎，角膜溃疡。有的则与喉、气管病变合并发生。

五、诊断

本病突然发生，传播快，成年鸡多发，发病率高，死亡率低。临床症状较为典型：张口呼吸，气喘，有干啰音，咳嗽时咳出带血的黏液。喉头及气管上部出血明显。根据上述症状及剖检变化可初步诊断为传染性喉气管炎，确诊需进行实验室检查。

六、防治措施

1. 预防

(1) 预防采取综合防治措施　平时加强饲养管理、改善鸡舍通风，注意环境卫生，不引进病鸡，并严格执行消毒卫生措施。由于带毒鸡是本病的主要传染源之一，故有易感性的鸡不可和病愈鸡或来历不明的鸡接触。新购进的鸡必须用少量的易感鸡与其做接触感染试验，隔离观察2周，易感鸡不发病，证明不带毒，此时方可合群。

(2) 免疫预防　在本病流行的地区可接种疫苗，目前使用的疫苗有2种。

① 弱毒疫苗：系在细胞培养上继代致弱的，或在鸡的毛囊中继代致弱的，或在自然感染的鸡只中分离的弱毒株。弱毒疫苗首免在28日龄左右，二免在首免后6周，即鸡只70日龄左右进行，最佳接种途径是点眼，但可引起轻度的结膜炎且可导致暂时的盲眼，如有继发感染，甚至可引起1％～2％的死亡。因此所使用的疫苗必须严格按使用说明进行，并结合当地情况，同时做好卫生管理工作。

② 强毒疫苗：只能作擦肛用，绝不能将疫苗接种到眼、鼻、口等部位，否则会引起疾病的暴发。擦肛后3～4d，泄殖腔会出现红肿反应，此时就能抵抗病毒的攻击。强毒疫苗免疫效果确实，但未确诊有此病的鸡场、地区不能用。一般首免可在4～5周龄时进行，12～14周龄时再接种1次。肉鸡首免可在5～8日龄进行，4周龄时再接种1次。

由于弱毒疫苗可能会造成病毒的终生潜伏，偶尔活化和散毒，因此，应用生物工程技术生产的亚单位疫苗、基因缺失疫苗、活载体疫苗、病毒重组体疫苗将具有广阔的应用前景。

2. 治疗

发病鸡群可采取对症治疗的方法。

本病尚无有效治疗方法，鸡群一旦发病，应及时隔离淘汰。病鸡群每天用高效消毒药进行至少1次带鸡消毒，同时投服泰乐菌素、红霉素、阿莫西林等抗菌药物，防止细菌继发感染，配合化痰止咳的中药，可缓解症状，减少死亡。

情景四　鸡传染性支气管炎

鸡传染性支气管炎(IB)是由传染性支气管炎病毒引起的鸡的一种急性、高度接触性呼吸道传染病。其临床特征是呼吸困难、啰音、咳嗽、张口呼吸、打喷嚏。死亡率一般很低，但有继发感染则死亡率增高。产蛋鸡感染通常出现产蛋量降低，蛋的品质下降，产畸形蛋。

一、病原

传染性支气管炎病毒属于冠状病毒。本病毒对环境抵抗力不强，对普通消毒药敏感，对低温有一定的抵抗力。该病毒具有很强的变异性，目前世界上已分离出30多个血清型。在这些毒株中多数能使气管产生特异性病变，但也有些毒株能引起肾脏病变和生殖道病变。

二、流行病学

1. 易感动物
自然条件下只感染鸡，各种年龄的鸡都易感染，但不同品种的鸡易感性有所不同。

2. 传染源
病鸡及其分泌物、带毒的鸡（病鸡康复后可带毒几个月）。

3. 传播途径
本病主要通过空气传播，也可以通过饲料、饮水、垫料等传播。饲养密度过大、多热、过冷、通风不良等可诱发本病。1日龄雏鸡感染时刻使输卵管发生永久性的损伤，形成假母鸡。

4. 流行特点
本病一年四季均能发生，但以冬、春季节多发。鸡群拥挤、过热、过冷、通风不良、温度过低、缺乏维生素和矿物质，以及饲料供应不足或配合不当，均可促使本病的发生。

三、临床症状

本病自然感染的潜伏期为36h或更长一些。本病的发病率高，雏鸡的死亡率可达25%以上，但6周龄以上的死亡率一般不高，病程一般多为1~2周，呼吸型与肾型的症状不尽相同，现分述如下。

1. 呼吸型
不同日龄的鸡都可发病，常突然发病，出现呼吸道症状，可迅速波及全群，病程为10~15d。幼雏表现为伸颈、张口呼吸、咳嗽，有"咕噜"音，尤以夜间最清楚。随着病情的发展，全身症状加剧，病鸡精神萎靡，食欲废绝，羽毛松乱，翅下垂，昏睡，怕冷，常拥挤在一起。2周龄以内的病雏鸡，还常见鼻窦肿胀、流黏性鼻液、流泪等症状，病鸡常甩头。稍大日龄鸡呼吸道症状相同但较轻，通常无鼻涕。雏鸡的死亡率随年龄的增大而降低，1周龄以内的死亡率可达80%以上，6周龄以上的死亡率很低。2周龄内的雏鸡感染后可导致输卵管永久性损伤，虽然外观发育良好，却不能产蛋，成为"假性产蛋鸡"。有的毒株引起面部肿胀、气囊炎，并且在育成鸡和成年鸡群中病死率也不同。

产蛋鸡感染后呼吸道症状较轻，在夜间处于安静的情况下倾心细听鸡群有轻微啰音，不留意很可能将此病忽略。产蛋量下降25%~50%，可持续4~8周，同时产软壳蛋、畸型蛋或砂壳蛋，蛋白稀薄如水样，蛋黄与蛋白分离以及蛋白粘壳等。康复后的蛋鸡产蛋量很难恢复到患病前的水平。

2. 肾型

多发于20~50日龄的幼鸡。在感染肾型传支毒株时，病鸡除有呼吸道症状外，肾脏功能受到损害，还可引起肾炎和肠炎。肾型传支的症状呈二相性：第一阶段有几天呼吸道症状，随后又有几天症状消失的康复阶段；第二阶段就开始排水样白色或绿色粪便，并含有大量尿酸盐。病鸡失水，表现虚弱嗜睡，鸡冠褪色或呈紫蓝色。肾型传支的病程一般比呼吸型稍长，死亡率也高（20%~30%），康复后形成假母鸡。

四、病理变化

不同的临床型有不同的病理变化特征。

1. 呼吸型

呼吸道严重损伤并伴有轻微的肾脏损伤。主要病变见于气管、支气管、鼻腔、肺等呼吸器官。鼻腔、鼻窦、气管和支气管黏膜呈卡他性炎症，有浆液性或干酪样渗出物，气囊可呈现混浊或含有黄色干酪样渗出物。有时气管环出血，管腔中有黄色或黑黄色栓塞物，幼雏鼻腔、鼻窦黏膜充血，鼻腔中有黏稠分泌物，肺脏水肿或出血。患鸡输卵管发育受阻，变细、变短或成囊状。对于产蛋鸡，其病变卵巢充血、出血、变形，卵黄掉入腹腔内形成干酪样物，有的输卵管发炎、萎缩，管壁变薄，或出现输卵管囊肿。

2. 肾型

肾脏损伤严重，而呼吸道损伤较轻。可引起肾脏肿大，呈苍白色，肾小管和输尿管充满尿酸盐结晶，扩张，外形呈白线网状，俗称花斑肾。严重的病例在心包和腹腔脏器表面均可见白色的尿酸盐沉着。有时还可见法氏囊黏膜充血、出血，囊腔内积有黄色胶冻状物；肠黏膜呈卡他性炎变化，全身皮肤和肌肉发绀，肌肉失水。

五、防治措施

本病目前尚无有效治疗方法，以预防为主。本病预防应考虑减少诱发因素，提高鸡只的免疫力。

（1）做好雏鸡饲养管理，清洗和消毒鸡舍后，引进无传染性支气管炎病疫情鸡场的鸡苗。

（2）鸡舍注意通风换气，防止过于拥挤，注意保温。

（3）适当补充雏鸡日粮中的维生素和矿物质。

（4）制订合理的免疫程序。

疫苗接种是目前预防传染性支气管炎的一项主要措施。目前用于预防传染性支气管炎的疫苗种类很多，可分为灭活疫苗和弱毒疫苗两类。

①灭活疫苗：单独的传支灭活疫苗市场上很少见，一般为联合疫苗，如新支减、新支法等。

②弱毒疫苗：单价弱毒疫苗目前应用较为广泛，常用疫苗有Ma5、H120、H52株。

情景五　传染性法氏囊病

传染性法氏囊病是由病毒引起幼鸡的一种免疫抑制性、高度接触性传染病。本病临床症状特征为发病突然，传播迅速，严重腹泻。特征性的病理变化为法氏囊水肿，出血，肾脏肿大，肾脏和输尿管有尿酸盐沉积，胸肌和腿肌出血。

本病造成的经济损失巨大，一方面是鸡只死亡、淘汰率增加、影响增重等所造成的直接损失；另一方面是免疫抑制，使接种了多种疫苗的鸡免疫应答反应下降，或无免疫应答，也由于免疫机能下降，患鸡对多种病原的易感性增加。目前本病在世界上养鸡的国家和地区广泛流行，也是近年来严重威胁我国养鸡业的重要传染病之一。我国将其列入二类动物疫病。

一、病原

传染性法氏囊病毒（IBDV）属于双 RNA 病毒科禽双 RNA 病毒属。病毒是单层衣壳，无囊膜，无红细胞凝集特性。病毒对外界环境因素的抵抗力强。耐干燥，鸡舍中的病毒可存活 2~4 个月。病毒耐热，耐阳光及紫外线照射。56℃加热 5h 仍存活，60℃可存活 0.5h，70℃则迅速灭活。病毒对乙醚和氯仿不敏感。对煤酚皂溶液、过氧乙酸、福尔马林消毒液敏感。

二、流行病学

1. 易感动物

自然条件下，本病只感染鸡，所有品种的鸡均可感染，本病仅发生于 2~15 周的鸡，3~6 周龄为发病高峰期。

2. 传染源

病鸡及其污染物、带毒的鸡。

3. 传播途径

病毒主要随病鸡粪便排出，污染饲料、饮水和环境，使同群鸡经消化道、呼吸道和眼结膜等感染；各种用具、人员及昆虫也可以携带病毒，扩散传播；还可经蛋传递。

三、临床症状

本病的急性感染以突然发病为特征，表现为鸡群突然大批发病，2~3d 内可波及 60%~70% 的鸡，发病后 3~4d 死亡达到高峰，7~8d 后死亡停止。

病初精神沉郁，采食量减少，饮水增多。有些自啄肛门，排白色水样稀粪，重者脱水，卧地不起，极度虚弱，最后死亡。耐过雏鸡贫血，消瘦，生长缓慢。

四、病理变化

法氏囊发生征性病变，初期法氏囊肿大呈黄色胶冻样水肿、质硬、黏膜上覆盖有奶油色纤维素性渗出物。有时法氏囊黏膜严重发炎，出血，坏死，后期萎缩。病死鸡表现脱水，腿部和胸部肌肉常有出血，颜色暗红。肾肿胀，输尿管和肾小管充满白色尿酸盐。腺胃和肌胃交界处黏膜出血。

五、诊断

根据本病的流行特点、临床症状和病理变化，可做出诊断。由 IBDV 变异株感染的鸡，只有通过法氏囊的病理组织学观察和病毒分离才能做出诊断。

1. 病毒的分离鉴定

IBDV 在早期引起全身性感染，其中法氏囊和脾中的含毒量最高，其次为肾脏。因脾污染杂菌的机会较少，所以常用脾来分离病毒。用 SPF 鸡胚或不带母源抗体的鸡胚，在 9～11 日龄时经绒毛尿囊膜接种，被接种鸡胚常在 3～7d 死亡。鸡胚出现腹部水肿，皮肤充血、出血，肝有斑点状坏死和出血斑，肾充血并有少量斑状坏死，肺高度充血，脾苍白并偶有小坏死点，趾关节和脑部偶有出血，绒毛尿囊膜偶有小出血点，鸡胚的法氏囊没有明显变化。分离出的病毒可经过中和试验方法鉴定。

2. 琼脂扩散试验（AGP）

常用于 IBD 的诊断。可以检测康复鸡的 IBDV 的群特异性抗体，采集接种标准强毒后 3～4d 的法氏囊匀浆制备抗原。法氏囊匀浆用灭菌盐水 1∶1 混匀，反复冻融 3 次，离心取上清液作抗原。试验时将待检血清做 2 倍系列稀释，沉淀抗体在感染后的 7～10d 可被检出，并维持 1 年以上。也可用标准血清来检测 IBDV 群特异性抗原。

其他实验室诊断方法如荧光抗体技术、中和试验、免疫组化、ELISA、对流免疫电泳等均可用于本病的诊断。但是，在本病的抗体检测中，无论哪种方法，一般都无法区分免疫抗体和自然感染抗体，因此应根据具体情况对所测结果进行分析，最后做出正确诊断。

3. 鉴别诊断

本病主要应与雏鸡白痢、肾型传染性支气管炎相区别。

六、防治措施

(1) 加强管理　做好消毒、卫生工作，防止从外边把病带入鸡场，一旦发生本病，及时处理病鸡，进行彻底消毒。

(2) 预防接种　预防接种是预防传染性法氏囊病的一种有效措施。目前我国批准生产的疫苗有弱毒疫苗和灭活疫苗。常用疫苗有中等毒力疫苗 D78 和灭活疫苗，还有灭活的新支法三联疫苗。

①中等毒力株弱毒活疫苗：供各种有母源抗体的鸡使用，可点眼、口服、注射。饮水免疫，D78 疫苗剂量不需要加倍。

②灭活疫苗：使用时应与传染性法氏囊病活疫苗配套。传染性法氏囊病免疫效果受免疫方法、免疫时间、疫苗选择、母源抗体等因素的影响。其中母源抗体是非常重要的因素。有条件的鸡场应依测定母源抗体水平的结果，制订相应的免疫程序。

(3) 免疫程序(供参考)　有母源抗体的雏鸡，14～21 日龄用弱毒疫苗或中等毒力疫苗首次免疫，必要时 2～3 周后加强免疫 1 次。种鸡则在 10～12 周龄用中等毒力疫苗免疫 1 次，18～20 周龄用灭活苗注射免疫 1 次。

情景六　马立克氏病

马立克氏病(MD)是由疱疹病毒引起的一种传染病，马立克氏病病毒属于B群疱疹病毒，具有很强的细胞结合能力。其特征为：病鸡的外周神经、性腺、虹膜、各种脏器、肌肉和皮肤等部位出现单核细胞浸润和形成肿瘤病灶。

一、病原

马立克氏病病毒(MDV)属于疱疹病毒科α-疱疹病毒，双股DNA，属于细胞结合性疱疹病毒B群。根据MDV毒株的抗原差异可分为3个血清型，即血清1型、2型和3型。MDV对外界环境抵抗力强，污染的垫料和羽屑在室温下其传染性可保持4~8个月，在4℃至少保持10年，常随鸡的皮屑及灰尘散播，在传播本病方面有极其重要的作用。常用的消毒剂，如5%福尔马林、3%来苏儿、2%氢氧化钠等10min即可杀死病毒。

二、流行病学

1. 易感动物

鸡和火鸡易感。另外，雉鸡、鸽、鸭、鹅等多种禽类也可感染。本病最易发生在2~5月龄的鸡。

2. 传染源

病鸡和带毒的鸡及它们的排泄物、皮屑、羽毛等。

3. 传播途径

主要通过空气传播。绝大多数鸡在早期吸入有传染性病毒的皮屑、飞尘和羽毛引起感染。带毒鸡舍的工作人员的衣服、鞋靴以及鸡笼、车辆都可成为该病的传播媒介。

4. 流行特点

各种环境因素如存在应激、并发感染、饲养管理不当、密度过大等都可使马立克氏病的发病率和死亡率升高。鸡群中存在法氏囊病毒、鸡传染性贫血病毒、呼肠孤病毒科、球虫等引起严重免疫抑制的感染均可加重马立克氏病的损失。

三、临床症状

根据症状和病变发生的主要部位，本病在临床上分为4种类型：神经型(古典型)、内脏型(急性型)、眼型和皮肤型。有时可以混合发生。

①神经型：主要侵害外周神经，以坐骨神经最为常见。病鸡步态不稳，发生不完全麻痹，后期则完全麻痹，不能站立，蹲伏在地上，臂神经受侵害时则被侵侧翅膀下垂，呈一腿伸向前方，另一腿伸向后方的特征性劈叉姿态；当侵害支配颈部肌肉的神经时，病鸡发生头下垂或头颈歪斜；当迷走神经受侵时则可引起失声、嗉囊扩张以及呼吸困难；腹神经受侵时则常有腹泻症状。

②内脏型：多呈急性暴发，常见于幼龄鸡群，开始以大批鸡精神委顿为主要特征，几天后部分病鸡出现共济失调，随后出现单侧或双侧肢体麻痹。部分病鸡死前无特征性临床

症状，很多病鸡表现脱水、消瘦和昏迷。

③眼型：出现于单眼或双眼，视力减退或消失。虹膜失去正常色素，呈同心环状或斑点状以至弥漫的灰白色。瞳孔边缘不整齐，到严重阶段瞳孔只剩下一个针头大的小孔。

④皮肤型：此型一般缺乏明显的临床症状，往往在宰后拔毛时发现羽毛囊增大，形成淡白色小结节或瘤状物。此种病变常见于大腿部、颈部及躯干背面生长粗大羽毛的部位。

四、病理变化

病鸡最常见的病变表现在外周神经损伤，主要有腹腔神经丛、坐骨神经丛、臂神经丛和内脏大神经等，多呈单侧性损伤。受损神经增粗，呈黄白色或灰白色，横纹消失，有时有水肿。内脏器官中以卵巢的受害最为常见，其次为肾、脾、肝、心、肺、胰、肠系膜、腺胃、肠道和肌肉等。在上述组织中长出大小不等的肿瘤块，呈灰白色，质地坚硬而致密。有时肿瘤组织在受害器官中呈弥漫性增生，整个器官变大。皮肤病变多是炎症性的，皮肤羽囊的周围出现肿瘤。

五、防治措施

1. 加强饲养管理和卫生管理

坚持自繁自养，全进全出的饲养制度；避免不同日龄鸡混养；实行网上饲养和笼养，减少鸡只与羽毛粪便接触；严格卫生消毒制度，常选用熏蒸消毒法，尤其是种蛋、出雏器和孵化室的消毒；消除各种应激因素；加强检疫，及时淘汰病鸡和阳性鸡。

2. 疫苗接种

疫苗接种是防治本病的关键。疫苗接种应在1日龄进行，常用疫苗有火鸡疱疹病毒冻干疫苗（HVT）、二价疫苗（Ⅱ型和Ⅲ型组成）、液氮疫苗CVI988。其中二价疫苗和液氮疫苗CVI988疫苗比HVT疫苗的免疫效果好，目前多用液氮疫苗CVI988。

情景七　产蛋下降综合征

产蛋下降综合征是由禽腺病毒引起的一种急性病毒性传染病。因在1976年首次被发现，特命名为产蛋下降综合征（EDS-76）。其主要特征是当产蛋鸡产蛋量达到高峰时突然下降、蛋壳异常、蛋体畸形、蛋质低劣。

我国在1991年从发病鸡群分离到病毒，证实有本病存在，流行广泛，曾经给养禽业造成巨大的损失。我国将其列入二类动物疫病。

一、病原

产蛋下降综合征病原是腺病毒科禽腺病毒属Ⅲ群的病毒。EDS-76病毒含红细胞凝集素，能凝集鸡、鸭、鹅的红细胞，故可用于血凝试验及血凝抑制试验，血凝抑制试验具有较高的特异性，可用于检测鸡的特异性抗体。而其他禽腺病毒，主要是凝集哺乳动物红细胞，这与产蛋下降综合征病毒不同。EDS-76病毒有抗醚类的能力，在50℃条件下，对乙醚、氯仿不敏感。对不同范围的pH值，病毒性质稳定。加热到56℃可存活3h，60℃ 30min丧失致病力，70℃ 20min则完全被灭活。在室温条件下至少存活6个月以上。

二、流行病学

1. 易感动物

EDS-76病毒的主要易感动物是鸡。其自然宿主是鸭或野鸭。鸭感染后虽不发病，但长期带毒，带毒率可达85%以上。不同品系的鸡对EDS-76病毒的易感性有差异，26～35周龄的所有品系的鸡都可感染，尤其是产褐壳蛋的肉用种鸡和种母鸡最易感，产白壳蛋的母鸡患病率较低。

2. 传染源

病鸡、带毒的鸡及其排泄物。

3. 传播途径

主要是垂直传播，通过胚胎感染雏鸡；也可以水平传播，经消化道和呼吸道传播。感染鸡可通过种蛋和种公鸡的精液传递。鸡的输卵管、泄殖腔、粪便、咽黏膜、白细胞、肠内容物等可分离到EDS-76病毒。病毒可通过这些途径向外排毒，污染饲料、饮水、用具，种蛋经水平传播使其他鸡感染。

4. 流行特点

病毒的毒力在性成熟前的鸡体内不表现出来，产蛋初期的应激反应，致使病毒活化而使产蛋鸡发病。产蛋量急剧下降，出现无壳软蛋或薄壳蛋等异常蛋。

三、临床症状

病鸡临床症状不明显，仅产蛋鸡表现产蛋量下降。最初症状是有色蛋壳的色泽消失，出现薄壳、软壳、无壳蛋和小型蛋。薄壳蛋蛋壳粗糙像砂纸，或蛋壳一端有粗颗粒，蛋白呈水样。蛋壳无明显异常的种蛋受精率和孵化率一般不受影响。病程持续4～10周，产蛋率下降幅度达10%～40%，发病后期产蛋率会回升；有的达不到预定的产蛋水平，或开产期推迟，有的出现一过性腹泻。

四、病理变化

本病常缺乏明显的病理变化，重症死亡的病例常因腹膜炎或输卵管炎引起，剖检可发现肝脏肿大，胆囊明显增大，充满淡绿色胆汁；输卵管各段黏膜发炎、水肿、萎缩；病鸡的卵巢萎缩变小，或有出血；子宫黏膜发炎，肠道出现卡他性炎症。组织学检查，子宫输卵管腺体水肿，单核细胞浸润，黏膜上皮细胞变性、坏死，子宫黏膜及输卵管固有层出现浆细胞、淋巴细胞和异嗜细胞浸润，输卵管上皮细胞核内有包涵体，核仁、核染色质偏向核膜一侧，包涵体染色有的呈嗜酸性，有的呈嗜碱性。

五、诊断

产蛋鸡产蛋量突然下降，出现无壳软蛋、薄壳蛋、蛋壳色变淡，结合发病特点、症状、病理变化可做出初步诊断。确诊须进行血清学检查及病毒分离等方面进行分析判定。分离病毒时取发病初期的软壳蛋或薄壳蛋，处理后经鸭胚尿囊腔接种，收集尿囊液做血凝和血凝抑制试验。本病也可通过血凝抑制试验和琼脂扩散试验检测发病前后的抗体情况进行诊断。

六、防治措施

本病无特异性治疗方法。

①为避免垂直感染，应从非感染鸡群引种。采取综合防治措施，防止由带毒的粪便、蛋盘和运输工具传播该病；不要与其他禽类混养，隔离饲养。

②在鸡开产前2~4周，用产蛋下降综合征油乳剂灭活疫苗或含有产蛋下降综合征抗原的多联油乳剂灭活疫苗免疫，肌肉注射进行免疫。发病时，可用抗生素、维生素、矿物质等辅助治疗。

情景八　禽白血病

禽白血病是由禽白血病/肉瘤病毒群中的病毒引起的禽类多种肿瘤性疾病的总称。临床上主要是淋巴细胞性白血病、成红细胞白血病、成髓细胞白血病、骨髓细胞瘤、结缔组织瘤、骨细胞瘤、血管瘤、骨硬化病等。所有商品鸡均会发此病，但出现症状的病鸡数量不多。本病的危害主要是鸡群的生产性能下降，肉鸡表现为生长性能下降，产蛋鸡表现为产蛋率和蛋的品质下降。本病是一种慢性、免疫抑制性疾病，其特征是在成年鸡中产生各种肿瘤。我国将其列入二类动物疫病。

一、病原

禽白血病病毒(ALV)属于反转录病毒科禽C型反转录病毒群。禽白血病病毒与肉瘤病毒紧密相关，因此统称为禽白血病/肉瘤病毒。本类病毒对脂溶剂和去污剂敏感，对热的抵抗力弱。病毒材料需保存在-60℃以下，在-20℃保存则很快失去活性。本群病毒在pH 5~9之间稳定，对紫外线有较强的抵抗力。

二、流行病学

1. 易感动物

本病在自然情况下只有鸡能感染。在14周龄以下的鸡极为少见，至14周龄以后开始发病，在性成熟期发病率最高。不同品种或品系的鸡对病毒感染和肿瘤发生的抵抗力差异很大。母鸡的易感性比公鸡高，多发生在18周龄以上的鸡，呈慢性经过，病死率为5%~6%。

2. 传染源

主要是病鸡和带毒鸡。有病毒血症的母鸡，其整个生殖系统都有病毒繁殖，以输卵管的病毒浓度最高，特别是蛋白分泌部，因此其产出的鸡蛋常带毒，孵出的雏鸡也带毒。

3. 传播途径

主要是垂直传播，另外是接触性水平传播。

4. 流行特点

本病主要引起感染鸡在性成熟前后发生肿瘤死亡，感染率和发病死亡率高低不等。一些鸡感染后不一定发生肿瘤，但可造成产蛋性能下降甚至免疫抑制。

三、临床症状

淋巴细胞性白血病是最常见的一种病型。病鸡精神委顿，全身衰弱，进行性消瘦和贫血。鸡冠、肉髯苍白，皱缩，偶见发绀。病鸡食欲减少或废绝，腹泻，产蛋停止。腹部常明显膨大，用手按压可摸到肿大的肝脏，最后病鸡衰竭死亡。

四、病理变化

剖检可见肿瘤主要发生于肝、脾、肾、法氏囊，也可侵害心肌、性腺、骨髓、肠系膜和肺。肿瘤呈结节形或弥漫形，灰白色到淡黄白色，大小不一，切面均匀一致，很少有坏死灶。

五、诊断

临床诊断主要根据流行病学和病理学检查，诊断的要点是16周龄以上的鸡多发，呈渐进性消瘦，低死亡率，常能发现法氏囊结节性肿瘤。剖检常见大肝、大脾。本病需与马立克氏病做鉴别诊断，马立克氏病与本病的区别是比较明显的，马立克氏病传染性与死亡率均很高，有的伴有神经症状；灰眼与不对称的坐骨神经肿大是马立克氏病的特异性症状；确诊本病需要实验室诊断，主要包括病毒分离鉴定和血清特异抗体检测2种方法。

实际诊断中常根据血液学检查和病理学特征结合病原和抗体的检查来确诊。成红细胞性白血病在外周血液、肝及骨髓涂片，可见大量的成红细胞，肝和骨髓呈樱桃红色。成髓细胞性白血病在血管内外均有成髓细胞积聚，肝呈淡红色，骨髓呈白色。但病原的分离和抗体的检测是建立无白血病鸡群的重要手段。

六、防治措施

本病主要为垂直传播，病毒型间交叉免疫力很低，雏鸡对疫苗不产生免疫应答，所以对本病的控制尚无切实可行的方法。减少种鸡群的感染率和建立无白血病的种鸡群是控制本病的最有效措施。种鸡在育成期和产蛋期各进行2次检测，淘汰阳性鸡。从蛋清和阴道拭子试验阴性的母鸡选择受精蛋进行孵化，在隔离条件下出雏、饲养，连续进行4代，鸡群的白血病会显著降低。鸡场的种蛋、雏鸡应来自无白血病种鸡群，同时加强鸡舍孵化、育雏等环节的消毒工作，特别是育雏期的封闭隔离饲养有利于减少本病的发生。

情景九　禽痘

禽痘是由禽痘病毒属的病毒引起的禽类的一种接触传染病。其特征是在无毛或少毛的皮肤上发生痘疹，或在口腔、咽喉部黏膜形成纤维素性坏死性假膜，又名禽白喉。有的病禽，两者可同时发生。禽痘病毒和哺乳动物痘之间无交叉免疫。各种禽痘病毒之间抗原性极近似。病毒接种鸡胚，在鸡胚绒毛尿囊膜上可形成痘斑。我国将其列入二类动物疫病。

一、病原

禽痘病毒属于痘病毒科禽痘病毒属。禽痘病毒是以鸟类为宿主的痘病毒的总称。目前认为禽痘病毒中包括鸡、鸽、火鸡、金丝雀、鹌鹑、麻雀等痘病毒。在自然条件下每一种病毒只对同种宿主有易感性。不同的禽痘之间有一定的交叉保护。如鸡痘和鸽痘病毒两者在抗原上非常类似，鸽痘病毒对鸡的致病性很低，但具有很强的保护性，故可用鸽痘病毒制成疫苗用来预防鸡痘。病毒大量存在于病禽的皮肤和黏膜病灶中。病毒对外界自然因素抵抗力相当强，上皮细胞屑片和痘结节中的病毒可抗干燥数月不死；阳光照射数周仍可保持活力；60℃加热1.5h才能将其杀死；-15℃下保持多年仍有致病性。1‰氢氧化钠、1‰乙酸5～10min内可以杀死病毒。

二、流行病学

1. 易感动物

禽痘主要以鸡的易感性最高，不同年龄、性别和品种都可感染，其次是火鸡和野鸡（雉鸡），鸽、鹌鹑也有时发生，鸭、鹅等水禽虽也有发生，但无严重症状。鸡以雏鸡和中鸡最常发病，其中最易引起雏鸡大批死亡。

2. 传染源和传播途径

禽痘主要是通过机械性传播到受损伤的皮肤和黏膜而引起的，脱落和碎散的痘痂是病毒散布的主要形式。蚊子及体表寄生虫可传播本病。蚊子的带毒时间可达10～30d。

3. 流行特点

本病一年四季均可发生，以春、秋季和蚊子活跃的季节最易流行。拥挤、通风不良、阴暗、潮湿、体表寄生虫、维生素缺乏和饲养管理不良，可促使疾病的发生。鸡和火鸡的发病率一般很低，如有传染性鼻炎、慢性呼吸道等病合并感染，可造成大批死亡。鸽子的发病率和死亡率与鸡相似。

三、临床症状与病理变化

鸡、火鸡和鸽自然感染的潜伏期4～10d。根据侵犯部位不同，分为皮肤型、黏膜型、混合型，偶有败血型。

1. 皮肤型

以头部皮肤，有时见于腿、脚、泄殖腔和翅内侧等无毛、少毛的部位形成一种特殊的痘疹为特征。常见于冠、肉髯、喙角、眼皮和耳球上，在这些部位形成局灶性上皮组织增生。起初出现细薄的麸皮状覆盖物，迅速长出结节，初呈灰色，后呈黄灰色，逐渐增大如豌豆，表面凹凸不平，呈干而硬的结节，内含有黄脂状糊块。有时结节数目很多，互相连接融合，产生大块的厚痂，以致使眼睛完全闭合。一般常无明显的全身症状，病重的雏鸡则有精神萎靡、食欲消失、体重减轻等全身症状。产蛋鸡可引起产蛋量减少或完全停止。

2. 黏膜型

病初呈鼻炎症状。病禽流浆液性、黏液鼻汁，后转为脓性。如蔓延至眶下窦和眼结膜，则出现眼睑肿胀，结膜充满脓性或纤维蛋白渗出物。严重的可引起角膜炎导致失明。2~3d后，口腔、咽喉、气管等处黏膜出现黄白色稍突起的小结节，随后增大融合而成一层黄白色干酪样假膜，覆盖于黏膜的表面，随后变厚而成棕色痂块。凹凸不平，且有裂缝。痂块不易剥落，撕下假膜，则露出红色出血性溃疡面，假膜扩大和增厚，可能阻塞口腔和喉头，引起呼吸和吞咽困难，甚至窒息而死。死亡率较高，有时达30%~50%。

3. 混合型

皮肤黏膜均被侵害。病变与临床表现相似。口腔黏膜的病变有时可蔓延到气管、食道和肠。肠黏膜可能有小点状出血。肝、脾和肾常肿大。组织学检查，见病变部位的上皮细胞内呈典型的空泡化或发生水肿样变性，胞浆内有大型的嗜酸性包涵体。气管黏膜分泌黏液的细胞，病初肥大、增生，继而含有嗜酸性胞浆包涵体的上皮细胞肿胀。常可见成堆的如乳头状瘤的上皮细胞。

火鸡发病时，病初可见在眼睑、冠髯和头部的其他部位出现细小的淡黄色疹块，发炎区域常见覆盖着黏稠浆液性渗出物。嘴角、眼睑和口腔黏膜也常常受到侵害，有时病变可波及到身体有羽毛的部位。幼龄火鸡的头部、腿部以及足趾部可完全被病灶覆盖。严重的在输卵管、泄殖腔和肛门周围皮肤出现增生性病灶。

4. 败血型

很少发生，病初出现严重的全身症状，继而发生肠炎，病禽迅速死亡，有的急性症状消失，转变慢性腹泻而死。

四、诊断

根据临床症状和发病情况，不难做出诊断。应用组织学方法寻找感染上皮细胞内的大型嗜酸性包含体和原生小体，也具有诊断意义。

1. 病毒的检出和分离

用灭菌的剪刀切取痘疹病变，切成薄片做电镜检查。病毒分离时，将病变组织置于灭菌的乳钵内，加入石英砂后充分研磨，加入Hanks液或生理盐水，制成10%乳剂。室温感作1~2h后低速离心沉淀，吸取上清液做接种用。如为黏膜型，可取口腔或咽喉部的伪膜，按上述方法制备乳剂。

2. 鸡胚接种

选用9~12日龄鸡胚，接种0.1mL病料于绒毛尿囊膜上，接种后将鸡胚置37℃继续孵化5~7d，检查绒毛尿囊膜上是否出现白色痘斑。非典型病变者，对病灶组织的镜检或继续传代具有参考价值。

3. 幼龄鸡接种

取上述乳液涂抹在划破的冠、肉髯或皮肤上以及拔去羽毛的毛囊内，如有痘病毒存在，被接种鸡在5~7d内出现典型的皮肤痘疹症状，并常扩散到冠和身体的其他部位。

此外，也可采用琼脂扩散沉淀试验、血凝试验、荧光抗体技术和ELISA等方法进行诊断。

五、防治措施

平时加强饲养管理,做好禽场及周围环境的清洁卫生,做好定期消毒、灭蚊,尽量减少蚊虫叮咬,避免各种原因引起的啄癖或机械性外伤。有计划地进行预防接种。我国目前使用的是鸡痘鹌鹑化弱毒疫苗,一般初次免疫在 15 日龄左右,开产前进行第 2 次免疫。

一旦发生本病,应隔离病鸡,轻者治疗,重者淘汰,死者深埋或焚烧,健康家禽应进行紧急预防接种,污染场所要严格进行消毒。对病鸡皮肤上的痘疹一般不需治疗。如治疗时可先用 1‰高锰酸钾液冲洗痘痂,而后用镊子小心剥离,伤口用碘酊或龙胆紫消毒。口腔病灶可先用镊子剥去假膜,用 0.1‰高锰酸钾液冲洗,再涂碘甘油,或撒上冰硼散。

情景十 鸭瘟

鸭瘟又称肿头瘟,是由鸭瘟病毒感染引起鸭和鹅的一种急性、热性、败血性、接触性传染病,其临床特征为体温升高,两腿麻痹,绿色下痢,流泪,部分病鸭头颈肿大。病变特征主要是血管破坏,组织出血,消化道黏膜丘疹变化,淋巴器官损伤和实质器官变性。本病传播迅速,发病率和病死率都很高,严重地威胁养鸭业的发展。本病于 1923 年在荷兰首次发现,现已遍布世界大多数养鸭、养鹅地区及野生水禽的栖息地。

一、病原

病原为鸭瘟病毒(DPV)属于疱疹病毒科疱疹病毒属中的滤过性的病毒。病毒粒子呈球形,直径为 120~180nm,有囊膜,病毒核酸型为 DNA。病毒在病鸭体内分散于各种内脏器官、血液、分泌物和排泄物中,其中以肝、肺、脑含毒量最高。病毒对外界的抵抗力不强,加热 80℃经 5min 即可死亡。病毒在 4~20℃污染禽舍内存活 5d,但对低温抵抗力较强,在-70~-5℃经 3 个月毒力不减弱;-20~-10℃经 1 年对鸭仍有致病力。病毒对乙醚和氯仿等常用消毒剂敏感。

二、流行病学

1. 易感动物

在自然条件下,本病主要发生于鸭,对不同年龄、性别和品种的鸭都有易感性。以番鸭、麻鸭易感性较高,北京鸭次之,自然感染则多见于大鸭,尤其是产蛋的母鸭,鹅也能感染发病,但很少形成流行。

2. 传染源

病鸭及其排泄物、带毒的鸭。健康鸭和病鸭在一起放牧,或是在水中相遇,或是放牧时通过发病的地区,都能发生感染。被病鸭和带毒鸭的排泄物污染的饲料、饮水、用具和运输工具等,都是造成鸭瘟传播的重要因素。

3. 传播途径

主要是经消化道,其他还可以通过交配、眼结膜和呼吸道而传染;吸血昆虫也可能成为本病的传播媒介。

4. 流行特点

本病一年四季均可发生，但以春、秋季流行较为严重。

三、临床症状

自然感染的潜伏期 3~5d，人工感染的潜伏期为 2~4d。

病初体温升高达 43℃ 以上，高热稽留。病鸭表现精神委顿，头颈缩起，羽毛松乱，翅膀下垂，两脚麻痹无力，伏坐地上不愿移动，强行驱赶时常以双翅扑地行走，走几步即倒地，病鸭不愿下水，驱赶入水后也很快挣扎回岸。病鸭食欲明显下降，甚至停食，渴欲增加。

病鸭的特征性症状：流泪和眼睑水肿。病初流出浆液性分泌物，使眼睑周围羽毛粘湿，而后变成黏稠或脓样，常造成眼睑粘连、水肿，甚至外翻，眼结膜充血或小点出血，甚至形成小溃疡。病鸭鼻中流出稀薄或黏稠的分泌物，呼吸困难，并发生鼻塞音，叫声嘶哑，部分鸭见有咳嗽。

病鸭发生泻痢，排出绿色或灰白色稀粪，肛门周围的羽毛被沾污或结块。肛门肿胀，严重者外翻，翻开肛门可见泄殖腔充血、水肿、有出血点，严重病鸭的黏膜表面覆盖一层假膜，不易剥离。部分病鸭在疾病明显时期，可见头和颈部发生不同程度的肿胀，触之有波动感，俗称大头瘟。

四、病理变化

病变的特点是出现急性败血症，全身组织出血和体腔溢血。尤其消化道黏膜出血和形成假膜或溃疡，淋巴组织和实质器官出血，坏死。

食道黏膜有纵行排列呈条纹状的黄色假膜覆盖或小点出血，假膜易剥离并留下溃疡斑痕；泄殖腔黏膜病变与食道相似，即有出血斑点和不易剥离的假膜与溃疡；食道膨大部分与腺胃交界处有一条灰黄色坏死带或出血带，肌胃角质膜下层充血和出血；肠黏膜充血、出血，以直肠和十二指肠最为严重。这也是该病的特征性病变。

胸腺有大量出血点和黄色病灶区，在其外表或切面均可见到。

雏鸭感染时法氏囊充血发红，有针尖样黄色小斑点，到后期，囊壁变薄，囊腔中充满白色、凝固的渗出物。

肝表面和切面有大小不等的灰黄色或灰白色的坏死点，少数坏死点中间有小出血点。胆囊肿大，充满黏稠的墨绿色胆汁。

心外膜和心内膜上有出血斑点，心腔里充满凝固不良的暗红色血液。

产蛋母鸭的卵巢滤泡增大，卵泡的形态不整齐，有的皱缩、充血、出血，有的发生破裂而引起卵黄性腹膜炎。

病鸭的皮下组织发生不同程度的炎性水肿，在大头瘟典型的病例，头和颈部皮肤肿胀，紧张，切开时流出淡黄色的透明液体。

五、诊断

根据流行病学特点、特征症状和病变可做出初步诊断。确诊需做病毒分离鉴定、中和试验、血清学实验。

本病应注意与鸭巴氏杆菌病、鸭病毒性肝炎、小鹅瘟等相区别。

六、防治措施

尚无特效药物可用于治疗，故应以防为主。除做好生物安全性措施外，采用鸭瘟弱毒活疫苗进行免疫接种能有效地预防本病的发生。

1. 引种繁殖

严禁从疫区引进种鸭和鸭苗。从外地购进的种鸭，应隔离饲养15d以上，并经严格检疫后，才能合群饲养。病鸭和康复后的鸭所产的鸭蛋不得留作种蛋。

2. 免疫接种

常用疫苗有鸭瘟弱毒疫苗，采用皮下或肌肉注射进行免疫。对蛋鸭，可在4周龄日龄进行首免，剂量为半倍量，2月龄以后加强免疫1次，产蛋前再进行第3次免疫；对肉鸭，可在1~7日龄时用鸭瘟疫苗半倍量皮下注射免疫1次；对种鸭，每年春、秋季各进行1次免疫接种。

情景十一　鸭病毒性肝炎

鸭病毒性肝炎是由鸭肝炎病毒引起雏鸭的一种急性、高度致死性的病毒性传染病。其特征是发病急，传播快，死亡率高，共济失调，角弓反张；病理特征主要表现为肝脏肿大、出血和坏死。

本病最先在美国发现，并首次用鸡胚分离到病毒。其后在英国、加拿大、德国等许多养鸭国家陆续发现本病。我国部分省市和地区也有本病的发生并有上升趋势。本病是严重危害养鸭业的主要传染病之一。

一、病原

病原为鸭肝炎病毒（DHV），属于微RNA病毒科肠道病毒属，基因组为RNA。本病毒接种于12~14日龄鸭胚尿囊腔和鸭胚细胞培养，可见病毒增殖。不能在鸡胚细胞和哺乳动物细胞培养中增殖。DHV对哺乳动物和人的细胞均无血凝作用。病毒对氯仿、乙醚、胰蛋白酶和pH 3.0有抵抗力。在56℃加热60min仍可存活，但加热至62℃ 30min即被灭活。病毒在1%福尔马林或2%氢氧化钠中2h(15~20℃)，在2%漂白粉溶液中3h，或在0.25% β-丙内酯37℃ 30min均可被灭活。

本病毒有3个血清型，即Ⅰ、Ⅱ、Ⅲ型。我国流行的鸭肝炎病毒血清型为Ⅰ型，是否有其他型，目前尚无全面的调查和报道。据国外的研究报告，以上3个型病毒在血清学上有着明显的差异，无交叉免疫性。

二、流行病学

1. 易感动物

本病主要感染1~3周龄雏鸭，特别是1~5日龄雏鸭最多见。在自然条件下不感染鸡、火鸡和鹅。雏鸭的发病率与病死率均很高，1周龄内的雏鸭病死率可达90%以上，1~3周龄的雏鸭病死率为50%或更低，4~5周龄的雏鸭发病率与病死率较低，成年鸭可呈阴性经过。

2. 传染源

病鸭和带毒鸭是主要传染源。

3. 传播途径

本病多由于从发病场或有发病史的鸭场购入带病毒的雏鸭引起。主要通过与病鸭接触，经消化道和呼吸道感染。在野外和舍饲条件下，本病可迅速传播给鸭群中的全部易感雏鸭，表明它具有极强的传染性。鸭舍内的鼠类传播病毒的可能性也不能排除。

4. 流行特点

本病发生于孵化雏鸭的季节，一旦发生，在雏鸭群中传播很快，发病率可达100%。饲养管理不良，缺乏维生素和矿物质，鸭舍潮湿、拥挤，均可促使本病发生。

三、临床症状

自然感染的潜伏期一般为1~4d。本病发病急，传播迅速，病程短，一般死亡多发生在3~4d内。

病初精神萎靡，不食，行动呆滞，缩颈，翅下垂，眼半闭呈昏迷状态。出现神经症状，表现为共济失调，身体倒向一侧，两脚发生痉挛，数小时后死亡。死前出现头向后弯，呈角弓反张姿势。有的出现腹泻。

四、病理变化

剖析可见特征性病变在肝脏。肝肿大，呈黄红色或花斑状，表面有出血点和出血斑，胆囊肿大，充满胆汁。脾脏有时肿大，外观也类似肝脏的花斑。多数肾脏充血、肿胀。心肌如煮熟状。有些病例有心包炎、气囊中有微黄色渗出液和纤维素絮片。

五、诊断

突然发病，迅速传播和急性经过为本病的流行病学特征，结合肝肿胀和出血的病变特点可初步诊断为本病。更可靠的诊断方法是接种1~7日龄的敏感雏鸭，复制出该病的典型症状和病变，而接种同一日龄的具有母源抗体的雏鸭（即经疫苗接种的母鸭子代），则应有80%以上受到保护，同时结合实验室诊断即可确诊。

1. 病毒分离

无菌取病死鸭肝脏，常规处理后接种10~12日龄鸭胚或9~11日龄鸡胚，观察胚体死亡情况，收集死亡胚的尿囊液做进一步鉴定用。

2. 病毒鉴定

通过中和试验，用已知的DHV阳性血清和病毒作用后，接种鸭胚和鸡胚观察病毒致死胚体的能力。国外报道用直接荧光抗体技术可对自然病例或接种鸭胚的肝脏触片或冰冻切片进行快速、准确的诊断。

3. 鉴别诊断

本病应与鸭瘟、黄曲霉菌毒素中毒等进行鉴别诊断。

六、防治措施

1. 综合措施

①对雏鸭采取严格的隔离饲养，尤其是5周龄以内的雏鸭，应供给适量的维生素和矿物质，严禁饮用野生水禽栖息的露天水池的水。
②孵化、育雏、育成、育肥均应严格划分。
③饲管用具要定期清洗、消毒。

2. 预防接种

用鸭病毒性肝炎弱毒疫苗对种鸭进行2次接种，通过母源抗体保护子代雏鸭。2次接种至少应间隔2个月，第2次接种应在开产前进行。也可在收集种蛋前2~4周给种鸭肌肉注射鸡胚弱毒疫苗，可以保护所产种蛋孵化的雏鸭不受感染。

情景十二　小鹅瘟

小鹅瘟又称鹅细小病毒感染，是由小鹅瘟病毒引起的雏鹅的一种急性或亚急性传染病。临床特征表现精神委顿，食欲废绝和严重下痢及神经症状，病死率高。病理变化主要以渗出性肠炎为主，尤其是小肠部位的纤维性、栓塞性病变为主要特征。

本病最早于1956年发现于我国扬州地区，国内大多数养鹅省区均有发生。1965年以来欧洲很多国家报道有本病存在，在国际上又称为Derzsey氏病或鹅细小病毒感染。

一、病原

小鹅瘟病毒是细小病毒科的一员，病毒粒子呈圆形或六角形，无囊膜。与一些哺乳动物细小病毒不同，本病毒无血凝活性，与其他细小病毒也无抗原关系。国内外分离到的毒株抗原性基本相同，仅有一种血清型。初次分离可用鹅胚或番鸭胚，也可用从它们制得的原代细胞培养。本病毒对环境的抵抗力强，65℃ 30min对其滴度无影响，能抵抗56℃ 3h。对乙醚等有机溶剂不敏感，对胰酶和pH 3稳定。

二、流行病学

1. 易感动物

本病仅发生于鹅和番鸭的幼雏，其他禽类和哺乳动物均无感染性。雏鹅的易感性随年龄的增长而减弱。1周龄以内的雏鹅死亡率可达100%，10日龄以上的死亡率一般不超过60%，20日龄以上的发病率低，而1月龄以上则极少发病。

2. 传染源

发病雏鹅从粪中排出大量病毒，导致病毒通过直接或间接接触而迅速传播。最严重的暴发是发生于病毒垂直传播后的易感雏鹅群。大龄鹅呈亚临床或潜伏感染，并通过蛋将病毒传给孵化器中的易感雏鹅。

3. 传播途径

直接接触传播和经消化道传播。种蛋、带毒鹅和康复鹅以及隐性感染的鹅的排泄物、分泌物容易污染水源、环境、用具、草场等，易感鹅通过消化道感染，能够很快波及全群。

4. 流行特点

本病全年均有发生，但多发生于冬末、春初，鹅群发病呈暴发流行，发病突然，传播迅速，具有高度的传染性和死亡率。

饲养管理水平低，育雏温度低，鹅舍地面潮湿，卫生环境差，鹅只日龄小，其发病率较高。饲料中蛋白质含量过低，缺乏多种维生素和微量元素，并发病的存在等均能诱发和加剧本病的发生和死亡。

三、临床症状

临床症状本病潜伏期为3~5d，以消化系统和中枢神经系统扰乱为主要表现。根据病程的长短不同，可将其临床类型分为最急性型、急性型和亚急性型3种。

1. 最急性型

多发生于3~10日龄的雏鹅。通常是不见有任何前驱症状，发生败血症而突然死亡，或在发生精神呆滞后数小时即呈现衰弱，倒地划腿，挣扎几下就死亡，病势传播迅速，数日内即可传播全群。

2. 急性型

多发生于15日龄左右的雏鹅。病程一般为2~3d，随患病雏鹅日龄增大，病程渐而转为亚急性型。

患病雏鹅表现精神沉郁，食欲减退或废绝，羽毛松乱，头颈缩起，闭眼呆立，离群独处，不愿走动，行动缓慢。

病雏鹅鼻孔流出浆液性鼻液，沾污鼻孔周围，病鹅频频摇头。

饮水量增加，逐渐出现拉稀，排灰白色或灰黄色的水样稀粪，常为米浆样混浊且带有气泡或有纤维状碎片，肛门周围绒毛被沾污。

喙端和蹼发绀；有个别患病雏鹅临死前出现颈部扭转或抽搐、瘫痪等神经症状。

3. 亚急性型

通常发生于流行的末期或20日龄以上的雏鹅，其症状轻微，主要以行动迟缓，走动摇摆，拉稀，采食量减少，精神状态略差为特征。病程一般4~7d，有极少数病鹅可以自愈，但雏鹅吃料不正常，生长发育受到严重阻碍，成为僵鹅。

四、病理变化

1. 最急性型

剖检时仅见十二指肠黏膜肿胀充血，有时可见出血，在其上面覆盖有大量的淡黄色黏液；肝脏肿大、充血、出血，质脆易碎；胆囊胀大、充满胆汁，其他脏器的病变不明显。

2. 急性型

可见肝脏肿大，充血出血，质脆；胆囊胀大，充满暗绿色胆汁。脾脏肿大，呈暗红色。肾脏稍为肿大，呈暗红色，质脆易碎。肠道有明显的特征性病理变化：病程稍长的病例，小肠的中段和后段，尤其是在卵黄囊柄与回盲部的肠段，外观膨大，肠道黏膜充血、出血，发炎坏死脱落，与纤维素性渗出物凝固形成长短不一的栓子，体积增大，形如腊肠状，手触腊肠状处质地坚实，剪开肠道后可见肠壁变薄，肠腔内充满灰白色或淡黄色的栓子状物（小鹅瘟的一个特征性病理变化）。

五、诊断

根据流行病学、临床症状和病理剖解可对该病做出初步诊断。确诊可通过病毒分离鉴定或特异抗体检查。病毒分离时，可取病雏的脾、胰或肝的匀浆上清，接种 12~15 日龄鹅胚，可在 5~7d 内致死鹅胚，主要变化为胚体皮肤充血、出血及水肿，心肌变性呈瓷白色，肝脏变性或有坏死灶。

检查血清中特异抗体的方法有病毒中和试验、琼脂扩散试验和 ELISA。

六、防治措施

1. 综合管理

（1）加强消毒　全场定期消毒，针对垫草、料槽、场地，使用消毒药进行喷雾消毒。对病死鹅要做深埋，加入消毒剂处理。

（2）把好引种关　引进健康鹅。

2. 免疫与治疗

预防应从种鹅抓起，种鹅应于开产前 1 个月进行首次免疫，间隔 7~10d 后进行第 2 次免疫，可产生较好的抗体水平。有母源抗体孵出的雏鹅自身就有免疫力。如母鹅没有进行防疫，雏鹅要在 1 日龄内皮下注射疫苗。

发病时，可用高免血清或卵黄抗体进行治疗。

情景十三　禽传染性脑脊髓炎

禽传染性脑脊髓炎（AE）是一种由禽传染性脑脊髓炎病毒引起的主要侵害雏鸡的病毒性传染病，俗称流行性震颤。该病主要侵害雏鸡中枢神经系统，其主要特征为共济失调，头颈肌肉震颤和两肢轻瘫及不完全麻痹，母鸡产蛋量急速下降。虽然大多数鸡群最终感染病毒，但临床的发生率较低。

我国自 20 世纪 80 年代初开始，已证实在大多数商业化养禽地区存在本病。我国将其列入三类动物疫病。

一、病原

禽传染性脑脊髓炎是由禽传染性脑脊髓炎病毒（AEV）引起的，属于小 RNA 病毒科肠道病毒属。病毒可抵抗氯仿、酸、胰酶、胃蛋白酶和 DNA 酶。在 Mg^{2+} 保护下可抵抗热效应，56℃ 1h 稳定。

二、流行病学

1. 易感动物

自然感染见于鸡、雉鸡、鹌鹑和火鸡等，鸡对本病最易感。其中尤以雏禽最易感染。雏禽才会表现出有明显的临床症状。

2. 传染源

传染病为病禽及其排泄物。因此，污染的饲料、饮水、垫草、孵化器和育雏设备都可能成为病毒传播的传染源，如果没有特殊的预防措施，该病可在鸡群中传播。

3. 传播途径

在传播方式上本病以垂直传播为主，也能通过接触进行水平传播。

4. 流行特点

本病一年四季均可发生，发病率及死亡率随鸡群的易感鸡多少、病原的毒力高低、发病的日龄大小不同而有所不同。雏鸡发病率一般为 40%～60%，死亡率 10%～25%，甚至更高。

三、临床症状

经垂直传播而感染的雏鸡潜伏期 1～7d，经水平传播感染的雏鸡，其潜伏期为 12～30d。此病主要发生于 3 周龄以内的雏鸡。

病雏最初表现为迟钝，精神沉郁。雏鸡不愿走动或走几步就蹲下来，常以跗关节着地，继而出现共济失调，走路蹒跚，步态不稳时勉强用跗关节走路并拍动翅膀。病雏一般在发病 3d 后出现麻痹而倒地侧卧，头颈部震颤一般在发病 5d 后逐渐出现，一般呈阵发性音叉式的震颤。有些病鸡趾关节卷曲、运动障碍、羽毛不整和发育受阻，平均体重明显低于正常水平。部分存活鸡可见一侧或两侧眼球的晶状体混浊或浅蓝色褪色，眼球增大及失明。

四、病理变化

一般内脏器官无特征性的肉眼病变，个别病例能见到脑膜血管充血、出血。如细心观察可偶见病雏肌胃的肌层有散在的灰白区。成年鸡发病无上述病变。

五、防治措施

①加强消毒与隔离措施，防止从疫区引进种苗和种蛋。

②鸡感染后 1 个月内的蛋不宜孵化。

③该病发生后，目前尚无特异性疗法。将轻症鸡隔离饲养，加强管理并投予抗生素预防细菌感染，维生素 E、维生素 B_1 等药物可保护神经和改善症状。重症鸡应挑出淘汰。全群还可用抗 AE 的卵黄抗体（康复鸡或免疫后抗体滴度较高的鸡群所产的蛋制成）做肌肉注射，每只雏鸡 0.5～1.0mL，每日 1 次，连用 2d。

④免疫接种常用活毒疫苗为1143毒株制成的活疫苗,可通过饮水接种,小于2月龄的鸡只不可使用此疫苗。处于产蛋期的鸡群也不能接种这种疫苗,否则可能使产蛋量下降。建议于10周龄以上,但不能迟于开产前4周接种疫苗,饮水免疫。

禽流感知识

H7N9亚型禽流感病毒是甲型流感中的一种,既往仅在禽间发现,未发现过人的感染情况。流感是由流感病毒引起的一种急性呼吸道传染病。流感病毒可分为甲(A)、乙(B)、丙(C)3型。其中,甲型流感依据流感病毒特征可分为$HxNx$共135种亚型。

一、临床表现

诊疗方案指出,人感染H7N9禽流感潜伏期一般为7d以内。患者一般表现为流感样症状,如发热、咳嗽、少痰,可伴有头痛、肌肉酸痛和全身不适。重症患者病情发展迅速,表现为重症肺炎,体温大多持续在39℃以上,出现呼吸困难,可伴有咳血痰;可快速进展出现急性呼吸窘迫综合征、纵隔气肿、脓毒症、休克、意识障碍及急性肾损伤等。

二、传播周期

国家卫生健康委员会在其官方网站公布人感染H7N9禽流感诊疗方案。方案指出,根据流感的潜伏期及现有H7N9禽流感病毒感染病例的调查结果,潜伏期一般为7d以内。

三、发病症状

发热、咳嗽等急性呼吸道感染症状,尤其是会出现高热、呼吸困难。

10例确诊病例主要表现:典型的病毒性肺炎,起病急,病程早期均有发热(38℃以上)、咳嗽等呼吸道感染症状。起病5～7d出现呼吸困难等重症肺炎相关表现,并进行性加重,部分病例可迅速发展为急性呼吸窘迫综合征并死亡。

四、预防措施

1. 日常预防

①加强体育锻炼,注意补充营养,保证充足的睡眠和休息,以增强抵抗力。

②尽可能减少与禽类不必要的接触,尤其是与病、死禽的接触。勤洗手,远离家禽的分泌物,接触过禽鸟或禽鸟粪便,要注意用消毒液和清水彻底清洁双手。

③应尽量在正规的销售禽类的场所购买经过检疫的禽类产品。

④养成良好的个人卫生习惯,加强室内空气流通,每天1～2次开窗换气半小时。禽肉要煮熟、煮透再食用。

⑤学校及幼儿园应采取措施,教导儿童不要喂饲野鸽或其他雀鸟,如接触禽鸟或禽鸟

粪便后，要立刻彻底清洗双手。外出在旅途中，尽量避免接触禽鸟，如不要前往观鸟园、农场、街市或到公园活动；不要喂饲白鸽或野鸟等。

⑥不要轻视重感冒，禽流感的病症与其他流行性感冒病症相似，如发烧、头痛、咳嗽及喉咙痛等，在某些情况下，会引起并发症，导致患者死亡。因此，若出现发热、头痛、鼻塞、咳嗽、全身不适等呼吸道症状时，应戴上口罩，尽快到医院就诊，并务必告诉医生自己发病前是否到过禽流感疫区，是否与病禽类接触等情况，并在医生指导下治疗和用药。

⑦定期对所处环境消毒，杜绝空气或环境中的传染。

2. 习惯预防

①保持手部清洁，并用正确方法洗手。

②避免手部接触眼睛、鼻及口。

③打喷嚏或咳嗽时应遮掩口鼻。

④不随地吐痰，如要吐痰应将分泌物包好，弃置于有盖垃圾箱内。

⑤有呼吸道感染症状或发烧时，应戴上口罩，并尽早就医。

3. 方药预防

(1)一般人群预防方　藿香 9g、贯众 10g、大青叶 15g、甘草 3g，用法用量：每日 1 剂，水煎服，分 2 次服用，连用 3d。

(2)老年或体虚人群预防方　黄芪 10g、防风 10g、白术 6g、贯众 10g、大青叶 15g、甘草 3g，用法用量：每日 1 剂，水煎服，分 2 次服用，连用 3d。

技能训练　鸡新城疫的诊断和免疫监测

一、训练目标

通过完成本次技能训练，使学生掌握鸡新城疫病毒的分离、血凝及血凝抑制试验。

二、训练材料

恒温培养箱、微量振荡器、离心机等仪器；离心管、微量加样器、96 孔 V 型反应板、注射器(1mL、5mL)、针头、试管、吸管、pH 7.2 磷酸盐缓冲盐水、0.5％鸡红细胞悬液、灭菌生理盐水、青霉素、链霉素、鸡新城疫病毒尿囊液、标准阳性血清等。

三、训练内容与方法步骤

(一)临床诊断要点

鸡群没接种过新城疫疫苗，或虽接种过但免疫期已超过，或有其他免疫中的失误导致免疫失败。

①病鸡拉黄绿色或黄白色稀便，呼吸困难，嗉囊积液，倒提病鸡有大量酸臭液体从口内流出，或有神经症状，病鸡突然后仰倒地或头颈歪斜仰视；仅鸡发病死亡，鸭、鹅等禽类不发病。病鸡用磺胺类药或抗生素等治疗无效。

②较为特征性的病变：病鸡全身呈败血症变化；腺胃乳头出血或溃疡；盲肠扁桃体肿大、出血或坏死；小肠有暗红色出血性病灶，肠壁有某种程度的坏死，病程较长时，少数病例在肠壁上有枣核状溃疡；肠内容物中混有血液；泄殖腔有充血和出血点；卵巢出血和坏死，卵黄膜出血或破裂；心冠与腹腔脂肪有出血点等。

(二)实验室诊断

1. 病毒的分离培养

(1)病料的采取及处理　分离病毒的材料应采自早期病例，病鸡扑杀后应无菌采取脾、脑和肺组织；活鸡可采取呼吸道分泌物。将材料制成 1:5~1:10 的乳剂，每毫升乳剂中加入青霉素 1000U 和链霉素 1000U，然后置冰箱中作用 2~4h，离心沉淀，取上清液作为接种材料。同时，应对接种材料做无菌检查。取接种材料少许接种于肉汤、琼脂斜面及厌氧肝汤各 1 管，置 37℃培养观察 2~6d，应无细菌生长。如有细菌生长，应将原始材料再做除菌处理。也可改用细菌滤器过滤除菌，但过滤后的滤液含毒量会减少，应注意。因此，如有可能最好再次取材料。

(2)鸡胚接种　常用 9~11 日龄的 SPF 鸡胚，如果没有 SPF 鸡胚，也可用非免疫鸡胚，将上述处理过的材料，取 0.1~0.2mL 接种于尿囊腔内。接种后以熔化的石蜡将蛋壳上的接种孔封闭。继续置孵化器内。每天上、下午各照蛋 1 次，继续观察 5d。接种 24h 以后死亡的鸡胚，立即取出置 4℃冰箱冷却 4h 以上(气室向上)。然后，用无菌吸取鸡胚液，并做无菌检查。浑浊的鸡胚液应废弃。留下无菌的鸡胚液置低温冰箱保存，供进一步做鉴定。同时，可将鸡胚倾入一平皿内，观察其病变。由鸡新城疫病毒致死的鸡胚，胚体全身充血，在头、胸、翅和趾部有小出血点，尤其以翅、趾部明显。这在诊断上有参考价值。

2. 红细胞凝集抑制试验(免疫监测)

红细胞凝集抑制试验有全量法和微量法 2 种，血清样品数量多时常采用微量法。

(1)试验准备

①抗原的制备：用 La Sota 株作抗原时，首先通过血凝试验测出该毒株的 1 个血凝单位，然后再计算出 4 个血凝单位。可将 La Sota 株接种于鸡胚，收获尿囊液，也可向有关单位购买。诊断用的被检材料可用鸡胚接种后的含毒鸡胚液，或含毒细胞培养液(最好冻融 2~3 次，使细胞破裂释放更多病毒粒子)。

②被检血清制备：在免疫鸡群中定期随机取样，抽样率保证有代表性，大型鸡场抽样率不低于 0.5%，鸡群越小抽样比例越大，每群一般采 16 份以上血样。

取样方法为：刺破鸡翅静脉，用塑料管引流吸取血液至塑料管长度的 2/3(3~5cm)，然后将塑料管的一端在酒精灯上熔化封口。在管上贴胶布注明采样鸡的编号，待血液凝固后，以 1500r/min 离心 5min，取血清备用。

③0.5%鸡红细胞悬液制备：采 1~2 只健康公鸡翅静脉血液混合(公鸡最好未经新城疫免疫或疫苗接种后时间较长，鸡新城疫抗体水平较低)，用灭菌磷酸盐缓冲盐水(pH

7.0~7.2)离心洗涤3次,根据离心压积的红细胞量,用磷酸盐缓冲盐水(pH 7.0~7.2)配制成10%红细胞悬液,这种红细胞在4℃可保存5~7d,临用时再配成0.5%。

(2)操作方法

①微量血凝(HA)试验:在1~12孔各加磷酸盐缓冲盐水(pH 7.0~7.2)0.05mL,用微量移液器取0.05mL病毒(抗原)于第1孔,吹吸4次混匀后,吸0.05mL至第2孔,依次做倍比稀释至第11孔,再从第11孔吸取0.05mL弃去,第12孔不加病毒抗原作对照。各孔依次加0.5%红细胞各0.05mL。振荡1~2min,在室温(18~20℃)静置30~40min,或37℃静置15~30min观察结果。"#"为完全凝集、"++"为不完全凝集、"-"为不凝集。

凡能使鸡红细胞完全凝集的病毒最高稀释倍数,称为该病毒的血凝滴度,即一个血凝单位。表4-3中,1个血凝单位为1∶128,而用于下述血凝抑制试验的病毒需含4个血凝单位,抗原应稀释倍数=128/4=32倍。

表4-3 鸡新城疫病毒血凝试验

孔号	1	2	3	4	5	6	7	8	9	10	11	12
稀释倍数	2	4	8	16	32	64	128	256	512	1024	2048	对照
磷酸盐缓冲盐水(mL)	0.05↘	0.05↘	0.05↘	0.05↘	0.05↘	0.05↘	0.05↘	0.05↘	0.05↘	0.05↘	0.05弃	0.05
病毒(mL)	0.05	0.05	0.05	0.05	0.05	0.05	0.05	0.05	0.05	0.05	0.05	
磷酸盐缓冲盐水(mL)												0.05
0.5%鸡红细胞(mL)	0.05	0.05	0.05	0.05	0.05	0.05	0.05	0.05	0.05	0.05	0.05	0.05
振荡1~2min,放室温(18~20℃)静置30~40min或37℃ 15~30min												
结果	#	#	#	#	#	#	#	++	-	-	-	-

②微量血凝抑制(HI)试验:单纯的使用血凝试验还不能鉴定病毒,因为还有其他病原也能引起红细胞凝集,如引起鸡慢性呼吸道病的禽败血支原体、产蛋下降综合征等。所以,还需要用已知的抗血清做血凝抑制试验,以鉴定病毒。

用微量移液器吸磷酸盐缓冲盐水(pH 7.0~7.2),从1~12孔各加入0.05mL,然后换一个接头吸0.05mL的被检血清于第1孔内,吹吸4次混匀后,吸0.05mL至第2孔,依次做倍比稀释至第11孔,再从第11孔吸取0.05mL弃去。接着1~12孔每孔各加入0.05mL 4个血凝单位病毒液,混合均匀后置室温(18~20℃)20min或37℃ 5~10min,取出后每孔加入0.05mL 0.5%鸡红细胞悬液,充分混合均匀后,放室温(18~20℃)静置30~40min或37℃ 15~30min,见表4-4。

凡能使4个凝集单位的病毒凝集红细胞的作用完全受到抑制血清最高稀释倍数,称为血凝抑制价(血凝抑制滴度)。上例阳性血清的血凝抑制价为1∶128。如果已知阳性血清,对一已知鸡新城疫病毒参考毒株和被检病毒都能以相近的血凝抑制价抑制其血凝作用,而且都不被已知阴性血清所抑制,则可将被检病毒鉴别为鸡新城疫病毒。反之,也可用已知病毒来测定病鸡血清中的血凝抑制抗体,但不适用于急性病例。

模块四　家禽主要传染病

表4-4　鸡新城疫病毒血凝抑制试验

孔号	1	2	3	4	5	6	7	8	9	10	11	12
稀释倍数	2	4	8	16	32	64	128	256	512	1024	2048	对照
磷酸盐缓冲盐水(mL)	0.05↘	0.05↘	0.05↘	0.05↘	0.05↘	0.05↘	0.05↘	0.05↘	0.05↘	0.05↘	0.05↘弃	0.05
被检血清(mL)	0.05	0.05	0.05	0.05	0.05	0.05	0.05	0.05	0.05	0.05		0.05
病毒(mL)	0.05	0.05	0.05	0.05	0.05	0.05	0.05	0.05	0.05	0.05	0.05	0.05
振荡1~2min，置室温(18~20℃)20min 或 37℃ 5~10min												
0.5%鸡红细胞(mL)	0.05	0.05	0.05	0.05	0.05	0.05	0.05	0.05	0.05	0.05	0.05	0.05
振荡1~2min，放室温(18~20℃)静置30~40min 或 37℃ 15~30min												
结果　阳性血清	—	—	—	—	—	—	++	++	+++	#		
结果　阴性血清	#	#	#	#	#	#	+++	+++	++	—		

注："#"为完全凝集；"+++、++"为不完全凝集；"—"为不凝集。

在对照出现正确的情况下，以完全抑制红细胞凝集的最大稀释度为该血清的HI滴度。鸡群HI滴度的高低在一定程度上反映了免疫保护水平的高低。鸡群HI滴度离散度较小时，而HI滴度较高，其保护水平也高。

四、训练报告

简述确诊鸡新城疫的实验室诊断程序。

复习思考题

1. 新城疫的主要症状与病理变化有什么特点？怎样防治？
2. 如何预防禽流感？发生高致性禽流感疫情后应采取哪些扑灭措施？
3. 马立克氏病病毒在鸡体内以哪几种形式存在？它们在本病的传播上起着什么样的作用？
4. 鸡痘在临床上表现哪些类型及病理变化有哪些？
5. 传染性法氏囊病的流行病学和病理变化有何特点？该病有何危害性？
6. 简述产蛋下降综合征的典型临床特征和病理变化。如何进行综合防治？
7. 简述禽白血病的典型临床特征和病理变化。如何进行综合防治？
8. 鸡传染性鼻炎的临床症状和病理变化有什么特点？如何防治？
9. 禽曲霉菌病是怎样发生和传播的？如何诊断和防治？
10. 简述鸭瘟的临床症状和病变特征。
11. 简述鸭病毒性肝炎的诊断及防治措施。
12. 简述鸭传染性浆膜炎的流行病学、临床症状和病理变化特征。
13. 小鹅瘟的流行病学特点是什么？简述其特征性的病理变化。

*14. 某鸭场饲养樱桃谷鸭3000余只，6月龄，体温升高43℃以上，临床表现为头颈缩起，离群独处，羽毛松乱，翅膀下垂，饮欲增加，食欲减退，两腿发软无力，走动困难，行动迟缓，部分病鸭头部肿大，两天后有病鸭出现死亡。

(1)对这起疫情的诊断，第一步需要进行的检查是（　　）。
　　A. 病毒分离鉴定　　　　　B. 细菌分离鉴定　　　　　C. 临床剖检
　　D. 血清学方法检测抗体　　E. 血清学方法检测抗原

(2)在诊断过程中如果观察到病死鸭食道黏膜有出血点、有纵行排列的灰黄色假膜覆盖，假膜剥离后留有溃疡斑痕；泄殖腔黏膜出血、水肿，黏膜表面覆盖一层灰褐色坏死痂。肝脏出血，灰白色坏死灶。作为临床兽医，你认为：（　　）。
　　A. 需要进一步进行病毒分离鉴定，才能做出初步诊断
　　B. 需要进一步进行细菌分离鉴定，才能做出初步诊断
　　C. 需要进一步进行血清学方法检测抗体，才能做出初步诊断
　　D. 需要进一步进行血清学方法检测抗原，才能做出初步诊断
　　E. 根据获得的病理变化资料，可以做出初步诊断

(3)【假设信息】如果这起疾病是鸭瘟，下列哪种措施是控制疫情最为合理的办法？（　　）
　　A. 严格封锁、消毒，所有鸭紧急接种鸭瘟弱毒疫苗
　　B. 严格封锁、消毒，所有鸭紧急注射青霉素
　　C. 严格封锁、消毒，所有鸭紧急注射链霉素
　　D. 严格封锁、消毒，隔离和淘汰有临床症状鸭，所有临床健康鸭紧急接种鸭瘟弱毒疫苗
　　E. 严格封锁、消毒，隔离和淘汰有临床症状鸭，所有临床健康鸭紧急接种鸭瘟灭活疫苗

(4)该实验室确诊，下列哪种方法能够最快获得实验结果？（　　）
　　A. 病毒分离鉴定　　　　　B. 琼脂凝胶扩散试验　　　C. 酶联免疫吸附试验
　　D. 反向间接血凝试验　　　E. 聚合酶链反应（PCR）

*15. 某肉鸭孵化和养殖场，孵出的雏鸭在育雏室3日龄即开始发病，表现为精神沉郁、厌食、眼半闭呈昏睡状，以头触地。死前有神经症状，表现为运动失调，身体倒向一侧，两脚痉挛性后蹬，全身抽搐，死时大多呈"角弓反张"姿态。

(1)对这起疫情的诊断，第一步需要进行的检查是（　　）。
　　A. 临床剖检　　　　　　　B. 细菌分离鉴定　　　　　C. 病毒分离鉴定
　　D. 血清学方法检测抗体　　E. 血清学方法检测抗原

(2)在诊断过程中如果观察到病死鸭主要病变为肝肿大、质脆，表面有大小不等的出血点。同时你也了解到饲喂同一批次饲料的其他鸭场相同日龄的鸭无异常，本场30日龄的鸭与发病鸭的用具和饲养人员有交叉却没有发病。作为临床兽医，你认为：（　　）。
　　A. 需要进一步进行病毒分离鉴定，才能做出初步诊断
　　B. 需要进一步进行细菌分离鉴定，才能做出初步诊断
　　C. 根据获得的病理变化和流行病学资料，可以做出初步诊断
　　D. 需要进一步进行血清学方法检测抗体，才能做出初步诊断
　　E. 需要进一步进行血清学方法检测抗原，才能做出初步诊断

(3)【假设信息】如果这起疾病是鸭病毒性肝炎,下列哪种措施是控制疫情最为合理的办法?( )

A. 严格封锁、消毒,所有易感雏鸭紧急接种鸭病毒性肝炎弱毒疫苗
B. 严格封锁、消毒,所有易感雏鸭紧急注射青霉素
C. 严格封锁、消毒,所有易感雏鸭紧急注射链霉素
D. 严格封锁、消毒,所有易感雏鸭紧急注射鸭病毒性肝炎高免血清或卵黄抗体
E. 严格封锁、消毒,所有易感雏鸭紧急接种鸭病毒性肝炎灭活疫苗

(4)如果该鸭场附近就是某高校,实验室设备和鸭病诊断试剂齐全,下列哪种方法能够最快获得实验结果?( )

A. 病毒分离鉴定   B. 雏鸭血清保护试验   C. 斑点酶联免疫吸附试验
D. 反转录-聚合酶链反应(RT-PCR)   E. 免疫组化法

模块五

牛羊主要传染病

知识目标

1. 掌握牛羊主要传染病的流行特点、临床特征、病理变化、重点防控措施。
2. 理解牛羊主要传染病生物安全措施的意义。
3. 了解牛羊主要传染病的实验室诊断方法。

技能目标

1. 能够用所学知识对发病牛羊主要传染病做出初步诊断并会提出初步防治措施。
2. 熟练掌握牛羊主要传染病的防控技术。
3. 熟练掌握凝集反应、琼脂扩散试验、血凝和血凝抑制试验的操作技能。

项目一 牛羊的主要细菌性传染病

情景一 牛传染性胸膜肺炎

牛传染性胸膜肺炎也称牛肺疫,俗称烂肺瘟,是由丝状支原体引起的对牛危害严重的一种接触性传染病,主要侵害肺和胸膜,其病理特征为纤维素性肺炎和浆液纤维素性肺炎。本病在我国西北、东北、内蒙古和西藏部分地区曾有过流行,1996年我国宣布在全国范围内消灭了牛肺疫。

一、病原

牛肺疫丝状支原体,过去称星球丝菌。细小,多形,但常见球形,革兰染色阴性。多存在于病牛之肺组织、胸腔渗出液和气管分泌物中。日光、干燥和热力均不利于本菌的生存;对苯胺染料和青霉素具有抵抗力。但1%来苏儿、5%漂白粉、1%~2%氢氧化钠或0.2%升汞均能迅速将其杀死。每毫升含2万~10万U的链霉素能抑制本菌。

二、流行病学

1. 易感动物

主要是牦牛、奶牛、黄牛、水牛、犏牛、驯鹿及羚羊。山羊、绵羊及骆驼在自然情况下不易感染。其他动物及人无易感性。

2. 传染源

主要是病牛及带菌牛,病牛康复后15个月甚至2~3年,还具有感染性。

3. 传播途径

主要经呼吸道随飞沫排出传播,也可由尿及乳汁排出,在产犊时还可由子宫渗出物排出。

4. 流行特点

①地区分布:本病曾经在我国流行甚广。1989年在新疆扑杀最后一头病牛后,到目前为止,除引进牛外,本地牛没有新病例报道。本病呈现地方流行性。

②流行形式:本病一年四季均可发生,但以冬季多见。带菌牛进入易感牛群,常引起本病的急性暴发,以后转为地方流行性。饲养条件差或畜舍拥挤等因素能促进本病的发生与流行。

三、临床症状

潜伏期 2～4 周，短者 7d，长者可达 4 个月之久。

1. 急性型

病初体温升高至 40～42℃，鼻孔扩张，鼻翼扇动，有浆液或脓性鼻液流出。呼吸高度困难，呈腹式呼吸，有呻吟声或痛性短咳。前肢张开，喜站。反刍迟缓或消失，可视黏膜发绀，臀部或肩胛部肌肉震颤。脉细而快，80～120 次/min。前胸下部及肉垂水肿。胸部叩诊有实音，痛感；听诊时肺泡音减弱；病情严重出现胸水时，叩诊有浊音。若病情恶化，则呼吸极度困难，病牛呻吟，口流白沫，伏卧伸颈，体温下降，最后窒息而死。病程 5～8d。

2. 亚急性型

其症状与急性型相似，但病程较长，症状不如急性型明显而典型。

3. 慢性型

病牛消瘦，常伴发咳嗽，叩诊胸部有实音且敏感。在老疫区多见牛免疫力下降，消化机能紊乱，食欲反复无常，有的无临床症状但长期带毒，故易与结核相混，应注意鉴别。病程 2～4 周，也有延续至半年以上者。

四、病理变化

主要特征性病变在呼吸系统，尤其是肺脏和胸腔。肺的损害常限于一侧，初期以小叶性肺炎为特征。中期为该病典型病变，表现为浆液性纤维素性胸膜肺炎，病肺呈紫红、红、灰红、黄或灰色等不同时期的肝变而变硬，切面呈大理石状外观，间质增宽。病肺与胸膜粘连，胸膜显著增厚并有纤维素性附着物。

胸腔有淡黄色并夹杂有纤维素性渗出物。支气管淋巴结和纵隔淋巴结肿大、出血。心包液混浊且增多。末期肺部病灶坏死并有结缔组织包囊包裹，严重者结缔组织增生使整个坏死灶瘢痕化。犊牛可发生渗出性腹膜炎、关节黏液囊炎、腕骨的蛋白性关节炎。有时可观察到颈下淋巴结肿大。

五、诊断

可依据流行病学、临床症状及病理变化（如典型的胸腔病变）等进行综合判断。确诊有赖于病原学和血清学检查。

1. 病原学检查

包括支原体培养和形态学检查。

分离培养时，应在密封的液体培养基中传代，培养基中应含多种营养基质，包括葡萄糖、甘油、维生素、核苷酸、类脂化合物和脂肪酸等。盲传 2 代后再接种固体培养基，置 50%CO_2 培养箱中继续培养 72～96h，至少进行 3 次克隆纯化。为了防止其他杂菌生长，培养基中需加抑制剂，如青霉素、醋酸铊等。纯培养的菌落在普通光学显微镜下观察时，应呈圆形煎蛋状形态，边缘整齐，中间突起。

2. 血清学检查

最常用的是补体结合试验,是世界动物卫生组织(OIE)推荐使用的血清学诊断方法。

被动血凝抑制试验方法比较实用,在筛选检查时敏感性高于补体结合试验。ELISA敏感性高且操作方便。此外,还有琼脂扩散试验、间接免疫荧光、生长抑制试验、代谢抑制试验、间接血凝试验和微量凝集试验等。

3. 分子生物学诊断(主要为PCR)

可用胸腔积液作为检测样品。可利用巢式PCR扩增CAP-21基因0.5kb的DNA片段;如果以核糖体(r)RNA为扩增靶基因,结果更加敏感,因为在每个菌体细胞中含有大约104个拷贝的核糖体基因。

需要注意的是,有些牛虽然血清学阴性,也没有明显临诊症状,但是PCR结果为阳性;相反,少数血清阳性的牛,PCR却为阴性。

4. 鉴别诊断

本病应与牛支原体肺炎、牛巴氏杆菌病和牛结核病相区分。

(1)牛支原体肺炎　病理变化主要集中在肺部,轻者可见肺局部肉样变,严重病例的肺广泛分布干酪样或化脓性坏死灶。

(2)牛巴氏杆菌病　也称牛出败,是由多杀性巴氏杆菌(或溶血性巴氏杆菌)引起,表现为流涎、流泪,有黏液性鼻液流出;咳嗽,呼吸困难;心跳加快,运动失调;心脏、肺脏及可视黏膜、浆膜出血;血液呈暗红色,凝固不良,病牛一般在数小时至2d内死亡。

(3)牛结核病　由牛分支杆菌引起,表现为病程缓慢、渐进性消瘦、咳嗽和衰竭,在多种器官形成结节和肉芽肿(结核结节)。

六、防治措施

在我国,采取的控制措施包括:检疫、隔离、扑杀病牛和对血清学阴性牛进行免疫接种。由于我国已经消灭了本病,因此,预防重点是防止病原从国外疫区传入。从国外引种时,需按照《中华人民共和国进出境动植物检疫法》进行检疫并使用牛传染性胸膜肺炎活疫苗(兔化弱毒或兔化绵羊化弱毒)接种。出现病牛时将病牛隔离扑杀,病死牛尸体深埋,并用2%来苏儿或10%~20%石灰乳对污染场地进行消毒。

当暴发此病时,国际上通常采取的策略有2种,第1种策略屠宰所有病牛及与病牛相接触的牛,是最有效和最简单的办法,但是成本较高;第2种策略是屠宰病牛并给受威胁的牛或假定健康的牛接种疫苗。目前,OIE推荐使用的疫苗是T1-44,其疫苗毒株是利用分离自坦桑尼亚的中等毒力菌株经鸡胚传44代后而获得。

情景二　牛副结核病

牛副结核病也称副结核性肠炎,是主要发生于牛的一种慢性传染病,偶见于绵羊、山羊、骆驼和鹿。其特征是顽固性腹泻和逐渐消瘦。本病广泛流行于世界各国,以奶牛业和肉牛业发达的国家受害最为严重。

一、病原

本病的病原为副结核分枝杆菌，形态为短杆菌，本菌对外界环境抵抗力较强，在尿中存活 7d，在粪便污染的牧场、泥土存活数月至 1 年，水中能存活 163d；3％来苏儿 30min，3％福尔马林 20min，10～20％漂白粉 20min，3～5％石炭酸 5min 能杀死本菌。加热到 65℃ 30min，80℃ 15min 可将其杀死。

二、流行病学

1. 易感动物

幼畜和青年牛较易感，多数在幼龄时感染，到成年时才出现症状。特别是在母牛怀孕、分娩和泌乳时易出现症状。

2. 传染源

病畜是主要传染源，病畜的粪便中含有细菌，污染饮水、草料。

3. 传播途径

健康牛、羊通过消化道感染，怀孕牛可通过子宫传染给胎儿。

4. 流行特点

本病无明显季节性，但常发生于春、秋季。主要呈散发性或地方流行性，本病散播缓慢，流行期长，病死率高，一旦在牛群中出现很难根除。

三、临床症状

本病的潜伏期很长，可达 6～12 个月，甚至更长。有时幼年牛感染直到 2～5 岁才表现临床症状。早期临床症状不明显，以后逐渐变得明显，主要表现为间断性腹泻，以后变为经常性的顽固拉稀。排泄物稀薄，恶臭，带有气泡、黏液和血液凝块。食欲起初正常，精神也良好，以后食欲有所减退，逐渐消瘦，眼窝下陷，精神不好，经常躺卧。泌乳逐渐减少，最后完全停止。皮肤粗糙，被毛粗乱，下颌及垂皮可见水肿。体温常无变化。尽管病畜消瘦，但仍有性欲。腹泻有时可暂时停止，排泄物恢复常态，体重有所增加，然后再度发生腹泻。给予多汁青饲料可加剧腹泻症状。如腹泻不止，一般经 3～4 个月因衰竭而死。染疫牛群的死亡率每年高达 10％。

四、病理变化

病牛尸体极度消瘦，主要病变在消化道和肠系膜淋巴结，消化道损害常限于空肠、回肠和结肠的前段，特别是回肠，肠壁增厚。肠系膜淋巴管呈索状肿大，浆膜、肠系膜水肿，肠黏膜增厚 3～20 倍，并发生硬而弯曲的皱褶，黏膜黄白或灰黄色，皱褶突起处常呈充血状。黏膜表面紧附有黏液。肠系膜淋巴结肿大变软，切面湿润，上有黄白色病灶。

五、诊断

1. 初步诊断

根据症状和病理变化，一般可初步诊断。

2. 实验室诊断

需要实验室检查，可做细菌分离培养和血清补体结合反应。

3. 变态反应

临床上多用变态反应诊断，即用副结核菌素或禽结核菌素做皮肉变态反应试验，可检出隐性型病牛，该法目前国际上广泛用于副结核病的诊断。

本病应与肠结核、胃肠卡他、冬痢、内寄生虫病等鉴别诊断。

六、防治措施

1. 预防

重在加强饲养管理，特别是对幼牛更应该注意给予足够的营养，以增强其抗病力。不要从疫区引进牛只，如果引进应对新引进牛隔离、检疫。在发病地区，应每年定期进行检疫，及时淘汰病牛和检疫阳性牛，对现场及该牛粪便、牛舍、饲槽、用具及运动场等彻底卫生消毒。

2. 治疗

本病尚无特效的治疗药物，临床治疗也无意义。

情景三　气肿疽

气肿疽俗称黑腿病或鸣疽，是一种由气肿疽梭菌引起的反刍动物的一种急性败血性传染病。其特征为肌肉丰满部位发生炎性气性肿胀，并有跛行。

一、病原

气肿疽梭菌为两端钝圆的粗大杆菌，长 $2\sim8\mu m$，宽 $0.5\sim0.6\mu m$。能运动，无荚膜，在体内外均可形成芽孢，能产生不耐热的外毒素。芽孢抵抗力强，可在泥土中存活 5 年以上，在腐败尸体中可存活 3 个月。在液体或组织内的芽孢经煮沸 20min、0.2%升汞 10min 或 3%福尔马林 15min 方能被杀死。

二、流行病学

1. 易感动物

在自然情况下，主要侵害黄牛，而水牛、绵羊患病者少见，马、骡、驴、犬、猫不感染，人对此病有抵抗力。发病年龄为 0.5~5 岁，尤以 1~2 岁多发，死亡居多。

2. 传染源

病牛的排泄物、分泌物及处理不当的尸体，污染的饲料、水源及土壤会成为持久性传染源。

3. 传播途径

该病传染途径主要是消化道，深部创伤感染也有可能。

4. 流行特点

本病呈地方流行性，有一定季节性，夏季放牧（尤其在炎热干旱时）容易发生，这与蛇、蝇、蚊活动有关。

三、临床症状

潜伏期 3~5d。往往突然发病，体温达 41~42℃，轻度跛行，食欲和反刍停止。不久会在肩、股、颈、臂、胸、腰等肌肉丰满处发生炎性肿胀，初期热而痛，后变冷，触诊时肿胀部分有捻发音。臌胀部分皮肤干硬而呈暗黑色，穿刺或切面有黑红色液体流出，内含气泡，有特殊臭气，肉质黑红而松，周围组织水肿；局部淋巴结肿大。严重者呼吸增速，脉细弱而快。病程 1~2d。

四、病理变化

尸体迅速腐败和臌胀，天然孔常有带泡沫血样的液体流出，患部肌肉黑红色，肌间充满气体，呈疏松多孔之海绵状，有酸败气味。

局部淋巴结充血、出血或水肿。肝、肾呈暗黑色，常因充血稍肿大，还可见到豆粒大至核桃大的坏死灶；切面有带气泡的血液流出，呈多孔海绵状。

其他器官常呈败血症的一般变化。

五、诊断

1. 初步诊断

根据流行特点、典型症状及病理变化可做出初步诊断。其病理诊断要点为：

①丰厚肌肉的气性坏疽和水肿，有捻发音。
②丰厚肌肉切面呈海绵状，且有暗红色坏死灶。
③丰厚肌肉切面有含泡沫的红色液体流出，并散发酸臭味。

2. 鉴别诊断

炭疽、巴氏杆菌病及恶性水肿也有皮下结缔组织的水肿变化，应与气肿疽相区别。

(1)炭疽、巴氏杆菌病与气肿疽的区别　参见本节炭疽病之诊断。
(2)气肿疽与恶性水肿的区别　恶性水肿的发生与皮肤损伤病史有关；恶性水肿主要发生在皮下，且部位不定；恶性水肿无发病年龄与品种区别。

六、防治措施

1. 预防

在流行地区及其周围，每年春、秋季进行气肿疽甲醛菌苗或明矾菌苗预防接种。若已发病，则要实施隔离、消毒等卫生措施。死牛不可剥皮食肉，宜深埋或烧毁。

2. 治疗

①早期全身治疗可用抗气肿疽血清 150~200mL，重症患畜 8~12h 后再重复 1 次。
②气肿初期应用青霉素肌肉注射，每次 100 万~200 万 U，每日 2~3 次；或四环素静脉注射，每次 2~3g，溶于 5%葡萄糖 2000mL，每日 1~2 次，会收到良好的效果。

③早期肿胀部位的局部治疗可用 0.25%～0.5%普鲁卡因溶液 10～20mL 溶解青霉素 80 万～120 万 U 在周围分点注射,可收到良好效果。

情景四　牛传染性角膜结膜炎

牛传染性角膜结膜炎又称摩勒杆菌病,俗称红眼病。它是由摩勒杆菌等多种病原引起的牛的一种急性接触性传染病。临床上以病牛羞明、流泪、结膜和角膜发炎并发展为不同程度的角膜混浊和溃疡等为特征。

一、病原

牛传染性角膜结膜炎是一种多病原的疾病。牛摩勒杆菌是牛传染性角膜结膜炎的主要病原菌,是一种长 1.5～2.0μm,宽 0.5～1.0μm 的革兰阴性杆菌,多成双排列,也可成短连。有荚膜,无芽孢,不能运动。只有在强烈的太阳紫外光照射下才产生典型症状。用此菌单独感染眼,或仅用紫外线照射,都不能引起此病,或仅产生轻微的症状。本菌对理化因素的抵抗力弱,一般浓的消毒剂,或加热至 59℃,经 5min 均有杀菌作用。病原菌离开病畜后,在外界环境中存活一般不超过 24h。

二、流行病学

1. 易感动物

本病除感染牛外,也感染绵羊、山羊、骆驼等。上述动物不分性别和年龄,均有易感性,但幼龄动物敏感性最强,而且多发。

2. 传染源

病牛和带菌牛是主要传染源。家蝇和厩蝇采食病牛眼的分泌物,然后再转移到易感动物眼睑而造成感染。

3. 传播途径

眼的分泌物通过鼻泪管进入鼻腔,再通过呼吸、咳嗽、喷嚏等传染给健康牛。病牛和健牛相互接触(如顶架、摩擦等)也会使健牛感染。再有病、健牛共同使用同一饲槽和饮水槽,也会造成传染的机会。病愈牛眼中长时间还会带菌传染。

4. 流行特点

本病一年四季均可发生,但在夏、秋季节常发。传播很快,多呈地方流行性。本病的发病率达 90%左右,几乎无死亡率。

三、临床症状

潜伏期 3～7d。临床上分急性型、慢性型 2 种。

1. 急性型

①病初,患眼畏光、流泪、眼睑肿胀、疼痛,眼不能张开。结膜潮红,血管怒张,流出黏性脓性分泌物。病轻时,仅是结膜炎或轻微角膜炎,并在短期内恢复。

②严重时，在2~4d内，角膜的中央稍混浊，其后扩散，伴有角膜增厚；血管从边缘分布，致使不透明的角膜外嗣呈红色，上面覆盖着黄色沉着物。

③随着病程延长，眼内压增高，使角膜向外凸出，呈尖圆形的丘疹状隆起，造成视觉失明，或有破裂形成溃疡。溃疡如累及上皮和波曼氏膜（角膜前弹力层），则1~2周内可以康复，如累及固有膜，尤其是脓性细胞的继发感染，则转入慢性型。

2. 慢性型

①由急性型转变而来：由于溃疡的扩散和角膜厚度增加，尤其是固有膜的间质组织增加，角膜色灰暗，溃疡面上可清楚见到黄色脓性纤维性沉着物。边缘血管移动至角膜，台斯梅氏膜（角膜后弹力层）和角膜内皮常通过固有膜（角膜基质层）脱出，致使眼前房感染，造成眼前房积脓，严重时角膜破裂，虹膜粘连，晶状体可能脱落。一般排脓后，往往出现瘢痕等后遗症。

②多数病例：先为单眼患病，后为双眼患病。一般无全身症状，很少有发热现象。当眼球化脓时，常伴发全身症状，如体温升高，食欲减退，精神沉郁，产奶量明显减少等。

③病程一般为20~30d：大多数病牛能自然痊愈。有的可导致角膜云翳、角膜白斑的形成，严重时可引起失明；康复后的病牛在一定时期内可能继续带菌，成为传染源。

四、病理变化

结膜水肿及高度充血，结膜组织学变化表现含有多量淋巴细胞及浆细胞，上皮细胞之间有中性粒细胞。角膜变化多种多样，可呈现凹陷、白斑、白色混浊、隆起、突出等，角膜组织学变化依不同类型而异，如白斑类型，固有层局限性胶原纤维增生和纤维化；白色混浊类型，可见上皮增生，固有层弥漫性玻璃样变性。

五、诊断

1. 镜检

用棉拭子采取病初眼结合膜囊内分泌物和鼻液，直接涂片，革兰染色或瑞氏染色，镜检，可见革兰染色阴性，小到中等大的球杆菌到杆状菌，有时呈丝状。

2. 动物接种

直接用沾有眼分泌物的棉拭子或培养物，涂于绵羊或小鼠的结合膜囊内，经2~3d后被接种动物发生眼结膜炎。

也可用本菌的纯培养物静脉或肌肉接种牛，经2~6d后，注射局部发生坏死，并发生结膜炎和休克。可用血清凝集试验、琼脂凝胶扩散试验和间接血凝试验等检测本病，效果很好。

3. 鉴别诊断

临床上要与外伤性眼病及传染性鼻气管炎相区别。

(1)外伤性眼病　通常发生于一侧，并局限于个别牛。不具有传染性，有外伤史。

(2)传染性鼻气管炎　主要表现呼吸道症状，特征是呼吸道黏膜炎症、水肿、出血、坏死和溃疡烂斑等，有些病例危及到眼部，主要发生结膜角膜炎，而传染性角膜结膜炎主要侵害眼部，很少有全身症状。

六、防治措施

1. 治疗

①病牛应立即隔离在黑暗而安静的牛舍内,由专人护理,并饲喂富有营养的饲草料和清洁的饮水。

②药物治疗可先用2%~4%硼酸水冲洗眼睛,再涂氯霉素眼药膏或用青霉素眼药水滴眼。如有角膜混浊或角膜翳时,可涂1%黄氧化汞眼药膏或0.5%醋酸可的松眼药膏,若配合抗生素滴眼液,则疗效更好。

2. 预防

①牛场要经常清除厩肥,夏季注意灭蝇,控制以蝇类为媒介传播本病病原菌。

②同时也要避免牛群长时间受日光,紫外线直接照射。

③接种用牛摩勒杆菌制备的疫苗,使牛群机体产生一定的免疫保护力,起到预防本病的作用。

情景五　羊梭菌性疾病

一、羊猝疽

羊猝疽是羊梭菌性疾病中的一种,是由C型产气荚膜梭菌(魏氏梭菌)的毒素所引起,以溃疡性肠炎和腹膜炎为特征。该病可与羊快疫(腐败梭菌引起)发生混合感染。

(一)病原

感染羊群的C型产气荚膜梭菌为革兰阳性,厌氧杆菌,无鞭毛,有芽孢。常单个或成对存在,两端圆形,少数方形,为粗大杆菌,也存在于健康羊只的肠道中。自身免疫机能强的羊只携带该病原菌,不一定发病。

(二)流行病学

1. 易感动物

本病发生于成年绵羊,以1~2岁绵羊发病较多。

2. 传染源

感染的羊为主要传染源。

3. 传播途径

主要经消化道感染。

4. 流行特点

常见于低洼、沼泽地区,多发生于冬、春季节。常呈地方流行性。

(三)临床症状

病程短促,常未见到临床症状即突然死亡。有时发现病羊掉群、卧地,表现不安、衰弱、痉挛,眼球突出,在数小时内死亡。死亡是由于毒素侵害神经元发生休克所致。该病常与羊快疫(腐败梭菌引起)混合感染,表现为突然发病、病程短,几乎看不到临床症状即死亡。

(四)病理变化

主要见于消化道和循环系统。十二指肠和空肠黏膜严重充血、糜烂,有的区段可见大小不等的溃疡。

胸腔、腹腔和心包大量积液,后者暴露于空气后,可形成纤维素絮块。浆膜上有小点状出血。

病羊刚死时骨骼肌表现正常,但在死后 8h 内,细菌在骨骼肌内增殖,使肌间隔积聚血样液体,肌肉出血,有气性裂孔。

该病与羊快疫混合感染时,胃肠道呈出血性、溃疡性炎症变化,肠内容物混有气泡,肝肿大、质脆,色多变淡,常伴有腹膜炎。

(五)诊断

根据成年绵羊突然发病死亡,剖检见糜烂和溃疡性肠炎、腹膜炎、体腔积液可初步诊断。确诊需从体腔渗出液、脾脏等取材做细菌分离和鉴定,以及从小肠内容物中检测有无 C 型产气荚膜梭菌所产生的毒素。必要时可进行细菌的分离培养和动物试验(小鼠)。

(六)防治措施

①由于本病的病程短促,往往来不及治疗,因此必须加强平时的饲养管理和防疫措施。

②在本病常发地区,每年可定期注射 1~2 次羊快疫-羊猝狙二联疫苗或羊快疫-羊猝狙-羊肠毒血症三联疫苗。还可选用我国研制的羊快疫-羊猝狙-羔羊痢疾-羊肠毒血症-黑疫-肉毒中毒-破伤风七联疫苗。

二、羊肠毒血症

羊肠毒血症是由 D 型产气荚膜梭菌引起的一种急性毒血症疾病,因该病死亡的羊肾组织易于软化,因此又被称为软肾病。本病在临床症状上类似羊快疫,故又称类快疫。

(一)病原

引起羊肠毒血症的病原是 D 型产气荚膜梭菌,属于梭菌属,为厌氧性革兰阳性菌,可在羊体内形成芽孢,芽孢位于菌体中央,经消化道进行疾病的诱发和细菌的传播。

一般常用的消毒药剂能够很好地将其杀死,但芽孢由于抵抗力极强,很难消除。可在 95℃ 2.5h 将其杀死,其繁殖体 60℃ 15min 即可被杀死。

(二)流行病学

1. 易感动物

绵羊、山羊均可感染本病。绵羊发生较多,山羊较少,2~12 月龄的羊最易发病。

2. 传播途径

D 型产气荚膜梭菌为土壤常在菌,也存在于污水中。羊只采食被病原菌芽孢污染的饲料或饮水,芽孢便进入消化道而感染动物。

3. 流行特点

本病有明显的季节性和条件性。在牧区,多发于春末、夏初青草萌发和秋季牧草结籽后的一段时期;在农区,则常常是在收菜季节,羊只食入多量菜根、菜叶,或收了庄稼后羊群抢茬吃了大量谷类的时候发生本病。

本病多呈散发性,发病羊多膘情较好。

(三) 临床症状

本病潜伏期很短,多突然发病,很少见到临床症状,往往在出现临床症状后便很快死亡。

症状可分为2种类型:一类以抽搐为特征;另一类以昏迷和静静死去为特征。

(1) 以抽搐为特征 在倒毙前,四肢出现强烈的划动,肌肉震颤,眼球转动,磨牙,口水过多,随后头颈显著抽搐,往往死于2~4h内。

(2) 以昏迷和静静死去为特征 病程不太急,其早期临床症状为步态不稳,以后卧倒,并有感觉过敏,流涎,上下颌咯咯作响。继而昏迷,角膜反射消失,有的病羊发生腹泻,通常在3~4h内静静地死去。搐搦型和昏迷型在临床症状上的差别是吸收毒素多少不一的结果。

(四) 病理变化

病理变化常限于消化道、呼吸道和心血管系统。

真胃含有未消化的饲料;回肠的某些区段呈急性出血性炎症变化,重症病例整个肠段变为红色;心包常扩大,内含灰黄色液体和纤维素絮块,左心室的心内外膜下有多数小点出血;肺脏出血和水肿;胸腺常发生出血;肾脏比平时更易于软化,似脑髓状,这是一种死后变化,但不能在死后立刻见到。

组织学检查可见肾皮质坏死,脑和脑膜血管周围水肿,脑膜出血,脑组织液化性坏死。

(五) 诊断

1. 初步诊断

可依据本病发生的情况和病理变化,确诊需依靠实验室检验。

2. 实验室诊断

(1) 涂片镜检 将病死羊剖检后取肾脏和肠壁进行涂片,革兰染色,进行镜检。显微镜下可观察到大量革兰阳性菌,呈紫色,两端钝圆,无鞭毛,不能运动,单个或2个菌相连,有荚膜。

(2) 平板培养 将尸体剖检后取肝、肾、肠内容物分别接种于普通琼脂平板上。37℃厌氧培养24h后可见平板上出现中央隆起圆形大菌落,呈灰色,表面湿润。挑取菌落涂片经革兰染色后镜检。可见大量革兰阳性大杆菌,中央或近端有卵圆形芽孢,结合临床诊断及实验室诊断,即可确诊为羊肠毒血症。

3. 鉴别诊断

(1) 与巴氏杆菌的区别 羊肠毒血症与巴氏杆菌致病细菌不同:羊肠毒血症是感染D型产气荚膜梭菌引起,主要症状为神经症状和肾脏软化;而羊巴氏杆菌病致病菌为巴氏杆菌，尸体剖检后可见皮下组织有出血性胶样浸润。

(2)与炭疽的区别　羊肠毒血症与炭疽均发病急病程短，临床上无明显变化。炭疽病是由炭疽杆菌所引起的一种人畜共患传染病，炭疽最典型的症状是死亡后患羊尸体血液凝固不全和尸僵不全。

(六)防治措施

1. 加强饲养管理

①定期清扫养殖场内外粪便并认真进行消毒。

②给羊群提供优质的饲料。由于春、夏两季易患该病，在此期间应减少羊群采食青绿饲草。合理搭配精料和粗料，严禁突然更换饲料。放牧要尽量选择地势高、向阳坡地，避开低洼阴湿坡地。

③在易发病地区，定期用磺胺脒拌料饲喂，每只羊 2~4g，每日 2 次，连用 3d。

④一旦出现病羊应立即将其隔离，避免病菌传播，并对全群羊只进行排查。用生石灰水喷洒或 5%来苏儿溶液对整个养殖场喷洒进行彻底消毒。同时对病死羊进行无害化深埋处理，垫草彻底焚烧，粪便堆放到指定区域发酵，控制该病传播。

2. 免疫接种

在容易诱发该病的季节和地区接种疫苗，常用羊肠毒血症-羔羊痢疾-羊猝疽-羊快疫-羊黑疫五联疫苗或羊快疫-羊肠毒血症-羊猝疽三联疫苗。不论羊只年龄大小，每只 5mL，皮下或肌肉注射，注射 3d 后出现轻度跛行，但很快即可恢复，此疫苗可保护 6 个月以上。

3. 治疗措施

目前尚无特效药，若出现轻度发病，可立即停止饲喂或换地放牧，提供优质牧草并补饲，可逐渐恢复。若发病严重可用 10%硫代硫酸钠溶液静脉注射，同时肌肉注射维生素 C 100mg，效果不理想应立即淘汰深埋处理。

三、羔羊痢疾

羔羊痢疾是由 B 型产气荚膜梭菌所引起的初生羔羊的一种急性毒血症。该病以剧烈腹泻、小肠发生溃疡和羔羊发生大批死亡为特征。

(一)病原

引发羔羊痢疾的病原为 B 型产气荚膜梭菌，可以产生 α、β 和 γ 毒素，对肠道侵袭力较强，发病后以剧烈腹泻和小肠溃疡为主要特征，造成羊群中大部分羔羊死亡，经济损失巨大。

(二)流行病学

1. 易感动物

危害 7 日龄以内的羔羊，其中又以 2~3 日龄的发病最多，7 日龄以上的很少患病。

2. 传染源

羔羊痢疾的病菌主要通过患病羊粪便排出体外，污染饲料、饲草、饮水及环境等，羔羊采食了被污染的饲草等被感染。

3. 传播途径

主要是经消化道传播，也可通过脐带和创伤感染进行传播。

4. 流行特点

该病呈地方流行性，发病率和死亡率以绵羊和肉羊发病率最高，杂交羊次之，土种羊发病率较低。

（三）临床症状

自然感染的潜伏期为1~2d。病初精神委顿，低头弓背，不想吃奶。不久就发生腹泻，粪便恶臭，呈糊状或稀薄如水。

后期粪便有的还含有血液。病羔逐渐虚弱，卧地不起，不及时治疗，常在1~2d内死亡，只有少数较轻的可能自愈。

有的病羔，腹胀而不下痢，或只排少量稀粪（也可能带血），主要表现神经症状，四肢瘫软，卧地不起，呼吸急促，口流白沫，最后昏迷，头向后仰，体温降至常温以下。

病情严重，病程很短，常在数小时到十几小时内死亡。

（四）病理变化

尸体脱水现象严重，最显著的病理变化是在消化道。真胃内存在未消化的凝乳块；小肠（特别是回肠）黏膜充血，可见多数直径为1~2mm的溃疡，溃疡周围有血带环绕；有的肠内容物呈血色。肠系膜淋巴结肿胀、充血、出血。心包积液，心内膜有时有出血点。肺常有充血或瘀血区域。

（五）诊断

1. 初步诊断

根据羔羊出生的年龄，7日龄以内发生下痢，发病快，病死率高，出现剧烈腹泻并导致大批死亡，病理剖检可见小肠出血和溃疡等即可做出初步诊断。另外，羔羊炭疽、巴氏杆菌病、绵羊快疫病、羊肠毒血症等也都可以导致羔羊发生腹泻，因此，要注意进行鉴别诊断，以免发生误诊，确诊需要进行实验室诊断。

*2. 鉴别诊断

（1）炭疽　羔羊发生炭疽后，病程急，主要多发生在夏季，面颊、眼睑及乳房肿胀，肺脏表面有黏稠拔丝状纤维素覆盖，血液凝固不全。

（2）巴氏杆菌病　羊巴氏杆菌病临床上与羔羊痢疾较为相似，但羔羊巴氏杆菌病的病原为巴氏杆菌，羔羊痢疾的病原为B型产气荚膜梭菌。

（3）绵羊快疫病　绵羊快疫病的病程急，死亡后尸体很快膨胀和腐败。

（4）羊肠毒血症　羊肠毒血症的尸体腐败较慢，但是皮下有许多带血的胶样浸润，肾脏明显软化，大肠出血严重。而羔羊痢疾是小肠特别是回肠出血严重。

3. 实验室诊断

（1）涂片镜检　无菌取病死羔羊的肠内容物进行涂片，革兰染色后镜检，可见到大量革兰阳性、两端钝圆的大杆菌并有荚膜，卵圆形芽孢位于菌体中间或近端，即可做出诊断。

（2）细菌培养　无菌取病死羔羊的肠内容物培养16~24h，肉汤培养基出现极度混浊，并产生大量气体，取培养物进行涂片，革兰染色、镜检，结果发现大量B型产气荚膜梭菌，即可做出确诊。

(六)防治措施

1. 预防措施

(1)加强饲养管理　及时清扫羊舍的粪便及其他异物，认真执行消毒制度，特别是在产羔前后，对母体、乳房、圈舍、饲养工具及羊场等用5%～10%漂白粉溶液或10%～20%石灰乳交替进行喷洒消毒，羔羊出生后，及时让其吃上初乳，以确保自身抗病力增强。

控制好饲养密度，保持圈舍干燥卫生，寒冷冬季要做好防寒保暖工作，及时修补圈舍，特别是在母羊产羔前对圈舍进行彻底检修，严禁贼风，保持圈舍温度适宜，为其提供优质的饲料和饲草。

在繁殖方面，要科学计划配种，要切实做到循序渐进，合理调整母羊的生产周期，尽量避免在最寒冷的季节交替产羔，并对羔羊进行科学管理，防止羔羊痢疾的发生。

(2)做好预防接种工作　每年秋季，在怀孕母羊分娩前后注射羔羊痢疾氢氧化铝疫苗，分娩前20～30d和10～20d，在两后腿内侧皮下分别注射2mL和3mL，注射2d即可产生免疫力，免疫期可长达5个月。

接种羊梭菌病多联干粉灭活疫苗，20%氢氧化铝胶生理盐水悬液溶解，充分摇匀，每只羊肌肉或皮下注射1mL，注射15d即可产生免疫力(注意：患病的母羊不宜接种疫苗)，免疫期为1年。

每年在产前也要接种羊快疫-羊肠毒血症-羊猝疽-羔羊痢疾-羊黑疫五联疫苗。

2. 治疗措施

①发病后，每只羔羊可口服土霉素0.3g，每日2次，或使用恩诺沙星0.5g，每日2次，也可使用磺胺脒0.5g、鞣酸蛋白0.3g、硝酸铋0.3g，每日2次。

②若羔羊严重失水或出现神经症状的羔羊，除使用上述治疗方法外，另可使用5%葡萄糖生理盐水80～100mL，皮下注射硫酸阿托品1.5mg/kg。

项目二
牛羊的主要病毒性传染病

情景一 牛海绵状脑病

牛海绵状脑病(BSE),又称疯牛病,该病是由朊病毒引起的牛的一种慢性退行性神经系统疾病。1985年4月首次发生于英国,1986年被英国政府中央兽医实验室命名为BSE。主要特征为牛发生海绵状脑病变,神经元大量丧失以及淀粉样变性。临床表现为神经紊乱,运动失调,感觉过敏,痴呆,潜伏期长,病情逐渐加重,终归死亡。

一、病原

牛海绵状脑病的病原是一种无核酸的蛋白性侵染颗粒(简称朊病毒或朊粒),是由宿主神经细胞表面正常的一种糖蛋白(PrPc)在翻译后发生某些修饰而形成的异常蛋白(PrPBSE),与原糖蛋白相比,该异常蛋白对蛋白酶具有较强抵抗力。

朊病毒可低温或冷冻保存。134~138℃高压蒸汽18min,可使大部分病原灭活,360℃干热条件下,可存活1h,焚烧是最可靠的杀灭办法。在pH 2.1~10.5范围内稳定。用含2%有效氯的次氯酸钠及2%氢氧化钠,在20℃下作用1h以上用于表面消毒,用于设备消毒则需作用一夜;但在干燥和有机物保护之下,或经福尔马林固定的组织中的病原,不能被上述消毒剂灭活。动物组织中的病原,经过油脂提炼后仍有部分存活。病原在土壤中可存活3年。紫外线、放射线不能灭活。乙醇、福尔马林、过氧化氢、酚等均不能使其灭活。氯仿和甲醇能使其感染性稍微降低。

二、流行病学

1. 易感动物

易感动物为牛科动物,包括家牛、非洲林羚、大羚羊以及瞪羚、白羚、金牛羚、弯月角羚和美欧野牛等。易感性与品种、性别、遗传等因素无关。发病以4~6岁牛多见,2岁以下的病牛罕见,6岁以上牛发病率明显减少。奶牛因饲养时间比肉牛长,且肉骨粉用量大而发病率高。家猫、虎、豹、狮等猫科动物也易感。

2. 传染源

疯牛病病原主要产生于病牛和病羊的尸体,饲喂含染疫反刍动物肉骨粉的饲料可引发 BSE。

3. 传播途径

（1）食物链传播　牛食用了被疯牛病病原体感染的肉和骨髓制成的饲料后，通过胃肠消化吸收，经过血液到大脑，破坏大脑失去功能，呈海绵状病变，周而复始循环，导致疯牛病发生。

（2）垂直传播　能经母源传播，但概率较低。

4. 流行特点

BSE 发生流行需以下 2 个要素：

①本国存在大量绵羊且有痒病流行或从国外进口了被 TSE（传染性海绵状脑病）污染的动物产品。

②用反刍动物肉骨粉喂牛。

三、临床症状

BSE 平均潜伏期为 4～5 年，病牛临床表现为精神异常、运动障碍和感觉障碍。

1. 精神异常

主要表现为不安、恐惧、狂暴等，当有人靠近或追逼时往往出现攻击性行为。

2. 运动障碍

主要表现为共济失调、颤抖或倒下。病牛步态呈"鹅步"状，四肢伸展过度，有时倒地难以站立。

3. 感觉障碍

最常见的是对触摸、声音和光过度敏感，这是 BSE 病牛很重要的临床诊断特征。用手触摸或用钝器触压牛的颈部肋部，病牛会异常紧张颤抖，用扫帚轻碰后蹄，也会出现紧张的踢腿反应；病牛听到敲击金属器械的声音，会出现震惊和颤抖反应；病牛在黑暗环境中，对突然打开的灯光，出现惊吓和颤抖反应。

四、病理变化

无大体解剖病变，患病动物主要表现为脑灰质海绵样病变，脑组织空泡化（尤为脊索的弧束核空泡化较严重），神经元丧失，灰质神经毡、膝状体、四迭体和纹状体均呈海绵状变化，胶质细胞增加，电镜下发现有特征性纤维蛋白（SAF）。

五、诊断

根据流行病学特点、特征性临床症状，可做出初诊。确诊需要对脑部进行病理组织学检查、结合免疫组化与蛋白印记等手段。

我国运用 PCR 技术检测牛的特异基因片断，并以此鉴定肉骨粉中是否含有疯牛病病原体。这种方法特异性强，结果稳定，灵敏度达到 0.1%。

六、防治措施

本病尚无有效治疗方法。应采取以下措施，减少传播。

①建立 BSE 的持续监测和强制报告制度。
②禁止用反刍动物源性饲料饲喂反刍动物。
③禁止从 BSE 发病国或高风险国进口活牛、牛胚胎和精液、脂肪、MBM（肉骨粉）或含 MBM 的饲料、牛肉、牛内脏及有关制品。
④一旦发现可疑病牛，立即隔离并报告当地动物防疫监督机构，力争尽早确诊。确诊后扑杀所有病牛和可疑病牛，甚至整个牛群，并根据流行病学调查结果进一步采取措施。

情景二　牛传染性鼻气管炎

牛传染性鼻气管炎（IBR）又称红鼻病，是由牛传染性鼻气管炎病毒引起牛的一种接触性传染病，临床表现为上呼吸道及气管黏膜发炎、呼吸困难、流鼻液等，还可引起生殖道感染、结膜炎、脑膜炎、流产、乳房炎等多种病型。

一、病原

本病的病原体是牛传染性鼻气管炎病毒，也叫牛疱疹病毒Ⅰ型（BHV-1），属于疱疹病毒科疱疹病毒甲亚科。本病毒有囊膜，为双股 DNA 病毒，对乙醚、氯仿、丙酮敏感。病毒在 pH 4.5～5.0 下可被灭活。病毒耐冷，在 4℃可保存 1 个月，－60℃可保存 9 个月，但不耐热，37℃仅存活 10d，63℃以上数秒内即死亡。常用的药物如氢氧化钠、漂白粉、季铵盐类均可作为消毒剂。

二、流行病学

1. 易感动物

主要感染牛，尤以肉牛较为多见，其次是奶牛。肉用牛群发病率可高达 75%，其中，20～60 日龄犊牛最易感，病死率较高。

2. 传染源

病牛和带毒牛为主要传染源，隐性带毒牛是最危险的传染源。病牛康复后长期带毒就成为长期的潜在传染源。

3. 传播途径

通过空气、飞沫、精液和接触传播，吸血昆虫也可传播，也可通过胎盘侵入胎儿引起流产。本病毒可导致持续性感染。

4. 流行特点

饲养密集、通风不良均可增加接触机会，本病多发于冬、春舍饲的寒冷季节。长途运输、饲养环境和气候发生剧变等应激因素发生时可促进本病的发生。本病的发病率较高，病死率较低，注意犊牛的病死率较高。

三、临床症状与病理变化

1. 呼吸道型

常见于较冷季节，病情轻重不等。病初高热达 39.5～42℃，沉郁，拒食，有多量黏脓性鼻漏，鼻黏膜高度充血，有浅溃疡，鼻窦及鼻镜因组织高度发炎而称为红鼻子。

呼吸困难，呼气中常有臭味。呼吸加快，咳嗽。有结膜炎及流泪，有时可见带血腹泻。乳牛泌乳量减少。

多数病程达10d以上。发病率可达75%以上，病死率10%以下。

肺脏可出现片状化脓性肺炎病变，呼吸道上皮细胞中有核内包含体。

2. 生殖道感染型

可发生于母牛及公牛。病初发热，沉郁，无食欲，尿频，有痛感。

阴道发炎充血，有黏稠无臭的黏液性分泌物，黏膜出现白色病灶、脓疱或灰色坏死膜。

公牛感染后生殖道黏膜充血，严重的病例发热，包皮肿胀及水肿，阴茎上发生脓疱，病程10~14d。精液带毒。

3. 脑膜脑炎型

主要发生于犊牛，体温40℃以上，共济失调，沉郁，随后兴奋、惊厥、口吐白沫，角弓反张，磨牙，四肢划动，病程短促，多归于死亡。

主要特征性病理变化是非化脓性感觉神经节炎和脑脊髓炎。

4. 眼炎型

一般无明显全身反应，有时也可伴随呼吸型一同出现。

主要临床症状是结膜角膜炎，表现结膜充血、水肿或坏死。角膜轻度混浊，眼、鼻流浆液脓性分泌物，很少引起死亡。

5. 流产型

病毒经血液循环进入胎膜、胎儿所致，胎儿感染后7~10d死亡，再经一至数天排出体外。流产胎儿肝、脾有局部坏死，有时皮肤有水肿。

四、诊断

①根据病史及临床症状，可初步诊断为本病。

②确诊本病要做病毒分离，可采取感染发热期病畜鼻腔洗涤物，流产胎儿可取其胸腔液，或用胎盘子叶。可用牛肾细胞培养分离，再用中和试验及荧光抗体来鉴定病毒。RT-PCR技术也可以用于检测病毒。

③间接血凝试验可用于本病诊断或血清流行病学调查。

④ELISA是国际贸易中规定的诊断方法之一。

五、防治措施

1. 预防

(1) 疫苗免疫　目前，商品化的牛传染性鼻气管炎疫苗种类较多，主要是基因缺失弱毒疫苗和灭活疫苗、低温适应弱毒疫苗、亚单位疫苗以及常规弱毒疫苗和灭活疫苗等。尽管全部疫苗在临床上都具有较好的保护作用，但都无法有效抑制强毒感染，也不能阻止野毒感染。因此，对牛群展开全面净化应该是目前根除本病的最有效途径。

(2) 加强饲养管理　牛舍要保持干燥卫生，温度适宜。并多铺垫草。尤其是冬季，牛群往往饲养密度过大，相互容易接触，更容易导致该病的传播。因此，必须加强保温，特别是保持舍内温度适宜，从而可防止发病。牛舍温度适宜控制在8℃以上，且防止侵入冷风；牛只坚持适当运动，促使体质和御寒能力提高，从而有效预防该病。牛场最好采取自繁自养，并尽可能使用优良的种母牛与种公牛进行交配产生优质后代，不仅能够降低成本，还能够预防传染病发生。

(3) 严格检疫　最重要的防控措施是严格检疫，防止引入传染源和带入病毒。抗体阳性牛实际上就是本病的带毒者，因此，具有抗本病病毒抗体的任何动物都应视为危险的传染源，应采取措施对其严格管理。

2. 控制疫情

①牛场发生该病时，必须立即采取封锁、消毒、扑杀等综合性措施。发现病牛时，要及时进行隔离，同时对其污染过的场地、牛舍以及所有用具立即进行全面、彻底、严格的消毒，确保不存在死角，舍内的污染物以及排出的粪便要采取无害化处理，从而将病原体杀死，避免疫情蔓延。对其他牛舍也要每天进行消毒，避免被病毒污染。

②病畜可使用广谱抗生素，用于避免继发细菌感染，同时配合采取对症治疗，防止发生死亡。

情景三　牛恶性卡他热

牛恶性卡他热是由恶性卡他热病毒引起的一种急性热性、非接触性传染病。病的特征是持续发热，口、鼻流出黏脓性鼻液、眼黏膜发炎，角膜混浊，并有脑炎症状，病死率很高。

一、病原

恶性卡他热病毒为疱疹病毒丙亚科的成员。其病原为2种γ-疱疹病毒中的任何一种：狷羚属疱疹病毒Ⅰ型(AIHV-1)，其自然宿主为角马；作为亚临床感染在绵羊中流行的绵羊疱疹病毒Ⅱ型(OVHV-2)。本病毒可在牛、羊甲状腺，牛肾上腺、睾丸、肾等的细胞培养物中生长，引起细胞病变。病毒对外界环境的抵抗力不强，不能抵抗冷冻和干燥。含病毒的血液在室温中24h则失去活力，冰点以下温度可使病毒失去活性。

二、流行病学

1. 易感动物

在自然条件下只有牛具有易感性，牛的性别、品种、年龄与易感性无显著差异，1～4岁牛较为多发，1岁以下的牛很少发病。

2. 传染源

隐性感染的绵羊、山羊和角马是本病的主要传染源。

3. 传播途径

一般认为牛与牛之间不能引起直接传染，目前在自然界的传播方式还不太清楚。

4. 流行特点

一般为散发性，但在冬季和早春发生较多。

三、临床症状

潜伏期一般 4~20 周或更长。

临床病型有多种，如头眼型、消化道型、最急性型、良性型、慢性型等，但常多型混合表现。

病初高热，体温达 41~42℃，口、鼻和眼黏膜发生炎症。病眼羞明、流泪、结膜充血，角膜混浊甚至发生溃疡。鼻孔流出鼻液，鼻腔黏膜充血、水肿，覆有纤维素性脓性分泌物，也可发生溃疡。

口腔流出发臭的涎水，舌体、软腭及咽部黏膜糜烂、坏死，大多数表现木僵、昏迷或兴奋。病牛鼻镜干燥，炎症部位热痛，角根松动甚至脱落。

病程一般 5~14d，最急性病例多在 24h 内死亡，良性经过时只表现轻微的头部黏膜卡他。

四、病理变化

口腔、鼻腔及眼部的黏膜发生炎症、糜烂和溃疡，常覆有纤维素性脓性分泌物，病变可波及骨组织如鼻甲骨、筛骨及角床的骨组织。

喉头、气管和支气管黏膜充血、出血，常覆有假膜。

肺脏充血、水肿，可见支气管肺炎。

真胃黏膜、小肠黏膜可见出血性炎症，有时形成糜烂和溃疡。

心内外膜有点状出血。脑膜充血，有浆液性浸润。

五、诊断

根据流行特点、症状及病变可做出初步诊断，确诊须进行实验室检查。但要与牛瘟、口蹄疫、牛病毒性腹泻/黏膜病、牛蓝舌病等类似疾病相鉴别。

六、防治措施

本病目前尚无可供免疫接种的生物制剂，也无特效的治疗方法和药物。要尽快做出诊断，尽早淘汰。

情景四　牛白血病

牛白血病是由牛白血病病毒引起的牛的一种慢性肿瘤性疾病。其特征为淋巴样细胞恶性增生，进行性恶病质和发病后的高死亡率。该病早在 19 世纪末就被发现，但直到 1969 年才由美国的 Miller 从病牛外周血液淋巴细胞中分离到病毒。在 20 世纪 70 年代我国首次发现该病，现在该病已成为牛的重要传染病之一。

一、病原

牛白血病的病原是牛白血病病毒（BLV），属于反转录病毒科丁型反转录病毒属，是C型病毒，含RNA。病毒粒子直径为90～120nm，核心直径为60～90nm。感染牛白血病病毒的牛群中大约有30%出现持续性淋巴细胞增多。该病的发生有家族史，细胞染色体有异常变化。病毒和遗传因素在致病中均具重要作用。

二、流行病学

1. 易感动物

自然条件下本病主要感染牛。潜伏期平均为4年。所有品种的牛均有易感性，奶牛的发病率高于肉用牛，发病率随着年龄的增长而升高，2岁以下的牛发病率很低。4～8岁的牛最常见。

2. 传染源

病牛和带病毒的牛是传染源。病毒可长期存在于病牛体内。

3. 传播途径

本病主要是通过牛的相互接触而传播，同时也存在呼吸道感染的可能性。可进行垂直传播和水平传播。病毒可以通过胎盘感染胎儿，这种感染主要发生在母牛怀孕6个月以后，感染本病的母牛所生的犊牛有3%～20%在出生时已被感染。犊牛通过吸吮感染母牛的初乳也可被感染，但这种感染的发病率较低。吸血昆虫是重要媒介，虻、蝇、蚊、蜱、螨和吸血蝙蝠都可传播本病。另外，注射器、手术器械等也可机械性地传播本病。输血可能是本病传播最直接的途径。

4. 流行特点

呈地方流行性和散发性。

三、临床症状

根据临床表现和发病情况可分为临床型和亚临床型。

1. 临床型

潜伏期一般为4～5年，故多发生于3岁以上成年牛，4～8岁间牛感染率最高。5%～10%表现为最急性病程，无前驱症状即死亡。大多为亚急性病例，病程多为7d至数月。表现为食欲减退、贫血和肌无力。当肿瘤广泛生长时，体温可升高至39.5～40℃。病牛表现为生长缓慢，全身体表淋巴结显著肿大而且坚硬，依部位不同可导致病牛头偏向一侧，眼球突出，严重时被挤出眼眶，有的出现贫血，心脏受损，消化功能紊乱，流产、难产或不孕，共济失调、麻痹。个别导致脾破裂而突然死亡。

2. 亚临床型

比较少见，青年牛型多见于18～20月龄的青年牛，出现全身淋巴结肿大，内脏特别是胸腺出现肿瘤，并伴有贫血和下痢，心和肝脏的肿瘤可导致病牛死亡。犊牛型见于4月龄以下的犊牛，主要表现为淋巴结的对称性肿大。皮肤型见于1～3岁的牛，主要表现为真皮有结节状白细胞浸润。最后由于淋巴和内脏器官发生肿瘤而死亡。

四、病理变化

尸体表现为贫血、消瘦，主要为全身的广泛性淋巴肿瘤。

1. 解剖变化

(1)淋巴结　肩前淋巴结、腮淋巴结、乳房淋巴结、腰下淋巴结以及股前淋巴结等肿大，淋巴结柔软，被膜紧张，呈均匀灰色，切面突出。

(2)心脏、皱胃和脊髓常发生浸润　心肌浸润常发生于右心房、右心室和心隔，色灰而增厚；循环扰乱导致全身性被动充血和水肿；脊髓被膜外壳内的肿瘤结节，使脊髓受压、变形和萎缩。

(3)其他　皱胃壁由于肿瘤浸润而增厚变硬；肾脏形成淋巴结肉瘤；肝、肌肉、神经干和其他器官也可受损，但脑的病变少见。

2. 血液学变化

由于骨髓的坏死而出现不同程度的贫血，表现在淋巴细胞尤其是未成熟的淋巴细胞的比率大幅增高，淋巴细胞可从正常的50%增加到65%以上，未成熟的淋巴细胞可增加到25%以上。血液学变化在病程早期最明显，随着病程的进展血象转归正常。

五、诊断

根据典型临床症状和病理变化可做出初步诊断，确诊需辅以实验室诊断。

1. 初步诊断

临床诊断基于触诊发现增大的淋巴结(腮、肩前、股前)。对于疑患有该病的牛只，直肠检查具有重要意义。尤其在病的初期，触诊骨盆腔和腹腔的器官可以发现白血组织增生的变化，常出现在表现淋巴结增大之前。具有特别诊断意义的是腹股沟和髂淋巴结的增大。

*2. 病原学诊断

(1)病料的采集和处理　主要采集病牛的血液并分离出淋巴细胞，用于接种动物或细胞培养。

(2)病毒分离　细胞培养将病牛的淋巴细胞接种于牛胎肾、牛胎肺、羊胎肾、羊胎肺和蝙蝠肺等组织，病毒可在细胞内增殖传代。但不形成肉眼可见的细胞病变，只能通过检查合胞体才能证实是否有病毒感染。

(3)动物试验　将病牛的血液经腹腔注射给绵羊或将病牛的淋巴细胞静脉接种绵羊，一般2~3周血清阳转。接毒绵羊如果饲养较长时间可出现非常典型的淋巴细胞增多症，肿瘤发生率较高而且犊牛肿瘤出现得早。

(4)病毒鉴定　对本病毒在较短时间内完成鉴定很困难。主要方法有动物感染试验，检查接种动物是否抗体转阳和有肿瘤形成。将病毒接种细胞后。需通过合胞体的数量和形态来确定是否感染，最后用电子显微镜观察病毒形态，并要求只有观察到病毒出芽增殖的形态才能最终确认。应用PCR可以从外周血液单核细胞中检测病毒。

3. 血清学诊断

牛感染病毒后可引起持续性感染，所以产生的抗体一般终生不消失，而且抗体价变化不大。OIE推荐采用琼脂免疫扩散试验。

六、防治措施

1. 预防

①坚持对全场牛群定期进行血清学诊断，检出阳性牛。

②对有临床症状的病牛，立即淘汰处理。仅阳性反应无临床症状牛应隔离饲养，继续观察。

③对进口牛或外地引进牛，应做白血病检疫，凡阳性反应牛，一律不准进场。

④要加强消毒工作，保持场内整洁卫生，做好灭虻、灭蚊工作，杜绝传播发病。

2. 治疗

呈现临床症状的白血病病牛。药物治疗效果不大。初期病牛，尤其有一定经济价值的牛，可试用抗肿瘤药，如氮芥30~40mL，静脉注射1次，连用3~4d，可缓解症状。盐酸阿糖胞苷1000mg，用5％葡萄糖盐水稀释成注射液，静脉注射1次，每周1次，连用4次为1疗程，对肿瘤生长有抑制作用。

情景五　牛流行热

牛流行热又叫三日热、暂时热，俗称牛流感，它是由牛流行热病毒引起的一种急性、热性传染病，其特征是起病急骤，病程短促传播迅速，高热、流泪、流涎、鼻痒、呼吸困难、躯体僵直、跛行、发病率高，死亡率低。

一、病原

牛流行热病毒属于弹状病毒科暂时热病毒属，是单股负链RNA病毒。病毒粒子呈子弹状，长130~220nm，有囊膜，主要存在于发病牛的血清和白细胞中，可在牛源细胞及仓鼠和猴肾细胞上生长。该病毒对外界环境抵抗力较强，耐低温，但对温热、酸碱及脂溶剂敏感。

二、流行病学

1. 易感动物

主要侵害奶牛和黄牛，水牛较少感染。以3~5岁牛多发。母牛尤以怀孕牛发病率高于公牛，产奶量高的母牛发病率高。

2. 传染源

病牛是本病的主要传染源。

3. 传播途径

吸血昆虫(蚊、蠓、蝇)是重要的传播媒介。

4. 流行特点

本病呈周期性流行，流行周期为 3~5 年。具有季节性，夏末、秋初，多雨潮湿、高温季节多发。流行方式为跳跃式蔓延，即以疫区和非疫区相嵌的形式流行。传染力强，传播迅速，短期内可使很多牛发病，呈流行性或大流行性。本病发病率高，死亡率低。

三、临床症状

按临床表现可分为：呼吸型、胃肠型和瘫痪型。潜伏期 2~7d。

1. 呼吸型

分为最急性型和急性型 2 种。病牛主要表现为食欲减少，体温 40~41℃。眼结膜潮红、流泪、结膜充血，眼睑水肿，呼吸急促，口角出现多量泡沫状黏液，精神不振，病程 3~4d。严重病牛发病后数小时内死亡。

2. 胃肠型

病牛眼结膜潮红，流泪，口腔流涎及鼻流浆液性鼻液，腹式呼吸，不食，精神萎靡，体温 40℃。粪便干硬，呈黄褐色，有时混有黏液，胃肠蠕动减弱，瘤胃停滞，反刍停止。还有少数病牛表现腹泻和腹痛等，病程 3~4d。

3. 瘫痪型

多数体温不高，四肢关节肿胀，疼痛，卧地不起，食欲减退，肌肉颤抖，皮温不整，精神萎靡，站立则四肢特别是后躯表现僵硬，不愿移动。

本病死亡率一般不超过 1%，但有些牛因跛行、瘫痪而被淘汰。

四、病理变化

急性死亡多因窒息所致。咽、喉黏膜呈点状或弥漫性出血，有明显的肺间质性气肿，多在尖叶、心叶及膈叶前缘，肺高度膨隆，间质增宽，内有气泡，压迫肺呈捻发音。或肺充血与肺水肿，胸腔积有多量暗紫红色液，肺间质增宽，内有胶冻样浸润，肺切面流出大量暗紫红色液体，气管内积有多量泡沫状黏液。

心内膜、心肌乳头部呈条状或点状出血，肝轻度肿大，脆弱。脾髓粥样变化。肩、肘、跗关节肿大，关节液增多，呈浆液性。关节液中混有块状纤维素。全身淋巴结充血、肿胀和出血。真胃、小肠和盲肠呈卡他性炎症和渗出性出血。

五、诊断

本病的特点是大群发生，传播快速，有明显的季节性，发病率高、病死率低，结合病畜临床上表现的特点，可以初步诊断。

(1) 实验室检验　确诊本病需进行实验室检验，必要时采取病牛全血，用易感牛做交叉保护试验。病毒分离应取病牛发热期的血液白细胞悬液，接种于乳仓鼠肾或肺或猴肾细胞。

(2) 血清学诊断　用中和试验、琼脂扩散试验、免疫荧光抗体技术、补体结合试验及 ELISA 等，都能取得良好的检测结果。

(3)动物接种试验 采取病牛发热初期血液(收集血小板层和白细胞,制成悬液)接种于出生 24h 以内的乳鼠、乳仓鼠等脑内,一般接种后 5~6d 发病,不久死亡。取死鼠脑制成乳剂传代,传 3 代后可导致仓鼠 100% 死亡,然后进行中和试验。

六、防治措施

发生本病时,要对病牛及时隔离、治疗,对假定健康牛及受威胁牛群可采用高免血清进行紧急预防接种。

1. 治疗

(1)多采取对症治疗,减轻病情,提高机体抗病力 病初可根据具体情况进行退热、强心、利尿、整肠健胃、镇静,对重症病牛可用抗生素防止继发感染,对有脱水的病牛应适当给予强心、补液。

(2)常用药物 复方氨基比林 20~40mL,或 30% 安乃近 20~30mL,为防止继发感染可用青霉素 600 万~1000 万 U,链霉素 300 万~400 万 U 肌肉注射。为防止脱水可用含糖盐水 1500~3000mL,维生素 C 2~4g,维生素 B_1 100~500mg 静脉注射,对四肢关节疼痛严重者,可静脉注射水杨酸钠溶液,还可内服芬必得胶囊等药物进行治疗。对卧地不起的牛,要协助牛改变倒卧姿势,防止褥疮的发生。

2. 预防

(1)应根据本病的流行规律,做好疫情监测和预防工作 注意环境卫生,清理牛舍周围的杂草污物,加强消毒,扑灭蚊、蠓等吸血昆虫,每周用杀虫剂喷洒 1 次,切断本病的传播途径。注意牛舍的通风,对牛群要防晒防暑,饲喂适口饲料,减少外界各种应激因素。

(2)预防接种 在流行之前接种牛流行热亚单位疫苗,1 岁以上牛间隔 3 周注射 2 次,每次皮下注射 2mL,免疫期为 3 个月以上,可获得 93.33% 的保护。自然病例恢复后可获得 2 年以上的坚强免疫力。

情景六 牛病毒性腹泻/黏膜病

牛病毒性腹泻/黏膜病(BVD/MD),即牛病毒性腹泻或牛的黏膜病,是由牛病毒性腹泻病毒引起的一种急性、热性传染病。各种年龄的牛都易感染、以幼龄牛易感性最高。以发热、白细胞减少、口腔及消化道黏膜糜烂、坏死、腹泻、怀孕母牛流产或产畸型胎儿为特征。但大多数牛是隐性感染。本病呈世界分布,广泛存在于美国、澳大利亚、英国等国家。1980 年以来,我国从美国、丹麦、新西兰等十多个国家引进种牛中分离鉴定出了病毒。我国已在很多省内流行该病。

一、病原

牛病毒性腹泻病毒为黄病毒科瘟病毒属成员,与猪瘟病毒同属,在基因结构和抗原性上有很高的同源性。该病毒对外界因素抵抗力不强,pH 3.0 以下或 56℃很快被灭活,对一般消毒药敏感,但血液和组织中的病毒在低温状态下稳定,在冻干状态下可存活多年。

二、流行病学

1. 易感动物

自然情况下主要感染牛，尤以6～18月龄幼牛最易感，山羊、绵羊、猪、鹿及小袋鼠也可被感染。

2. 传染源

传染源为患病及带毒动物。病畜可发生持续性的病毒血症，其血、脾、骨髓、肠淋巴结等组织和呼吸道、眼分泌物、乳汁、精液及粪便等均含有病毒。

3. 传播途径

主要经消化道、呼吸道感染，也可通过胎盘发生垂直感染，交配、人工授精也能感染。

4. 流行特点

呈地方流行性，一年四季均可发生，但以冬、春季节多发。

三、临床症状

1. 急性型

常见于幼犊，死亡率很高，发病初期表现上呼吸道症状，体温升高（40～42℃），双相热。流鼻汁、咳嗽、呼吸急促、流泪、流涎、精神委顿等，白细胞减少。口腔黏膜发生糜烂或溃疡。多有腹泻症状，稀粪呈水样初期淡黄色，后期常伴有肠黏膜和血液，粪恶臭。病犊食欲减少，消瘦，精神倦怠。有的不出现腹泻而突然死亡。乳牛泌乳减少或停止，孕牛可发生流产，或产下先天性缺陷的犊牛，如小脑发育不全，共济失调。有的发生趾间皮肤溃烂、蹄冠炎、蹄叶炎和角膜水肿。重症病牛5～7d内因急性脱水和衰竭死亡。

2. 慢性型

多由急性型转来，很少有明显的炎症症状。

口腔黏膜很少发生坏死和溃疡，但齿龈通常发红。间歇性腹泻，流鼻汁，鼻镜干燥，后变成鼻镜糜烂，可连成一片。眼睛流泪或流黏糊透明分泌物，有的角膜混浊，有的表现青光眼，有的发生慢性蹄叶炎和严重的趾间坏死，病牛跛行。有的还表现局限性脱毛和表皮角化，病牛发育不良，衰竭死亡。大多数患病牛均死于2～6个月内，也有些可拖延到1年以上。

四、病理变化

鼻镜、鼻腔黏膜、齿龈、上腭、舌面两侧及颊部黏膜有糜烂及浅溃疡，严重病例在咽喉黏膜有溃疡及弥散性坏死。特征性损害是食道黏膜糜烂，呈大小不等形状，与直线排列。瘤胃黏膜偶见出血和糜烂，第四胃炎性水肿和糜烂。肠壁因水肿增厚，肠淋巴结肿大。蹄部趾间皮肤及全蹄冠有糜烂、溃疡和坏死。

五、诊断

在本病严重暴发流行时，可根据其发病史、临床症状及病理变化初步诊断，最后确诊需依赖病毒的分离鉴定及血清学检查。

1. 病毒的分离鉴定

病毒的分离应于病牛急性发热期间采取血液、尿、鼻液或眼分泌物，采取脾、骨髓、肠系膜淋巴结等病料，人工感染易感犊牛或乳兔来分离病毒；也可用牛胎肾、牛睾丸细胞分离病毒。RT-PCR 方法可用于检测器官、组织、培养细胞中的病毒。

2. 血清学检查

主要包括 ELISA、血清中和试验、免疫荧光技术、琼脂扩散试验等，可用于检测血清抗体和 BVDV 抗原。

六、防治措施

1. 预防

主要是加强免疫，可用黏膜病弱毒疫苗或猪瘟弱毒疫苗进行免疫。对发病牛进行隔离或急宰，严格消毒，限制牛群活动，防止扩大传染。

2. 治疗

本病尚无特效治疗方法，主要是对症治疗。发病后及时止泻，防止细菌继发感染，防止脱水和电解质紊乱。可用下列处方治疗：糖盐水 1000~2000mL，维生素 C 2~4g，5% 碳酸氢钠 200~400mL，混合，静脉注射，每日 1 次，连用 3~4d，还可应用病毒唑、大青叶等抗病毒药肌肉注射。

情景七 蓝舌病

蓝舌病是由蓝舌病病毒引起反刍动物的一种急性虫媒传染病。以口腔、鼻腔和胃肠道黏膜发生溃疡性炎症变化和跛行为特征。主要侵害绵羊。蓝舌病于 19 世纪后期首先在南非发生，1905 年被正式报道。

一、病原

蓝舌病病毒属于呼肠孤病毒科环状病毒属，是一种虫媒病毒。病毒对乙醚、氯仿、0.1% 去氧胆酸钠有耐受力，对胰酶敏感；可被过氧乙酸、3% 氢氧化钠灭活，在 pH 5.6~8.0 之间稳定，在 pH 3.0 以下被迅速灭活，在 60℃ 30min 被杀死；在干燥的血液、血清中和腐败的肉、下水中，可长期生存。病毒有 24 个血清型，不同血清型之间无交互免疫性。病毒可以在鸡胚、哺乳期仔鼠和仓鼠体内增殖。

二、流行病学

1. 易感动物

绵羊最易感，并表现出特有症状，纯种美利奴羊更为敏感。牛易感，但以隐性感染为主。山羊和野生反刍动物如鹿、麋、羚羊、沙漠大角羊也可感染，但一般不表现出症状。

2. 传染源

病羊和病后带毒羊为传染源。

3. 传播途径

主要经虫媒传播。

4. 流行特点

由于蓝舌病是一种虫媒病毒病，它的发生、传播与环境因素和放牧方式有很大关系，蓝舌病主要发生在温暖、湿润等适宜于媒介昆虫生长活动的季节，经常在河谷、水坝附近、沼泽地放牧的动物更易感染和发病。如果在日出之前和日落之后将动物关养于厩舍，可大大减少动物感染发病的机会。

三、临床症状

潜伏期为3~8d。病初体温升高达40.5~41.5℃，稽留2~3d。在体温升高后不久，表现厌食，精神沉郁，落群。

上唇肿胀、水肿可延至面耳部，口流涎，口腔黏膜充血、呈青紫色，随即可显示唇、颊、舌黏膜糜烂，致使吞咽困难。口腔黏膜受溃疡损伤，局部渗出血液，唾液呈红色。

继发感染后，可引起局部组织坏死，口腔恶臭。鼻流脓性分泌物，结痂后阻塞空气流通，可致呼吸困难和鼻鼾声。

蹄冠和蹄叶发炎，出现跛行、膝行、卧地不动。病羊消瘦、衰弱、便秘或腹泻，有时下痢带血。

早期出现白细胞减少症。病程一般为6~14d，至6~8周后蹄部病变可恢复。

四、病理变化

主要见于口腔、瘤胃、心、肌肉、皮肤和蹄部。口腔出现糜烂和深红色区，舌、齿龈、硬腭、颊黏膜和唇水肿。瘤胃有暗红色区，表面有空泡变性和坏死。真皮充血、出血和水肿。肌肉出血，肌纤维变性，有时肌间有浆液和胶冻样浸润。呼吸道、消化道和泌尿道黏膜及心肌、心内外膜均有小点出血。严重病例，消化道黏膜有坏死和溃疡。脾脏通常肿大。

五、诊断

根据典型症状和病变可以做临床诊断。为了确诊可采取病料进行人工感染或通过鸡胚或乳鼠和乳仓鼠分离病毒，也可进行血清学诊断。

六、防治措施

①发生本病的地区，应扑杀病畜清除疫源，消灭昆虫媒介，必要时进行预防免疫。用于预防的疫苗有弱毒活疫苗和灭活疫苗等。

②禁止从疫区引进易感动物。加强海关检疫和运输检疫，严禁从有该病的国家或地区引进牛羊或冻精。在邻近疫区地带，避免在媒介昆虫活跃的时间内放牧，加强防虫、杀虫措施，防止媒介昆虫对易感动物的侵袭，并避免畜群在低湿地区放牧和留宿。

情景八 痒病

痒病俗称驴跑病、瘙痒病、震颤病或摇摆病,是由蛋白侵染因子引起绵羊、山羊的一种慢性传染病。病羊具有中枢神经系统变性、空泡化、星形胶质细胞增生等特点,其特征为剧痒,精神委顿,肌肉震颤,运动失调,衰弱,瘫痪,病畜100%死亡。

一、病原

痒病属于传染性海绵状脑病(TSE)的一种。该病是由朊病毒引起的人和多种哺乳动物以神经退行性变化为主要特征的一种慢性消耗性传染病,也称作朊病毒病。

二、流行病学

1. 易感动物

不同品种、性别的羊均可发生痒病,主要是2~5岁绵羊,易感性存在着明显品种间差异。

2. 传染源

一旦感染痒病,很难根除,病羊和带毒羊是本病的传染源。

3. 传播途径

目前认为主要是接触性传染,已经证明可以通过先天性传染,由公羊或母羊传给后代。

4. 流行特点

通常呈散发性流行,感染羊群内只有少数羊发病,传播缓慢。本病虽然发病率低(约10%),但病畜可能全部死亡。人可以因接触病羊或食用带感染痒病因子的肉品而感染本病。

三、临床症状

潜伏期1~4年。症状主要为瘙痒和共济失调。病程为6~8个月,甚至更长。

病初羊食欲良好,体温正常,易惊吓、不安或凝视、磨牙,有时表现癫痫状,病羊有些表现有攻击性或离群呆立,头高举,高抬腿行走,头、颈、腹发生震颤。

最特殊的症状是瘙痒,病羊在硬物体上摩擦身体,并用后蹄挠痒。表现摇尾和唇部颤动。由于不断的摩擦、蹄挠和口咬,引起肋腹部及后躯发生脱毛,造成羊毛大量损失。有时还会出现大小便失禁。

四、病理变化

除见尸体消瘦和皮毛损伤外,其他无肉眼可见变化。

五、诊断

1. 初步诊断

根据是否由疫区引进种羊或有痒病史、瘙痒、不安和运动失调、体温不升高等典型症状做出初检。

*2. 组织病理学检查

采集脑髓、脑桥、大脑、小脑、丘脑、脊髓等进行组织切片。镜检时特征的病变为神经元空泡化，神经元变性和消失，灰质神经纤维网空泡化，星状胶质细胞增生和出现淀粉样斑。

六、防治措施

①灭蜱：在蜱活动季节，定期对易感动物进行药浴或喷雾杀虫；对痒病、隐性感染羊采取扑杀后焚化。在疫区可以用鸡胚化弱毒疫苗进行接种。

②禁止用病死羊加工蛋白质饲料，禁止用反刍动物蛋白饲喂牛、羊。

③加强对市场和屠宰场肉类的检验，检出的病羊肉必须销毁，不得食用。受感染羊只及其后代坚决扑杀。

④禁止从痒病疫区引进羊、羊肉、羊的精液和胚胎等。中国已禁止从有痒病的国家或地区引进羊及其产品。

⑤定期消毒：常用的消毒方法有焚烧、5%～10%氢氧化钠溶液作用1h、5%次氯酸钠溶液作用2h、浸入3%十二烷基磺酸钠溶液煮沸10min。

⑥痒病为一类动物疫病，发现后立即上报疫情，采取封杀、销毁处理。

情景九　羊痘

羊痘分为绵羊痘和山羊痘，是由痘病毒引起的一种急性、热性、共患性传染病。绵羊痘是各种动物痘病中危害最严重的一种急性、热性、接触性传染病。临床特征是在病羊的皮肤和黏膜上发生特异性的痘疹。我国将由山羊痘病毒引起的绵羊痘和山羊痘列为一类动物疫病。

一、病原

山羊痘病毒和绵羊痘病毒均为痘病毒科山羊痘病毒属的成员。该病毒粒子呈砖形或椭圆形，是一种亲上皮细胞的病毒，大量存在于病羊的皮肤、黏膜的丘疹、脓疮及痂皮内。鼻黏膜分泌物也含有病毒，发病初期血液中也有病毒存在。痘病毒对热的抵抗力不强，55℃ 20nin或37℃ 24h均可使病毒灭活；病毒对寒冷及干燥的抵抗力较强，冻干的至少可保存3个月以上；在毛中保持活力达2个月，在开放羊栏中达6个月。

二、流行病学

1. 易感动物

在自然情况下，绵羊痘病毒主要感染绵羊；山羊痘病毒则可感染绵羊和山羊并引起绵羊和山羊的恶性痘病。细毛羊、羔羊最易感，病死率高。

2. 传染源

病羊及隐性感染的羊是最主要的传染源。

3. 传播途径

该病主要通过呼吸道感染，也可通过损伤的皮肤或黏膜侵入机体。饲养管理人员、护理用具、皮毛产品、饲料、垫草、外寄生虫以及吸血昆虫等都可成为该病的传播媒介。

4. 流行特点

羊痘的发生虽无明显季节性，但在天气变冷的冬、春时节更易发病，1~5月、11~12月的发病率要高于其他月份。

三、临床症状

潜伏期平均为6~8d。

1. 典型羊痘

典型羊痘分前驱期、发痘期、结痂期。

(1)前驱期 病初体温升高，达41~42℃，呼吸加快，结膜潮红肿胀，流黏液脓性鼻汁。

(2)发痘期 经1~4d后进入发痘期。痘疹多见于无毛部或被毛稀少部位，如眼睑、嘴唇、鼻部、腋下、尾根以公羊阴鞘、母羊阴唇等处，先呈红斑，1~2d后形成丘疹，突出皮肤表面，随后形成水疱，此时体温略有下降，再经2~3d后，由于白细胞聚集，水疱变为脓疱，此时体温再度上升，一般持续2~3d。

(3)结痂期 在发痘过程中，如没有其他病菌继发感染，脓疱破溃后逐渐干燥，形成痂皮，即为结痂期，痂皮脱落后痊愈。

2. 非典型羊痘

(1)全身症状较轻 有的脓疱融合形成大的融合痘（臭痘）；脓疱伴发出血形成血痘（黑痘）；脓疱伴发坏死形成坏疽痘。

(2)重症 病羊常继发肺炎和肠炎，导致败血症或脓毒败血症而死亡。

3. 顿挫型羊痘

常呈良性经过。通常不发烧，痘疹停止在丘疹期，呈硬结状，不形成水疱和脓疱，俗称"石痘"。

四、病理变化

特征性病变是在咽喉、气管、肺和其胃等部位出现痘疹。

在嘴唇、食道、胃肠等黏膜上出现大小不同的扁平的灰白色痘疹，其中有些表面破溃形成糜烂和溃疡，特别是唇黏膜与胃黏膜表面更明显。

气管黏膜及其他实质器官，如心脏、肾脏等黏膜或包膜下则形成灰白色扁平或半球形的结节，特别是肺的病变与腺瘤很相似，多发生在肺的表面，切面质地均匀，但很坚硬，数量不定，性状则一致。

五、诊断

典型病例根据其临床症状、病理变化和流行特点可做出初步诊断。确诊可通过病料样品的分离培养、荧光抗体检测或电镜观察进行病原学检测。

六、防治措施

1. 预防

(1)加强饲养管理　勿从疫区引进羊和购入羊肉、皮毛产品。抓膘保膘，冬、春季节适当补饲，注意防寒保暖。

(2)疫区坚持免疫接种　使用羊痘鸡胚化弱毒疫苗，大、小羊只一律尾部或股内侧皮内注射0.5mL，4～6d产生免疫力，保护期1年。疫区内羊群每年定期进行预防接种。

2. 疫情扑灭措施

(1)发生疫情时　立即上报疫情，按《中华人民共和国动物防疫法》规定，采取紧急、强制控制和扑灭措施。划区封锁，立即隔离病羊，彻底消毒环境。

(2)紧急免疫　疫区和受威胁区未发病羊用鸡胚化弱毒疫苗实施紧急免疫接种。

知识链接

一、牛羊呼吸道疾病

1. 牛传染性胸膜炎

牛传染性胸膜炎也称牛肺疫，是丝状支原体引发的牛的一种接触性传染病。主要病变为浆液性纤维素性肺炎和胸膜炎为主要病变，应与巴氏杆菌相区别。

患病牛只反刍减少或停止，便秘或腹泻，呼吸不畅，咳喘而粗短，有脓性鼻液流出，触诊肺部有明显疼痛反应，咳喘时有明显疼痛反应，前肢站立张开，呻吟，四肢水肿明显等表现症状。

2. 牛出血性败血病

是由巴氏杆菌引发的出血性败血病，也叫牛出败，也称清水喉或锁喉风等。为巴氏杆菌引发的传染病，以发生高热以及肺炎、内脏广泛出血为主要表现症状。

此病常发于过度劳逸、长途运输过的牛只，巴氏杆菌为上呼吸道常在菌，属于条件性致病菌，常在应激后发病。

①败血型：常见于犊牛，体温突然升高可达41～42℃、精神萎靡，食欲废绝，反刍停止，鼻镜干燥，呼吸困难声音粗粝，鼻孔有时流带血沫的鼻液，有的发生腹泻，腹痛下痢，粪便中带血，个别尿液中也会伴有出血。

②水肿型：多发于牦牛，品种局部地区偏少，不做介绍。

③肺炎型：病牛体温升高，精神萎靡，食欲废绝，反刍停止，呼吸困难，头颈伸直，舌外吐，呈喷气状，痛苦干咳，后转变为湿咳，脓性鼻液或带血黏稠鼻液，严重者下痢带血。

预防以注射疫苗为主，预防应激。

3. 羔羊肺炎球菌病

羔羊肺炎球菌病是羔羊急性传染病，病原体为肺炎球菌，也称肺炎链球菌或肺炎双球菌。主要通过消化道或呼吸道传染。

本病主要侵害羔羊，尤其刚出生羔羊，主要表现为肺炎以及肠炎症状同时出现败血症病变，吃食减少或停止，精神萎靡，呼吸粗短，伴随咳喘，有水样或脓性鼻液。对羔羊危害极大，常引发羔羊大批量死亡。

及时发现隔离、治疗以免大面积暴发疫情。

4. 羊传染性肺炎

本病多发于一年以上山羊成年羊，群体性发病，病原体为支原体，因此一般消炎药无效。

常发于天气突变（特别是从冷到热）、冬季密度过大、营养不足（多见饲料搭配不合理）、风寒引发。症状表现：前期干咳，随之发展为单侧鼻腔有分泌物（铁锈色分泌物），体温多在41.5℃以上，肺部有明显疼痛反应。特殊病变表现为口唇部、乳区、被毛少区发生破溃、疱疹现象，孕羊常伴发流产。

注射氢氧化铝肺炎疫苗。

重症一般无治疗意义。

二、牛高热病

1. 牛流行热

牛流行热又叫三日热或暂时热，是牛的急性、热性传染病，主要特殊病变为高热和上呼吸道炎症以及四肢关节疼痛反应引发跛行。不同品种、年龄、性别牛均可感染，主要以吸血原虫为主要传播媒介，所以，此病高发于吸血原虫活动昌盛炎热季节。

症状表现为：发病牛突然高热，持续2～3d后下降，高热时牛流泪，眼睑和结膜充血、水肿，呼吸急粗，流鼻涕，食欲废绝，反刍停止，流涎，四肢关节肿胀，呆立跛行，产奶牛产奶量下降迅速。

2. 牛恶性卡他热

牛恶性卡他热是牛的一种高度致死性传染病，以持续高热，上呼吸道、口腔与胃肠道黏膜发生急性卡他性（溃疡）或纤维素坏死性炎症为主要特征病变。

绵羊是本病自然宿主和传播媒介，各种牛均易感发病于接触绵羊为主。

本病主要是见于混养牛羊。本病以杜绝中间宿主为主。

复习思考题

1. 气肿疽临床症状和特征性病理变化是什么？
2. 牛副结核病的临床症状主要有哪些？如何防治？
3. 牛传染性角膜结膜炎的主要特征是什么？有哪些主要症状？如何治疗？
4. 牛恶性卡他热的主要特征是什么？有哪几种病型？各种病型的主要病理变化有哪些？
5. 牛病毒性腹泻/黏膜病的症状有哪些？其特征性症状是什么？预防措施有哪些？
6. 牛传染性鼻气管炎可分为哪几种类型？各型主要特征是什么？如何防治？
7. 牛海绵状脑病有哪些病理变化？如何预防？
8. 试述蓝舌病的病原、传播媒介、主要临床表现及其实验室诊断方法。

9. 怎样预防羊梭菌性疾病？如何进行免疫接种？

10. 痒病有什么特征？

11. 牛流行热在流行病学上有哪些特点？

*12. 试举出 5 种在自然条件下仅发生于牛的传染病。

*13. 以呼吸症状为主要临床特点的牛病毒性传染病有哪些？如何初步诊断为牛白血病？应如何进一步确诊？

*14. 牛恶性卡他热与水牛热在传染来源、易感动物、临床表现和剖检变化方面有什么区别？

*15. 在我国，牛由于疱疹病毒属病毒所引起的传染病主要有哪两种？如何进行区别（不少于 5 点）？

*16. 以表现呼吸系统症状和腹泻症状为主的犊牛传染病有哪能些？其病原分别是什么？还有哪些因素可参与疾病过程？

*17. 对根据临床症状和剖检变化初诊为牛肺疫的牛群，应采用哪些实验诊断方法予以确诊？其主要防治措施为何？

*18. 试述牛传染性鼻气管炎的各种临床类型的主要表现及其确诊方法。

其他动物传染病

知识目标

1. 了解马、犬、兔、猫等动物主要传染病的概况。
2. 掌握马、犬、兔、猫等动物主要传染病病因及临床症状。

技能目标

熟练掌握马、犬、兔、猫等动物主要传染病诊断方法及防治措施。

项目一 细菌性传染病

情景一 马鼻疽

马鼻疽是马、骡、驴等单蹄动物的一种高度接触性的传染病，人也可以感染。以在鼻腔、喉头、气管黏膜或皮肤上形成鼻疽结节、溃疡和瘢痕，在肺、淋巴结或其他实质器官发生鼻疽性结节为特征。

马鼻疽分布极为广泛，全世界都有发生，严重威胁农牧业生产。我国各主要牧业区和一些农业区均有该病发生，危害严重。

一、病原

病原为假单胞菌属的鼻疽假单胞菌，长 $2\sim5\mu m$、宽 $0.3\sim0.8\mu m$，两端钝圆，不能运动，不产生芽孢和荚膜，幼龄培养物大半是形态一致呈交叉状排列的杆菌，老龄菌有棒状、分枝状和长丝状等多种形态，组织抹片菌体着色不均匀时，浓淡相间，呈颗粒状，类似双球菌或链球菌形状。革兰染色阴性，常用苯胺染料可以着色，以稀释在石炭酸复红或碱性美蓝染色时，能染出颗粒状特征。马鼻疽有2种抗原：一种为特异性抗原；另一种为与类鼻疽共同的抗原。与类鼻疽菌在凝集试验、补体结合试验和变态反应中均有交叉反应。

二、流行病学

1. 易感动物

人和多种温血动物都对本病易感。驴最易感，但感染率最低；骡居第二，但感染率却比马低；马通常取慢性经过，感染率高于驴、骡。我国骆驼有自然发病的报道。牛、山羊、绵羊人工接种也可发病，但狼、犬、绵羊和山羊偶尔也会自然感染。捕获的野生狮、虎、豹、豺和北极熊因吃病畜肉而得病死亡。鬣狗也可感染，但可耐过。

2. 传染源

马鼻疽通常是通过患病或潜伏感染的马匹传入健康马群，鼻疽马是本病的传染源，开放性鼻疽马更具危险性。

3. 传播途径

自然感染是通过病畜的鼻分泌液、咳出液和溃疡的脓液传播的，通常是在同槽饲养、同桶饮水、互相啃咬时随着摄入受鼻疽假单胞菌污染的饲料、饮水经由消化道发生的。经皮肤或黏膜创伤而发生感染的较少见。人感染鼻疽主要经创伤的皮肤和黏膜，人经食物和饮水感染的罕见。

4. 流行特点

新发病地区常呈暴发流行，多取急性经过。在常发病地区马群多呈缓慢、延续性传播。马鼻疽一年四季均可发生。马匹密集饲养，在交易市场、大车店使用公共饲槽和水桶，以及马匹大迁徙、大流动，都是造成本病蔓延因素。本病一旦在某一地区或马群出现，如不及时采取根除措施，则长期存在，并多呈慢性或隐性经过。当受到饲养管理不善、过劳、疾病或长途运输等应激因素影响时，又可呈暴发流行，引起大批马匹发病死亡。

三、临床症状

人工感染为 2～5d，自然感染约为 2 周至几个月。在临床上，鼻疽分为急性鼻疽和慢性鼻疽。不常发病地区的马、骡、驴的鼻疽多为急性经过，常发病地区马的鼻疽主要为慢性鼻疽。

(1)急性鼻疽 经过 2～4d 的潜伏期后，表现为弛张型高热 39～41℃，寒战，一侧性黄绿色鼻液和下颌淋巴结发炎，精神沉郁，食欲减少，可视黏膜潮红并轻度黄染。鼻腔黏膜上有小米粒至高粱大的灰白色圆形结节，突出黏膜表面，周围绕以红晕。结节迅速坏死、崩解，形成深浅不等的溃疡。溃疡可融合，边缘不整隆起如堤状，底面凹陷，呈灰白或黄色。由于鼻黏膜肿胀和声门水肿，呼吸困难。常发鼻衄血或咳出带血黏液，时发干性短咳，听诊肺部有啰音。外生殖器、乳房和四肢出现无痛水肿。绝大部分病例排出带血的脓性鼻汁，并沿着颜面、四肢、肩、胸、下腹部的淋巴管，形成索状肿胀和串珠状结节，索状肿胀常破溃。患畜食欲废绝，迅速消瘦，经 7～21d 死亡。

(2)慢性鼻疽 常见感染马多为这种病型。开始由一侧或两侧鼻孔流出灰黄色脓性鼻汁，往往在鼻腔黏膜见有糜烂性溃疡，这些病马称为开放性鼻疽马。呈慢性经过的病马，在鼻中隔溃疡的一部分取自愈经过时，形成放射状瘢痕。触诊颌下、咽背、颈上淋巴结肿胀、化脓，干酪化，有时部分发生钙化，有硬结感。下颌淋巴结因粘连几乎完全不能移动，无疼痛感。患畜营养下降，显著消瘦，被毛粗乱无光泽，往往陷于恶病质而死。有的慢性鼻疽病例其临床症状不明显。病畜常常表现不规则的回归热或间隙热。有时见到与慢性呼吸困难相结合的咳嗽。在后肢可能有鼻疽性象皮病。

潜伏性鼻疽可能存在多年而不发生可见的病状。在部分病例，首先是潜伏性病例，鼻疽可能自行痊愈。

四、诊断

(1)变态反应诊断 变态反应诊断方法有鼻疽菌素点眼法、鼻疽菌素皮下注射法、鼻疽菌素眼睑皮内注射法，常用鼻疽菌素点眼法。

(2)鼻疽补体结合反应试验　该方法为较常用的辅助诊断方法，用于区分鼻疽阳性马属动物的类型，可检出大多数活动性患畜。

五、防治措施

建立与落实马鼻疽检疫制度，每年春、秋季进行临床检查及鼻疽菌素点眼2次（应间隔5~6d），以便及时检出病马。对检出的阳性马立即隔离，不与健康马接触。役马外出到疫区执行任务或丢失的马匹找回后，均应严格隔离检疫，确定无病者方可放回原群。对有临床症状的马应立即隔离。经综合判定，确定为开放性鼻疽病马的尸体，应深埋或焚烧。

情景二　兔密螺旋体病

兔密螺旋体病，又称兔梅毒病，是兔的一种慢性传染病，也称性螺旋病、螺旋体病。以外生殖器、颜面、肛门等皮肤及黏膜发生炎症、结节和溃疡，患部淋巴结发炎为特征。

一、病原

病原为兔密螺旋体，呈纤细的螺旋状构造，通常用姬姆萨石炭酸复红染色，但着色力差，通常用暗视野显微镜检查，可见到旋转运动。主要存在于病兔的外生殖器官及其他病灶中，目前尚不能用人工培养基培养。螺旋体的致病力不强，一般只引起肉兔的局部病变而不累及全身。抵抗力也不强，有效的消毒药为1%来苏儿，2%氢氧化钠溶液，2%甲醛溶液。主要传染途径是通过交配经生殖道传染，也可通过病兔用过的笼舍、垫草、饲料、用具等由损伤的皮肤传染。

二、临床症状与病理变化

本病潜伏期2周，病初可见外生殖器和肛门周围发红、水肿，阴茎水肿，龟头肿大，阴门水肿，肿胀部位流出黏液性或脓性分泌物，常伴有粟子大小的结节；结节破溃后形成溃疡；由于局部不断有渗出物和出血，在溃疡面上形成棕红色痂皮；因局部疼痒，故兔多以爪擦搔或舔咬患部而引起自家接种，使感染扩散到颜面、下颌、鼻部等处，但不引起内脏变化，一般无全身症状；有时腹股沟淋巴结和腘淋巴结肿大。患兔失去交配欲，受胎率低，发生流产、死胎。

三、诊断

病兔多为成年家兔，母兔受胎率低。临床检查无全身症状，仅在生殖器官等处有病变。有条件的兔场可做显微镜涂片检查兔密螺旋体。

四、防治措施

引入肉兔应做好生殖器官检查，种兔交配前也要认真进行健康检查。发病兔场应停止配种，病重者淘汰，可疑兔隔离饲养，污染的笼舍用具用2%氢氧化钠或1%来苏儿溶液彻底消毒。

初期可肌肉注射青霉素，每只成年兔2万U，每日5次，连用3d。新胂凡钠明(914)，每千克体重232mg，用注射用水或生理盐水配成溶液，耳静脉注射，隔2周重复1次。注意现配现用，否则分解有毒。同时应用青霉素，效果更好。患部用硼酸水或高锰酸钾溶液或肥皂水洗涤后，再涂擦青霉素软膏或碘甘油；或者涂青霉素花生油（食用花生油22mL加青霉素钠33万U拌匀即可），每日1次，20d可痊愈。芫荽2g，枸杞根3g，洗净切碎，加水煎10min，再加少许明矾洗患处，每日1次，12d好转。

项目二
病毒性传染病

情景一 马传染性贫血

马传染性贫血病简称马传贫,由反录病毒科慢病毒亚科中的马传染性贫血病病毒引起的马、骡、驴传染病。其特征主要为间歇性发热、消瘦、进行性衰弱、出血和浮肿;在无热期间则症状逐渐减轻或暂时消失。本病于1843年首先在法国发现,直至1904年才由法国兽医师瓦勒和卡雷证实是由病毒引起。第一次和第二次世界大战期间曾广泛传播,现几乎遍及全世界,对养马业造成巨大经济损失。

一、病原

马传染性贫血病毒是反录病毒科慢病毒属成员。马传贫病毒对外界的抵抗力较强,在粪便中能生存2.5个月,在-20℃左右可保存毒力达6个月至2年。病毒对热的抵抗力较弱,煮沸立即死亡,日光照射1~4h死亡。2%~4%氢氧化钠溶液和福尔马林溶液,均可在5~10min内将其杀死,3%来苏儿可在20min内将其杀死。

二、临床症状

自然感染潜伏期一般为20~40d,人工感染平均为10~30d,短的5d,长的达90d。

以发热、贫血、出血、黄疸、浮肿、心机能紊乱、血象变化和进行性消瘦为特征。

发热:发热类型有稽留热、间歇热和不规则热。稽留热表现为体温升高40℃以上,稽留3~5d,有时达10d以上,直到死亡。间歇热表现有热期与无热期交替出现,多见于亚急性及部分慢性病例。慢性病例以不规则热为主,常有上午体温高、下午体温低的逆温差现象。

贫血、出血和黄疸:发热初期,可视黏膜潮红,随着病情加重,表现为苍白或黄染。在眼结膜、舌底面、口腔、鼻腔、阴道等黏膜等处,常见鲜红色或暗红色出血点(斑)。

心机能紊乱:心搏亢进,节律不齐,心音混浊或分裂,缩期杂音,脉搏增数。

浮肿:常在四肢下端、胸前、腹下、包皮、阴囊、乳房等处出现无热、无痛的浮肿。

血象变化:红细胞显著减少,血红蛋白降低,血沉加速。白细胞减少,丙种球蛋白增高,外周血液中出现吞铁细胞。在发热期,嗜酸粒细胞减少或消失,退热后,淋巴细胞增多。

根据临床表现，可分为急性型、亚急性型和慢性型 3 种类型。

急性型多见于新疫区流行初期，主要呈高热稽留，病程短，病死率高。

亚急性型多见于流行中期，特征为反复发作的间歇热，有的还出现逆温差现象。

慢性型常见于老疫区，病程较长，其特征与亚急性型相似，但逆温差现象更明显。

三、诊断

(1)初步诊断　根据典型临床症状和病理变化可做出初步诊断，确诊需进一步做实验室诊断。

(2)实验室诊断　在国际贸易中，指定诊断方法为琼脂凝胶免疫扩散试验(AGID)，替代诊断方法为 ELISA。

①病原分离与鉴定：将可疑马的血液接种易感马或用其制备的白细胞培养物，分离病毒。

②血清学检查：琼脂凝胶免疫扩散试验、ELISA(需经 AGID 证实)、补体结合试验、荧光抗体试验。

③病料采集：采集可疑马的血液备用。

(3)鉴别诊断　应注意与马梨形虫病、马伊氏锥虫病、马钩端螺旋体病、营养性贫血鉴别。

四、防治措施

在预防方面，1970 年甲野雄次等报道用高代次马白细胞传代毒育成弱毒株(V-26)；1973 年法国发表 β-丙内酯灭活马传贫疫苗的报告，但均未用于生产实践。中国于 20 世纪 70 年代后期研制成功马传贫驴白细胞弱毒疫苗，经大规模野外接种试验，取得较好效果。

除加强检疫和免疫预防措施外，尚无有效治疗方法。

情景二　兔病毒性出血症

兔病毒性出血症俗称兔瘟，本病是家兔的一种烈性传染病，主要危害青、壮年兔，死亡率高，乳兔不易感。依病状可分为最急性型、急性型、亚急性型和慢性型。

一、临床症状

(1)最急性型　健康兔感染病毒后 10～20h 即突然死亡，死亡不表现任何病状，只是在笼内乱跳几下，即刻倒地死亡。此类多发生在流行初期。

(2)急性型　健康兔感染病毒后 24～40h，体温升高至 41℃左右，精神沉郁，不愿动，想喝水。临死前突然兴奋，在笼内狂奔，然后四肢伏地，后肢支起，全身颤抖倒向一侧，四肢乱划或惨叫几声而死。有的死兔鼻腔流出泡沫样血液，此类多发生在流行中期。

以上两类绝大多数发生于青年兔和成年兔。临死前，肛门松弛，肛门周围兔毛被少量黄色黏液沾污，粪球外裹有淡黄色胶样分泌物。

(3) 亚急性型　一般发生在流行后期，多发生 3 月龄以内的幼兔，兔体严重消瘦，被毛无光泽，病程 2~3d，大部分预后不良。

(4) 慢性型　近两年来发现有的病兔精神沉郁，前肢向两侧伸展，头低下触地，四肢趴开，不吃不喝，有的能拖 5~6d，最后衰竭而死。出现此型原因有待进一步研究。

二、病理变化

本病是一种全身性疾病，所以病死兔的胸腺、肺、肝、脾、肾等各脏器在组织学有明显变性、坏死和血管内血栓形成等特征。

①胸腺：胶样水肿，并有少数针头大至粟粒大的出血点。

②肺：全肺有出血点，从针帽大至绿豆大以至弥漫性出血不等。

③肝：肿大，质脆，切面粗糙并有出血点。

④胆囊：肿大，有的充满褐绿色浓稠胆汁，胆囊黏膜脱落。

⑤肾：肿大，呈紫褐色，并见大在小不等的出血点，质脆，切口外翻，切面多汁。

⑥脾：肿大，边缘钝圆，颜色黑紫色，呈高度充血、出血，质地脆弱，切口外翻，胶样水肿，切面脾小体结构模糊。

⑦肠系膜淋巴结：胶样水肿，切面有出血点。

⑧膀胱：积尿，内充满黄竭色尿液，有些病例尿中混有絮状蛋白质凝块，黏膜增厚，有皱褶。

⑨神经系统：硬脑膜充血，有的病例有小出血点。

三、诊断

根据流行病学特点，典型的临床症状和病理变化，可以做出诊断。确诊可用血凝试验、琼脂扩散试验和 ELISA 等。

四、防治措施

①定期应用本疫苗进行预防注射。

②为防止本病的扩散，应注意对死兔的处理，死兔应深埋或烧毁，带毒的病兔应绝对隔离，排泄物及一切饲养用具有均需彻底消毒。

③严禁从疫区购入种兔。严禁从疫区来的商人买卖兔毛或剪兔毛。本病流行期间严禁人员往来。

④做好环境卫生是控制疾病发生的有效措施，定期进行兔舍、兔笼及食盆等的消毒是十分重要的工作。

⑤药物治疗：由于本病是一种病毒病，发病迅速，死亡率高，使用药物难以收效。

⑥高免血清治疗：发病地区应用抗兔瘟血清治疗，又可做被动免疫，效果较好。一般发病后还未出现高热等临床症状可治愈。用 4mL 血清，皮下注射 1 次即可。也可将少量血清先行皮下注射，相隔 5~10min 后，取 4mL 血清加 5％葡萄糖生理盐水 10~20mL，静脉注射 1 次，效果更佳。若病兔已发病达十几个小时，体温升高，临床症状明显，即使用高免血清治疗，效果也不佳。在注射血清后 7~10d，仍需再行注射疫苗。

情景三　兔黏液瘤病

兔黏液瘤病是由黏液瘤病毒引起的一种高度接触传染性、高度致死性传染病，以全身皮下特别是颜面部和天然孔周围皮下发生黏液瘤性肿胀为特征。

黏液瘤病是高度接触传染的并有极高死亡率的疾病，常常给养兔业造成毁灭性损失。试验证明，本病对中国饲养的家兔感染率和致死率均为100%。如果传入中国，其危害和造成的经济损失将无法估量。

一、病原

黏液瘤病毒属于痘病毒科野兔痘病毒属。病毒颗粒呈卵圆形或椭圆形，大小280nm×250nm×110nm。负染时，病毒粒子表面呈串珠状，由线状或管状不规则排列的物质组成。

黏液瘤病毒的理化特性和其他痘病毒相似，病毒颗粒的中心体对蛋白酶的消化有抵抗力。病毒对干燥有较强的抵抗力，在干燥的黏液瘤结节中可保持毒力3周，8~10℃潮湿环境中的黏液瘤结节可保持毒力3个月以上。病毒在26~30℃时能存活10d，50℃ 30min被灭活，在普通冰箱（2~4℃）中，以磷酸甘油作为保护剂，能长期保存。病毒对石炭酸、硼酸、升汞和高锰酸钾有较强的抵抗力，但0.5%~2.2%的甲醛1h内能杀灭病毒。黏液瘤病毒对乙醚敏感，这一点与其他痘病毒不同。

二、流行病学

兔是本病的唯一易感动物，其他动物和人没有易感性。家兔和欧洲野兔最易感，死亡率可达95%以上，但流行地区死亡率逐年下降。美洲的棉尾兔和田兔抵抗力较强，是自然宿主和带毒者，基本上只在皮内感染部位发生少数单在的良性纤维素性肿瘤病变，但其肿瘤中含有大量病毒，是蚊等昆虫机械传播本病的病毒来源。

直接与病兔接触或与被污染的饲料、饮水和器具等接触能引起传染，但接触传播不是主要的传播方式。自然流行的黏液瘤病主要是由节肢动物口器中的病毒通过吸血从一只兔传到另一只兔，伊蚊、库蚊、按蚊、兔蚤、刺蝇等有可能是潜在的传播媒介，实验证明，黏液瘤病毒在兔蚤体内可存活105d，在蚊子体内能越冬，但不能在媒介体内繁殖。在美国、澳大利亚和欧洲大陆，蚊子是主要的传播媒介，在英国，主要传播媒介是兔蚤，蚊子只起次要作用，因此，英国的兔黏液瘤病毒没有明显的季节性。另外，兔的寄生虫也能传播本病。

三、临床症状

黏液瘤病一般潜伏期为3~7d，最长可达14d。人工感染试验表明，接种野毒后4d，接种部位出现1.5cm、软而扁平的肿瘤结节，第7天原发肿瘤增大到3cm，出血，次发肿瘤结节遍布全身，到第10天时，原发肿瘤增大到约4cm，坏死，次发肿瘤少数也出血坏死，病兔头部肿胀，呼吸困难，衰竭而死。

兔被带毒昆虫叮咬后，局部皮肤出现原发性肿瘤结节，5～6d后病毒传播到全身各处，皮肤上次发性肿瘤结节散布全身各处，较原发性肿瘤小，但数量多，随着子瘤的出现，病兔的口、鼻、眼睑、耳根、肛门及外生殖器均明显充血和水肿，继发细菌感染，眼鼻分泌物由黏液性变为脓性，严重的上下眼睑互相粘连，使头部呈狮子头状外观，病兔呼吸困难、摇头、喷鼻、发出呼噜声，10d左右病变部位变性、出血、坏死，多数惊厥死亡。感染毒力较弱毒株的兔症状轻微，肿瘤不明显隆起，死亡率较低。在法国，由变异株引起的呼吸型黏液瘤病特点是呼吸困难和肺炎，但皮肤肿瘤不明显。

四、防治措施

①加强饲养管理，消灭吸血昆虫。
②病兔和可疑兔应隔离词养，待完全康复后再解除隔离。
③兔笼、用具及场所必须彻底消毒；应严禁从有本病的国家进口兔和未经消毒、检疫的兔产品，以防本病传入。
④免疫接种：用兔纤维瘤活疫苗及弱毒黏液瘤活疫苗进行免疫注射预防。
⑤发病后措施：发现本病时，应严格隔离、封锁、消毒，并用杀虫剂喷洒，控制疾病扩散流行。经口病毒灵治疗，每千克体重0.1g，每日3次，连服7d。

情景四　犬瘟热

犬瘟热（CD）是我国三类动物疫病，主要感染犬科及猫科动物，传染途径主要是通过与病兽直接接触传染，也可通过空气或食物传染，不属于人畜共患病。

犬瘟热是由犬瘟热病毒引起的一种高度接触性传染病，传染性极强，死亡率可高达80%以上。犬瘟热症状初期犬的体温高达39.5～41℃，食欲不振，精神沉郁，眼鼻流出水样分泌物，打喷嚏，有腹泻。在2～14d内再次出现体温升高，咳嗽，有脓性鼻涕、脓性眼屎，这时已经是犬瘟热中期了。同时继发胃肠道疾病，呕吐、拉稀，食欲废绝。精神高度沉郁，嗜睡。犬瘟热发病后期就会出现典型的神经症状，口吐白沫，抽搐，此时比较难治，主要看照料方法。

一、流行病学

1. 易感动物

犬瘟热在自然条件下，不同年龄、性别和品种的犬均可感染。另有研究表明，除犬科动物外，鼬科、浣熊科、大熊猫科等多种动物也可感染发病，如大熊猫、虎、狮、小熊猫、猞猁、熊、狼等动物。其中雪貂最为易染，通过实验性感染可100%发病死亡，为公认的CDV实验动物。一般认为猫和猪也可感染，但呈隐性，不引起症状和病毒传播。猴也可被实验感染。是当前对宠物饲养业、毛皮动物养殖业和野生动物保护业危害最大的传染病之一。毛皮动物中的狐、水貂对犬瘟热也易染感。一旦犬群发生本病，除非在绝对隔离条件下，否则其他幼犬很难避免感染。

哺乳仔犬由于可从母乳中获得抗体，故很少发病。通常以2～12月龄的幼犬最易感，并有向低龄(1月龄)发展的趋势。2个月至3岁犬、大于10龄犬易传染。纯种犬、警犬比土种犬易感性高。

2. 传播途径

(1)病犬 传染犬瘟热的病犬。

(2)分泌物/排泄物 如眼分泌物、鼻液、唾液、心包液、胸水、腹水、尿液、粪便等。

(3)血液 脑脊髓液、淋巴结、肝、脾、脊髓等脏器都含有大量病毒,并可随呼吸道分泌物及尿液向外界排毒。

(4)空气 通过病犬污染的空气,如飞沫经呼吸道感染。

(5)接触 接触病犬后被传染。

(6)饮食 因饮食而经呼吸道或消化道被感染。

3. 流行特点

此病一年四季均发生,但以冬、春季节多发。本病有一定的周期性,每三年一次大流行。本病寒冷季节(10月至翌年4月)多发,特别多见于犬类比较聚集的单位或地区。

二、临床症状

CDV感染临床症状,根据病毒种属、环境因素以及个体对感染的反应不同而轻重不同。

临床症状主要局限于上呼吸道,所以咳嗽、流鼻涕会很明显。未经免疫的幼犬很可能出现严重症状,如肺炎、腹泻、脱水、厌食等。

在感染早期还常常出现呕吐。如果幼犬同时感染肠道寄生虫,则还可能出现肠套叠。

神经症状出现于急性感染康复后1~3周。CDV引起的神经症状有明显的渐进性,最后迅速恶化。出现神经症状的犬,如果可以生存,也可能有永久的后遗症(如癫痫发作、前庭疾病、四肢轻瘫、肌肉痉挛)。如CDV感染发生于恒齿长出前,则牙釉质可能发育不良。其他症状还有前葡萄膜炎、视神经炎(突然失明)、视网膜退化和基部坏死。眼底镜检查可见视网膜的高反光区有视网膜损伤。感染CDV的幼犬还出现干骺端的骨样硬化(长骨的干骺端软骨发育不全)。

对CDV感染死前诊断可靠方法的缺乏,要求临床诊断要建立在临床症状和病史的基础上,严重CDV感染犬有典型的临床特征。而CDV引起的轻微病变,局限于呼吸道和眼部,使犬瘟的临床诊断很困难。

三、诊断

实验CDV感染的犬血液学变化包括:淋巴细胞增殖、血小板减少和再生障碍性贫血,但其在临床病例中不常见。偶尔在急性感染中可以从血涂片(特别是淋巴细胞,偶尔中性粒细胞)的细胞内发现包涵体。血沉棕黄层涂片以及骨髓抽出物的检查,也可发现细胞内包涵体,增加了犬瘟热的检出机会。另外,从结膜上皮细胞中也可检出犬瘟热包涵体。脑脊髓液的检查可显示颅内压增加引起了脑脊液流速增加,蛋白浓度增加以及淋巴细胞减少。这些变化是犬瘟热感染的特征性变化,但不是其特有的。脑脊液IgG可用于诊断

CDV 感染。免疫诱导抗体在脑脊液中不常被检测出来。虽然 CDV 有许多其他诊断方法，如免疫学方法，用 ELISA 测定血清中的 IgG、IgM 抗体和病毒分离，但它们需要特殊的设备以及样品的准备。尸体剖检是确诊 CDV 最有效的方法，大脑、小脑白质的检查也应重视。

目前，国内小动物临床使用国外生产的犬瘟热诊断试剂盒，诊断率比较高。

四、防治措施

(1) CDV 高效弱毒疫苗 已经在市场上应用多年，该疫苗有很好的安全纪录，其高效抗体现在已免疫犬犬瘟感染率为零。大多数制造商建议 8～16 周的犬免疫 3 次。初次加强免疫后，免疫力可持续 3～5 年。自然感染康复的犬可有几年的免疫力。现在有犬瘟麻疹疫苗可用于犬，该疫苗对有高浓度犬瘟母源抗体的幼犬提供保护。但是这种疫苗建议只使用于幼犬，因为不能确定所有幼犬都摄取了初乳。

(2) 发病初期、发病中期、发病晚期的治疗方案

①犬瘟热早期、中期治疗：消化道已受犬瘟热病毒侵害的病犬，往往进食不好，这种情况要进行输液支持疗法，但大量输液会引起肺水肿，故不宜多输，一般可按照每千克体重 20～50mL 进行输液，有条件的可做血气分析计算出需要补充的血液离子的量。

②补充体能：葡萄糖或葡萄糖生理盐水加一些常规能量用药，如 ATP、辅酶 A、维生素 C、维生素 B_6、Inosine 等。

③对症治疗：输液时加一些抗生素，如氨苄西林钠加地塞米松和利巴韦林，或其他抗生素，这样做的目的是防止继发感染。

④治疗神经炎，防止出现神经症状：用一些含维生素 B_{12} 的药物，如科特壮之类、维生素 B_1；神奇康肽对由于神经炎导致的抽搐有一定的作用。

⑤其他症状的对症治疗：如呼吸道的咳嗽、肺炎、发烧等，或者消化道的腹泻、便血、呕吐等，可对症用一些常规药物。

犬瘟热早期时用犬瘟热血清，美国瑞普斯金犬五联疫苗肌肉注射：每千克体重 0.1mL，每日 1 次，连用 2d。预防剂量减半或遵医嘱。

(3) 犬瘟热后期 没有很好的治疗方法，目前治疗主要集中在控制呼吸道的细菌继发感染和结膜炎。另外，补充体液及热量的提供也是必需的。对于犬瘟热引起的神经症状，只能使用抗痉挛药物治疗，个别犬单独使用地塞米松可治疗神经症状。临床症状发展的程度，成为对 CDV 感染犬愈后的限制因素。一旦病犬出现明显的神经症状，则愈后不良。

情景五 犬传染性肝炎

犬传染性肝炎是由犬腺病毒Ⅰ型所引起的犬科动物的一种急性、败血性传染病。临床上主要表现肝炎和角膜混浊(即蓝眼病)症状。

一、病原

犬传染性肝炎病毒为腺病毒科哺乳动物腺病毒属成员。核酸为 DNA，直径 70～

80nm，呈正二十面体的对称球形。犬传染性肝炎病毒对外界抵抗能力强，但紫外线、甲酚和有机碘类消毒液可将其杀灭。临床上常用碘酊和2%氢氧化钠进行局部和栏舍消毒，75%～95%乙醇不易将病毒杀灭。

二、流行病学

本病主要发生在1岁以内的幼犬，成年犬很少发生且多为隐性感染，即使发病也多能耐过。病犬和带毒犬是主要传染源。病犬的分泌物、排泄物均含有病毒，康复带毒犬可自尿中长时间排毒。该病主要经消化道感染，胎盘感染也有可能。呼吸型病例可经呼吸道感染。体外寄生虫可成为传播媒介。本病发生无明显季节性，以冬季多发，幼犬的发病率和病死率均较高。

三、临床症状

犬传染性肝炎在临床上有2种类型，即肝炎型和呼吸型。

1. 肝炎型

潜伏期2～8d，轻症犬仅表现为精神略沉郁，食欲减退或挑食，往往不被重视。重症的表现为精神沉郁，食欲减退或废绝，饮欲增加，体温升高，一般升至40～41℃，呕吐，腹泻，粪便常呈脓血便或稀便，带有血液，鼻镜干燥，有浆液性或黏液性鼻液；有的病犬眼睛还出现浆液性或黏液性分泌物，结膜苍白，有的出现黄染，有的眼窝凹陷，皮肤弹性降低，齿龈边缘出血，肝区触诊疼痛，肝脏可能出现肿大，白细胞总数减少，血液凝固时间延长；部分病例出现胸腹下水肿，甚至出现胸腹水。在康复期，往往出现角膜浑浊，呈白色或白蓝色（即所谓的"蓝眼症"）。"蓝眼症"一般只出现在肝炎型的犬传染性肝炎病的恢复期，是角膜浑浊的表现，一般呈单侧发生，表现为间质性角膜炎和角膜水肿，呈白色和蓝白色，在1～2d内可迅速出现白色浑浊，持续2～8d后逐渐恢复。但有的病犬也因角膜损伤而造成犬永久性视力障碍。幼犬患病时，常于1～2d内死亡，能耐过72h的，往往能自愈或经及时治疗后痊愈，成年犬一般经过4～10d多能康复。

2. 呼吸型

潜伏期5～6d，病犬精神沉郁，食欲减退，体温升高，个别病例出现呕吐，排带有黏液的软便；有时带有黏液或血液，流浆液性、黏液性或脓性鼻液。病犬咳嗽，多数表现为干咳，呼吸困难，呼吸急促，呈胸腹式呼吸，听诊肺部有干湿性啰音，呼吸音粗粝。

四、病理变化

1. 肝炎型

急性死亡病例，可见腹腔内有血样腹水，肝脏肿大，边缘顿圆，切面外翻，颜色土黄，质地脆，切面组织纹理模糊不清。并有多量暗红色的斑点。胆囊壁高度水肿、出血、肥厚，呈黑红色；慢性病例可见尸体脱水，皮毛干枯，胃肠轻度出血，肠内容物间或混有血液。肠系膜淋巴结肿大，脾肿大，胸腺点状出血。镜检可见肝小叶中心坏死，肝实质细胞和皮质细胞出现明显的包涵体。

2. 呼吸型

病例表现肺膨胀不全，有充血和不同程度的硬变，常常表现于肺的前叶和后叶；支气管淋巴结充血、出血。组织学检查可见肝实质呈不同程度的变性、坏死，窦状隙内有严重的局限性瘀血。肝细胞及窦状隙内皮细胞内有包涵体，一个核内只有一个。在网状内皮细胞、肾小球内皮细胞及脑血管细胞内有核内包涵体。

五、防治措施

(1) 预防　防止盲目由国外及外地引进犬，防止病毒传入，患病后康复的犬一定要单独饲养，最少隔离半年以上。防止本病发生最好的办法是定期给犬做健康免疫，免疫程序同犬瘟热疫苗。目前大多是多联疫苗联合免疫的方法。

(2) 治疗　在发病初期可用传染性肝炎高免血清治疗有一定的作用。一旦出现明显的临床症状，即使使用大剂量的高免血清也很难有治疗作用。对严重贫血的病例可采用输血疗法有一定的作用。

对症治疗，静脉注射葡萄糖、三磷酸腺苷，辅酶 A 对本病康复有一定作用。

全身应用抗生素及磺胺类药物可防止继发感染。

对患有角膜炎的犬可用 0.5％利多卡因和氯霉素眼药水交替点眼。

情景六　犬传染性肠炎

犬传染性肠炎又称犬细小病毒感染症，该病好发于幼犬，并且对于幼犬的致死率也比较高。目前有针对犬传染性肠炎的疫苗，可以通过为犬注射疫苗进行预防。

各品种犬都可能感染，纯种犬及刚离乳的仔犬较易感染。特别是犬的饲养场和家庭繁殖较专业的产房，一经感染就连年发生，有的全窝幼犬发病，有的分窝后陆续发生。感染前期症状不明显，所以经常出现买回的幼犬几天后就发病的现象。成犬感染后病毒潜伏在体内，不定期排毒传染。临床特征有心肌炎型，多发生于 1～2 月龄的哺乳仔犬，仅见轻度下痢或呕吐，多因心力衰竭而突然死亡；还有肠炎型，多见于 2～4 月龄幼犬，表现为呕吐、出血性腹泻，粪便初为黄灰色、后为血水或酱油样，体温升高至 41℃ 左右。

一、病原

病犬和康复带毒犬是本病的传染源。病犬经粪便、尿液、唾液和呕吐物向外界排毒；康复带毒犬可能从粪尿中长期排毒，污染饲料、饮水、食具及周边环境。而病犬通常在感染后 7～8d 通过粪便排毒达到高峰，10～11d 时急剧降低。有研究表明，人、苍蝇和蟑螂等都可成为该病毒的机械携带者。一般认为该病的传染途径是消化道，易感动物主要由直接或间接接触而感染。本病发生没有明显的季节性。一般夏、秋季节多发。天气寒冷、气温骤变、卫生条件差及并发感染均可加重病情和提高死亡率。

二、临床症状

临床特征有心肌炎型，多发生于 1～2 月龄的哺乳仔犬，仅见轻度下痢或呕吐，多因心力衰竭而突然死亡；还有肠炎型，多见于2～4月龄幼犬，表现为呕吐、出血性腹泻，粪便初为黄灰色、后为血水或酱油样，体温升高至41℃左右。

三、诊断

犬传染性肠炎也存在潜伏期，不过临床上可以根据该病的主要特征以及血常规、试纸检查等方法来进行诊断。而犬传染性肠炎最主要的特征就是病犬的粪便为咖啡色和番茄酱色带有特殊的腥臭气味。

(1) 流行病学诊断　本病不分年龄，均可感染，主要是幼犬。未免疫接种犬最易感，即使免疫过的犬也可能感染。直接接触或间接接触感染，主要通过消化道感染。潜伏期7～14d，无明显季节性，城市犬易感，发病率20%～100%，死亡率50%～100%。

(2) 症状学诊断　特征症状是呕吐、拉稀、拉血。具体根据早、中期的症状来诊断。

(3) 血常规检查　白细胞总数明显减少，多数犬(92%)在9×10^9/L以下，少数犬(15%)在2×10^9/L以下。如果继发细菌感染，白细胞总数可增高。血清总蛋白量下降至4.2～6.6mg%，红细胞压容为45～71，平均在50左右，转氨酶指数升高。如果白细胞在2×10^9/L以下，则预后不良。

(4) 试纸快速诊断法　用北京军事医学科学院实验动物中心研制的犬细小病毒快速诊断试纸诊断本病，经济简便、快速适用，有极高的准确率。方法：取病犬粪便约1g盛入干净的消毒试管中，加生理盐水5mL，充分振荡静置5min(或离心)，取试纸条将带有max箭头一端插入粪便上清液中(注意粪便液面不要超过max线)约15s后取出平放在桌面上，5min后观察结果，呈现一条红线为阴性，两条红线为阳性。

四、防治措施

首先，要注意定期注射疫苗，用于免疫预防的疫苗较多，一般宠物医院都有。

通常在犬断乳前后45～60日龄和4～6月龄各注射1次，以后每年免疫注射1次。妊娠母犬在产前20d免疫1次，可增强仔犬的免疫力。购买幼犬一定要求提供防疫证明，如果没有，刚买回来的小狗必须观察2周后，确认无病才可注射疫苗。

对发病犬可立即到宠物医院输液，常用林格氏液或乳酸林格氏液，并加入维生素C、抗生素等混合药剂，以控制混合感染和严重脱水。在呕吐频发及肠蠕动亢进时，可肌肉注射胃复安或其他制吐剂。另外也可用抗病毒血清治疗，皮下或肌肉注射10～15mL，相隔3～4d后再重复注射1次。

情景七　犬副流感病毒

犬副流感病毒(CPIV)在分类上为副黏病毒科副黏病毒属成员。核酸型为单股RNA。在4℃和24℃条件下可凝集人O型、鸡、豚鼠、大鼠、兔、犬、猫和羊的红细胞。CPIV可在原代和传代犬和猴肾细胞培养物中良好增殖。CPIV可在鸡胚羊膜腔中增殖，鸡胚不坏死，羊膜腔和尿囊液中均含有病毒，血凝效价可达1:128。CPIV可感染玩赏犬、实验犬和军、警犬，在军犬中常发生呼吸道病，在实验犬产生犬瘟热样症状。急性期病犬是最主要的传染源。自然感染途径主要是呼吸道。

一、临床症状

本病是犬主要的呼吸道传染病。Crandell 等(1968)报道临床症状为突然暴发，发热，大量黏液性、不透明鼻分泌物和咳嗽。Binn 等(1968)报道 176 只犬中，34%发病，特征是突然暴发，迅速传播，上咳，浆液性或黏液性鼻漏，病犬疲软无力。当与支原体或支气管败血波氏杆菌混合感染时，病情加重。

另报道，210 日龄犬感染可表现后躯麻痹和运动失调等症状，病犬后肢可支撑躯体，但不能行走。膝关节和腓肠肌腱反射和自体感觉不敏感。可见鼻孔周围有浆液性或黏液脓性鼻漏，结膜炎，扁桃体炎，气管、支气管炎，有时肺部有点状出血。神经型主要表现为急性脑脊髓炎和脑内积水，整个中枢神经系统和脊髓均有病变，前叶灰质最为严重。

二、诊断

犬呼吸道传染病的临床表现非常相似，不易区别。细胞培养时分离和鉴定 CPIV 的最好方法。另外，利用血清中和试验和血凝抑制试验检查双份血清的抗体效价是否上升也可进行回顾性诊断。

三、防治措施

增强犬体的抗病力：可静脉滴注广谱抗病毒药阿昔洛韦(10~20mg/kg 体重)，连用 10d，或口服利巴韦林胶囊(10~20mg/kg 体重)，连用 7d；体温升高的犬，可口服泛捷复胶囊，每次 1~3 粒，每日 3~4 次。

当犬感染 CPIV 时，常常继发感染支气管败血波氏杆菌、支原体等。因此，应用抗生素或磺胺类药物可防止继发感染，减轻病情，促使病犬早日恢复。

国内多使用六联弱毒疫苗和五联弱毒疫苗进行预防接种，但对 CPIV 而言，产生的免疫力如何，尚无确定的实验数据予以证实。

情景八　猫泛白细胞减少症

猫泛白细胞减少症又称猫瘟热、猫传染性肠炎，是猫的一种急性、高度接触性传染病。临床表现多以突然发高热，顽固性呕吐，腹泻，脱水，循环障碍及白细胞减少为特征。

一、病原

猫泛白细胞减少症病毒属于细小病毒科细小病毒属的一种病毒。

二、临床症状

潜伏期 2~9d，临床症状与年龄及病毒毒力有关。几个月的幼猫多呈急性发病，体温升高 40℃以上，呕吐，很多猫不出现任何症状，突然死亡。6 个月以上的猫大多呈亚急性临床症状，首先发热至 40℃左右，1~2d 后降到常温，3~4d 后体温再次升高，即双相热型。病猫精神不振，厌食，顽固性呕吐，呕吐物呈黄绿色，口腔及眼、鼻有黏性分泌物，粪便黏稠样，后期带血，严重脱水，贫血。

三、防治措施

(1)特异性疗法　猫瘟免疫血清通过临床使用效果尚好。用法：每千克体重2mL，肌肉注射，隔日1次。

(2)对症疗法　止吐，消炎，解热，止血，补糖，补碱，补液。

①胃复安注射液：每千克体重0.15～0.25mL，每日2次，肌肉注射。

②庆大霉素：每千克体重1万U，或卡那霉素每千克体重5万～10万U，每日2次，肌肉注射。

③柴胡注射液：每千克体重0.3mL，每日2次。

④25%葡萄糖5～10mL、5%碳酸氢钠注射液5mL、复方生理盐水30～50mL，混合，静脉注射。

⑤止血：可用维生素K_3注射液每千克体重0.3mL，每日2次，肌肉注射。

情景九　猫病毒性鼻气管炎

猫病毒性鼻气管炎病(FHV)又称为传染性鼻气管炎，是猫的一种急性、上呼吸道感染性非常强的传染病。本病的病原体是猫鼻气管炎疱疹病毒。在自然条件下，一般都经呼吸道和消化道感染。猫感染本病后，病毒能在病猫的鼻腔、咽喉、气管、结膜和舌的上皮细胞内繁殖，并随其分泌物排到体外。有些猫感染后不呈现症状，称为隐性感染，但仍能向外排出病毒。因此，当健康猫接触了被病毒污染的饲料、水、用具和周围环境时，就可引起本病的扩大传播。实验证明，病毒也可通过飞沫迅速传播。本病成年和幼猫均易发生，特别是幼仔感染后，严重的会引起死亡。

一、病原

本病病原是猫鼻气管炎疱疹病毒Ⅰ型(FHV-1)，属于疱疹病毒科疱疹病毒属。它具有疱疹病毒的一般特征。本病毒对外界环境抵抗力较弱，在-60℃时可存活3个月；加热至50℃经4～5min即可灭活；在干燥条件下12h以内即可灭活；对酸、乙醚和氯仿等脂溶剂敏感。本病毒可吸附和凝集猫红细胞。

二、流行病学

(1)直接接触传播　这是猫病毒性鼻气管炎最主要的传播方式。病毒经鼻、眼、口腔分泌物排出，病猫和健康猫通过鼻与鼻直接接触及吸入含有病毒的飞沫经呼吸道感染。

(2)间接传播　猫病毒性鼻气管炎病毒可以随着猫打喷嚏、咳嗽或口水而污染周围的环境，如家具、水盘、食盘、猫砂盆、笼子和墙壁等，当其他健康的猫接触到这些受病毒污染的东西时，就会受到病毒感染从而发病，病毒也可以通过人及其身上衣物的携带作用而传染给其他猫。

(3)母体传播 猫病毒性鼻气管炎病毒可以通过胎盘从母猫身上传染给幼猫,因此,得了这种病的猫是不能怀孕的。

三、临床症状

本病潜伏期为2~6d,人工感染(肌肉注射、静脉注射或滴鼻)潜伏期不足48h。仔猫较成年猫易感染,症状严重。患病猫在病初就体温升高,精神沉郁,食欲减退,体重下降,上呼吸道感染症状明显,阵发性喷嚏和咳嗽,羞明,流泪,结膜炎,鼻腔分泌物增多。鼻液先为浆液性后为黏脓性。成年猫在患此病时有结膜充血、水肿表现,在舌、硬腭、软腭、口唇还可发生溃疡。耐过性的猫则转为慢性,表现为咳嗽,呼吸道阻塞及鼻窦炎症状,个别病猫还可造成慢性角膜炎、结膜炎及失明。患病仔猫约半数可导致死亡,在并发细菌感染时死亡率更高。

四、病理变化

对病死猫进行尸检,可见鼻腔和鼻甲骨黏膜、喉头和气管呈弥漫性充血。重病例的鼻腔、鼻甲骨黏膜坏死,眼结膜、扁桃腺、会厌软骨、喉头、气管、支气管甚至细支气管的部分黏膜上皮发生局灶性坏死。慢性病例可见鼻窦炎病变。

五、诊断

根据本病的流行特点和临床症状、病理变化,可做出初步诊断。因为FHV-1的症状和另外几种猫的传染病有类似之处,如猫的杯状病毒病、猫瘟热和猫肺炎(衣原体感染),故临床诊断较困难。

确诊时需要进行特异性的血清学反应或病毒分离才能做出准确诊断。也可用病猫眼结膜和上呼吸道黏膜涂片或做组织切片,用FHV-1荧光抗体染色,可做出准确快速诊断。

六、防治措施

(1)治疗 本病目前尚缺乏较好的治疗方法,只能对症治疗防止继发感染,对病猫应用广谱抗生素可有效地防止细菌继发感染,防止后遗症的发生。

(2)预防 目前市场已有预防猫鼻气管炎的弱毒疫苗,该药剂可单独应用也可与猫杯状病毒弱毒疫苗共同应用,还可与猫泛白细胞减少症及猫衣原体肺炎疫苗共同应用,其效果均较佳。此外,平时要加强饲养管理,保持室内清洁卫生,并经常消毒。

情景十 猫传染性腹膜炎

猫传染性腹膜炎(FIP)是感染猫冠状病毒而引起,且传染率非常高。传染途径虽不很明确,但一般认为是经口、鼻感染。病毒携带猫会由粪便排毒,带毒猫会由粪便排毒传染同窝的猫;少数可经衣服、食皿、寝具、人或昆虫等机械途径传染。一般而言,此病毒相当脆弱,大部分的消毒剂都能将之杀灭。

一、临床症状

发病初期食欲减退,精神沉郁,体重减轻,体温升高并维持在39.7~41℃,血液白细胞总数增加。持续1~6周后腹部膨大,母猫常被误认为是妊娠。病程可延续到2个月。最后,呼吸困难、贫血、衰竭,很快死亡。

有些病例不出现腹水症状,主要表现为眼、中枢神经、肾和肝脏损害。眼角膜水肿,虹膜睫状体状发炎,眼房液变红,眼前房中有纤维蛋白凝块;中枢神经症状为后躯运动障碍,背部感觉过敏、痉挛;肝脏受损时出现黄疸;肾功能衰竭,腹部触诊可及肿大肾脏。

二、诊断

猫传染性腹膜炎根据流行病学特征、临床症状、病理变化和实验室检验可做出初步诊断,感染FIPV后,血清中的时相蛋白(结合珠蛋白、血清淀粉样物质A、α-酸性糖蛋白、IgG、IgM)浓度升高。渗出型FIP出现典型的胸腔和腹腔积液,积液呈淡黄色、黏稠、蛋白含量高,摇晃时易出现泡沫,静置可发生凝固,含有中等量的巨噬细胞和中性粒细胞等炎性细胞。具有中枢神经系统和眼部病变的患猫,在脑脊髓液和眼房液中,蛋白含量升高。确诊则必须依靠血清学检验和病毒分离。Danielle A. Gunn-Moore等用RT-PCR检测FCoV基因组发现,能否检测到病毒和血清是否呈阳性与猫的健康状态无关,说明应用此种方法诊断具有不唯一性,只能作为FIPV诊断的辅助手段。

三、防治措施

1. 降低环境中粪便感染的机会

①一个砂盆至多只能供给1~2只猫用。
②砂盆和外围环境需每天清洗。
③砂盆清掉猫砂后,需用1:32的漂白水或热肥皂水清洗消毒。
④砂盆与食盆应尽量隔开,并置于易清理的地方。

2. 适当的居住环境和照顾

①每区不超过居住8~10只猫。
②维持每群3~4只猫以下,以降低粪便的交互感染。
③尽量饲养于屋内,以便能做好控制。

3. 定期做FCoV的血清学抗体检测

①因FECV可经由基因重组或变异转成FIPV,因此,控制FECV和控制FIP一样重要。
②FCoV的抗体检测不能被用来诊断FIP N4U。
③FCoV血清学检测结果不能被当作环境FIP是否已被完全根除的指标。
④新的猫加入猫群前最好将FCoV阳性与阴性的猫加以区隔开来。
⑤种母猫在分娩前应做血清学检测,阳性母猫于仔猫5~6周龄时就要将之隔离,即移行抗体下降时。
⑥FCoV阳性的猫虽然处于发展成FIP的高危险群中,但借由降低紧迫因子和粪便的

接触感染,能够将低 FIP 的发病率。

4. FCoV 疫区的繁殖场应将幼猫早期离乳和隔离

①幼猫隔离房应于 1 周内出清并彻底清理与清毒。

②母猫分娩前 1~2 周就应转移到隔离产房。

③幼猫隔离房应有专属的食盆、水盆和砂盆,并应彻底清洁与清毒。

④为避免人为的机械性传播,工作人员进入前应要换专属的衣物和鞋子。

5. 疫苗

①目前上市的疫苗是 Primucell-FIP,因弱化病毒最易繁衍的温度是 31℃,正好是鼻腔的温度,所以此疫苗采取滴鼻方式接种,产生系统性的黏膜抗体 IgA 和体液免疫的 IgG 达到保护的效力。适用于 16 周龄以上的猫,接种 2 次,间隔 3~4 周。

②疫苗接种不能被当成控制 FIP 的唯一终极利器,而应合并使用于其他预防针控制计划内。

③疫苗建议用于新进猫成员加入 FCoV 疫区前的接种。

④在血清学检测阴性的猫群中,疫苗的使用可降低 FIP 50%~75% 的发生率。

*技能训练　兔病毒性出血症诊断技术

一、训练目标

通过完成本次技能训练,使学生学会兔病毒性出血症诊断技术。

二、训练内容与方法步骤

1. 病毒检查

取肝病料 10% 乳剂,超声波处理,高速离心,收集病毒,负染色后电镜观察,可发现一种直径为 25~35nm,表面有短纤突的病毒颗粒。

2. 动物试验

该病毒只感染兔,其他动物不感染。取病兔肝、脾等组织悬液的上清液,经双抗处理后,以多种方式接种非免疫青年兔,可成功复制该病,并从患兔体内分离到该病毒。也可将病兔肝、脾做成 1:10 悬液,给试验组兔同时注射高免血清 3mL 和悬液 1mL,另设几只注射病料悬液的对照兔,如试验组兔精神、食欲、体温均正常,对照兔死亡,可确诊是 RHD。

3. 血凝与血凝抑制试验

肝病料 10% 乳剂高速离心后的上清液与用生理盐水配制的 0.75% 人 O 型血红细胞悬液进行微量血凝试验,在 4℃ 或 25℃ 作用下凝集价大于 1:160 判为阳性(另外也能凝集人类 B 型、AB 型红细胞,呈现强烈的阳性反应)。再用已知阳性血清做血凝抑制试验。如血凝作用被抑制(血凝抑制滴度大于1∶80为阳性),则证实病料中含有该病毒。

血凝及血凝抑制试验快速、简单,成熟且易于推广,是确诊该病的良好方法。因为除兔细小病毒外,尚无类似疾病的家兔病料能凝集人O型血红细胞,并能被特异性抗体所抑制,因此,也可用血凝抑制试验测定其抗体效价,进行免疫监测。血凝试验的方法有玻片法、血凝板法、瓷板法。

4. 免疫扩散法

将病兔肝脏乳剂制备的抗原对感染兔血清进行琼脂糖免疫扩散试验,可检出特异性抗体。

5. 红细胞吸附病毒——荧光抗体染色法

制备RHD高免血清,按常规法提取IgG,用FITC标记。用1%人O型血红细胞悬液涂片,自然干燥,冷丙酮固定,4℃冰箱保存备用。病料加PBS(10倍,W/V)并匀浆化(1000r/min,3min),将悬液3000r/min离心30min,取上清液滴于细胞涂片上,室温吸附10min,PBS充分冲洗,晾干后加制备的荧光抗体,置37℃湿盒中染色30min,用PBS充分冲洗,蒸馏水冲洗除盐,干燥后置荧光显微镜下观察,可见到特异性荧光。

三、训练报告

根据兔病料检测情况撰写一份实验诊断报告。

复习思考题

1. 马鼻疽的防治方法有哪些?
2. 兔密螺旋体病防治方法有哪些?
3. 马传染性贫血的防治方法有哪些?
4. 犬瘟热防治方法有哪些?
5. 犬传染性肝炎防治方法有哪些?
6. 犬传染性肠炎防治方法有哪些?
7. 犬副流感病毒感染防治方法有哪些?
8. 兔病毒性出血症防治方法有哪些?
9. 兔黏液瘤病防治方法有哪些?
10. 猫泛白细胞减少症防治方法有哪些?
11. 猫病毒性鼻气管炎防治方法有哪些?
12. 猫传染性腹膜炎防治方法有哪些?

参考文献

刘超，2018. 血凝-血凝抑制试验中配制四单位抗原试验[J]. 湖南畜牧兽医(6)：47-49.

刘烨，张家林，王潇博，等，2019. 猪流行性腹泻病毒IgA抗体间接ELISA方法的建立[J]. 中国预防兽医学报，41(9)：918-923.

王长珍，刘文宇，祝瑶，等，2019. 2017年我国4个省份屠宰场猪链球菌的分离鉴定及耐药性分析[J]. 中国预防兽医学报，41(12)：1210-1214.

乌那尔汗·吉斯汗，任衍倍，孟凡峰，等，2019. PCR结合核酸斑点杂交检测猪伪狂犬病毒[J]. 中国动物传染病学报，27(1)：89-93.

杨林，张桂红，钟植文，等，2006. 应用寡核苷酸芯片检测猪口蹄疫病毒的初步研究[J]. 中国畜牧兽医，33(12)：97-100.

张焕容，曹三杰，文心田，等，2007. 猪伪狂犬病、猪细小病毒病和猪流行性乙型脑炎检测基因芯片的制备及检测方法研究[J]. 中国预防兽医学报，29(10)：796-801.

LASHKARI D A, DERISI J L, MCCUSKER J H, et al, 1997. Yeast microarrays for genome wide paralled genetic and gene expression analysis[J]. Proceedings of the National Academy of Sciences of the United States of America, 94(24)：13057-13062.

ROGERS Y H, PING J B, HUANG Z J, et al, 1999. Immobilization of Oligonucleotides onto a Glass Support via Disulfide Bonds: A Method for Preparation of DNA Microarrays[J]. Analytical Biochemistry, 266(1)：23-30.

附 录

动物疾病鉴别诊断表

1. 猪病鉴别诊断表

附表1 猪皮肤充血、出血性疾病的鉴别诊断

病名	病原	流行特点	主要临床症状	特征病理变化	实验室诊断	防治
猪瘟	猪瘟病毒	只感染猪，不分品种、年龄、性别，无季节性，感染、发病、死亡率均高，流行广、流行期长，易继发或混合感染其他病，多途径传播，可垂直传播	体温40~41℃，先便秘，粪便呈算珠样，带血和黏液，后腹泻，后腿交叉步，后躯摇摆，颈部、腹下、四肢内侧发绀，皮肤出血，公猪包皮积尿，眼部有黏脓性眼眵，终归死亡	皮肤、黏膜、浆膜广泛出血，雀斑肾，脾边缘梗死，回、盲肠纽扣状肿，淋巴结周边出血，黑紫色，切面大理石样，孕猪流产，死胎，木乃伊胎等	分离病毒，测定抗体，接种家兔	无法治疗，主要依靠疫苗预防和紧急接种
猪副伤寒	沙门菌	2~4月龄多发，地方流行性，多经消化道传播；与饲养条件、环境、气候等有关（内源性感染），流行期长，发病率高	急性体温41℃以上，腹痛，腹泻，耳根、胸前、腹下发绀，慢性者下痢，排灰白或黄绿色恶臭稀粪，皮肤有痂状湿疹易继发其他病，最终死亡或为僵猪	急性型多为败血症，脾肿大，淋巴结索状肿；慢性型为坏死性肠炎，大肠黏膜呈糠麸样坏死	涂片镜检，分离鉴定细菌	加强饲养管理，免疫接种，对症治疗
猪丹毒	猪丹毒杆菌	3~12月龄多发，散发性或地方流行性，夏季多发，经皮肤、消化道感染，病程短，发病急，病死率高	体温42℃以上，体表有规则或不规则疹块，并可结痂、坏死脱落；慢性型多为关节炎和心内膜炎临床症状	急性病理变化为脾樱桃红色、肿大，皮肤疹块；慢性病理变化为增生性、非化脓性关节炎，菜花心	涂片镜检，分离鉴定细菌，血清学诊断	青霉素治疗有效，可用弱毒疫苗预防

(续)

病名	病原	流行特点	主要临床症状	特征病理变化	实验室诊断	防治
猪巴氏杆菌病	多杀性巴氏杆菌	架子猪多见，散发性，与季节、气候、饲养条件、卫生环境等有关，发病急、病程短，病死率高	体温升高，呼吸困难，张口呼吸，犬坐姿势，咳、喘，口吐白沫，咽喉、颈、腹部皮肤有红斑，常窒息死亡	咽喉、颈部皮下水肿，纤维素性胸膜肺炎，肺充血、水肿，肝变，切面呈大理石样	涂片镜检，细菌培养，接种小鼠	链霉素及多种抗菌药物有效，可用疫苗预防
猪链球菌病	链球菌	各种年龄均易感，地方流行性，与饲养管理、卫生条件有关，发病急，感染和发病率高，流行期长，病型多	体温41~42℃，黏膜发绀，有出血点；脑膜脑炎，神经症状；关节炎，淋巴结脓肿	内脏器官出血，脾肿大，关节肿大，淋巴结化脓	涂片镜检，分离鉴定细菌，血清学诊断	青霉素、阿莫西林等有效，可用疫苗预防，但效果差

附表2　有腹泻症状的猪病鉴别诊断

病名	病原	流行特点	主要临床症状	特征病理变化	实验室诊断	防治
猪瘟	猪瘟病毒	只感染猪，不分品种、年龄、性别，无季节性，感染、发病、死亡率均高，流行广、流行期长，易继发或混合感染其他病，多途径传播，可垂直传播	体温40~41℃，先便秘，粪便呈算盘珠样、带血和黏液，后腹泻，后腿交叉步，后躯摇摆，颈部、腹下、四肢内侧发绀，皮肤出血，公猪包皮积尿，眼部有黏脓性眼眵，个别有神经症状	皮肤、黏膜、浆膜广泛出血，雀斑肾，脾边缘梗死，回、盲肠纽扣肿，淋巴结周边出血，黑紫色，切面大理石状；孕猪流产，死胎，木乃伊胎等	分离病毒，测定抗体，接种家兔	无法治疗，主要依靠疫苗预防和紧急接种
猪传染性胃肠炎	猪传染性胃肠炎病毒	各种年龄猪均可发病，10日龄以内仔猪发病、死亡率高；大猪很少死亡；常见于寒冷季节；传播迅速，发病率高	突然发病，先吐后泻，粪便黄色、淡绿或白色，常混有凝乳块，恶臭；脱水、消瘦，日龄越小病程越短，病死率越高，大猪多很快康复	胃肠卡他性炎症，肠壁变薄，肠管扩张、积液，肠绒毛萎缩	分离病毒，荧光抗体检查，血清学诊断	对症治疗，疫苗预防
猪流行性腹泻	猪流行性腹泻病毒	与猪传染性胃肠炎相似，但病死率低，传播速度较慢	与猪传染性胃肠炎相似，也有呕吐、腹泻、脱水症状，主要是水泻	与猪传染性胃肠炎相似	分离病毒，检测抗原	对症治疗，疫苗预防

（续）

病名	病原	流行特点	主要临床症状	特征病理变化	实验室诊断	防治
仔猪白痢	大肠杆菌	10～30日龄多发，地方流行性，病死率低，与环境特别是温度有关	拉灰白色糊状稀粪，腥臭，可反复发作，发育迟滞，易继发其他病	胃肠卡他性炎症，肠壁薄，肠系膜淋巴结水肿	细菌学检查	选取敏感药物进行治疗，疫苗预防
仔猪黄痢	大肠杆菌	7日龄以内仔猪常发，地方流行性，产仔季节多发，发病率和病死率均较高	发病突然，拉黄白色水样粪便，带凝乳片、气泡，腥臭，不食、脱水、消瘦、昏迷而死，病程1～2d，来不及治疗，致死率可达100%	皮下、黏膜、浆膜水肿，小肠充满黄色液体和气体，淋巴结出血，肝、胃有坏死灶	细菌学检查	选取敏感药物进行治疗，疫苗预防
猪副伤寒	沙门菌	2～4月龄多发，地方流行性，与饲养、环境、气候等有关，流行期长，发病率高	体温41℃以上，腹痛，腹泻，耳根、胸前、腹下发绀，慢性者皮肤有痂状湿疹	败血症，脾肿大，大肠糠麸样坏死	涂片镜检，分离鉴定细菌	加强饲养管理，免疫接种，对症治疗
猪痢疾	螺旋体	2～3月龄多发，传播慢，流行期长，发病率高，病死率低	体温正常，病初可略高，泻出粪便混有多量黏液及血液	大肠出血性、纤维素性、坏死性炎症	镜检细菌，测定抗体	抗生素和磺胺有效

附表3　猪呼吸道疾病的鉴别诊断

病名	病原	流行特点	主要临床症状	特征病理变化	实验室诊断	防治
猪支原体肺炎	猪肺炎支原体	不同品种、年龄、性别的猪均易感，发病率高，死亡率低，病程长可反复发作，与饲养管理、气候突变等有关	体温不高，发育迟缓，咳、喘，腹式呼吸，早、晚、运动及进食后长时间咳嗽更明显，严重者痉挛性咳嗽	肺的心叶、尖叶、中间叶和膈叶的前缘有肉变、胰变（虾肉样变）	X射线检查，分离细菌	抗生素可缓解症状，可用弱毒疫苗和进口亚单位疫苗预防
猪传染性胸膜肺炎	胸膜肺炎放线杆菌	各种年龄猪均易感，猪场多见，初次发病群发，死亡率高，与饲养环境、气温变化等有关，急性者病程短	体温升高，呼吸困难，犬坐姿势，张口呼吸，口鼻有泡沫状分泌物，耳、鼻及四肢末端皮肤发绀	出血性、坏死性、纤维素性胸膜肺炎，肺脏切面呈紫红色肝样变，与胸膜粘连	涂片镜检，分离细菌，检测抗体	抗菌药物治疗有效，有疫苗可用
猪传染性萎缩性鼻炎	支气管败血波氏杆菌和产毒素性多杀性巴氏杆菌	任何年龄的猪都可感染，传播慢，流行期长，可垂直传播，断奶前感染易发生鼻炎，断奶后感染多呈隐性	1周龄内发病为肺炎，急性死亡，断奶前感染者表现喷嚏、面部变形、面部皮皱变深，流泪，流鼻涕，体温一般正常	鼻腔的软骨、鼻甲骨软化和萎缩，严重者鼻甲骨消失，鼻中隔弯曲	分离细菌，测定抗体	抗生素、磺胺类药物治疗有效，疫苗预防

(续)

病名	病原	流行特点	主要临床症状	特征病理变化	实验室诊断	防治
猪巴氏杆菌病	多杀性巴氏杆菌	架子猪多见，散发性，与季节、气候、饲养条件、卫生环境等有关，发病急、病程短，病死率高	体温升高，剧咳，流鼻涕，触诊有痛感；呼吸困难，张口呼吸，犬坐姿势、黏膜发绀，先便秘后腹泻；皮肤瘀血、出血、心衰窒息而死	咽喉、颈部皮下水肿，纤维素性胸膜肺炎，肺充血、水肿，肝变，切面呈大理石样，胸腔及心包积液	涂片镜检，细菌培养，接种小鼠	链霉素及多种抗菌药物有效，可用疫苗预防
猪链球菌病	链球菌	各种年龄均易感，地方流行性，与饲养管理、卫生条件有关，发病急，感染和发病率高，流行期长，病型多	体温41～42℃，关节炎，淋巴结脓肿，脑膜脑炎，耳尖、腹下及四肢末端有出血点	内脏器官出血，脾肿大，关节肿大，淋巴结化脓	涂片镜检，分离鉴定细菌，血清学诊断	通过药敏试验选用药物
猪流行性感冒	猪流感病毒	不同品种、年龄、性别的猪均可感染，发病率高、传播快、流行广、病程短，死亡率低	体温升高，呼吸急促，流眼泪、鼻涕	鼻、咽、气管、支气管的黏膜充血、肿胀，胸腔、心包腔有积液	分离病毒	对症治疗，无疫苗可用
猪繁殖与呼吸综合征	猪繁殖与呼吸综合征病毒	孕猪和乳猪易感，新疫区发病率高，仔猪死亡率高，可水平传播和垂直传播	乳猪发热，呼吸困难，喷嚏，共济失调，急性死亡，母猪厌食、发热和皮肤发绀	仔猪肺部出现重度多灶性乃至弥漫性黄褐色或褐色的肝变，脾、淋巴结肿大	分离病毒，检测抗体	无法治疗，可用疫苗预防
伪狂犬病	伪狂犬病病毒	多种动物易感，猪最易感，感染率高，发病严重，仔猪死亡率高，垂直传播，流行期长	体温升高，呼吸困难，腹式呼吸，咳嗽、便秘、呕吐，有中枢神经症状	呼吸道及扁桃体出血，肺水肿，胃炎、肠炎，肾脏针尖状出血，脑膜充血、出血	分离病毒，接种家兔，血清学诊断	无法治疗，疫苗预防

附表4　猪神经系统疾病的鉴别诊断

病名	病原	流行特点	主要临床症状	特征病理变化	实验室诊断	防治
狂犬病	狂犬病病毒	所有的温血动物均易感，人兽共患，散发性，有被咬伤史，潜伏期长，致死率高	突然发作，共济失调，叫声嘶哑，流涎，攻击人畜，全身肌肉痉挛，最后出现麻痹症状，经2～4d死亡	尸体消瘦，体表有伤痕，口腔和咽喉黏膜充血或糜烂，消化道黏膜充血或出血，非化脓性脑炎，脑组织有核内包涵体	直接染色检查、组织学检查、荧光抗体检查和血清学检验	无法治疗，扑杀深埋

（续）

病名	病原	流行特点	主要临床症状	特征病理变化	实验室诊断	防治
伪狂犬病	伪狂犬病病毒	多种动物易感，猪最易感，感染率高，发病严重，仔猪死亡率高，垂直传播，流行期长	体温升高，呼吸困难，腹式呼吸，咳嗽，呕吐，有中枢神经系统症状，共济失调，很快死亡，孕猪流产、产死胎和木乃伊胎	呼吸道及扁桃体出血，肺水肿，胃炎，肠炎，肾脏针尖状出血，脑膜充血、出血	分离病毒，接种家兔，血清学诊断	无法治疗，疫苗预防
流行性乙型脑炎	流行性乙型脑炎病毒	人畜共患，夏、秋季多见，与蚊虫叮咬有关，散发性，感染率高，发病率低，孕猪和仔猪多发	体温升高，少量猪后肢轻度麻痹，步态不稳，跛行，孕母猪突发流产、死胎，公猪单侧性睾丸炎	脑膜和脑实质充血、出血、水肿，肺水肿，肿胀的睾丸实质充血、出血	分离病毒，血清学诊断	无法治疗，疫苗预防
猪水肿病	大肠杆菌	断奶前后的仔猪最易感，营养良好者多发，地方流行性，发病率低，病死率高	突然发病，步态不稳，转圈，抽搐，鸣叫，口吐白沫，四肢泳动，眼部、头颈、全身水肿，1～2d死亡	患部水肿，胃大弯部、肠系膜呈胶冻样浸润，淋巴结水肿、出血	分离细菌	早期对症治疗，可用疫苗预防
猪链球菌病	链球菌	各种年龄均易感，地方流行性，与饲养管理、卫生条件有关，发病急，感染和发病率高，流行期长，病型多	体温升高，关节炎，淋巴结脓肿，脑膜脑炎，耳尖、腹下及四肢末端有出血点	内脏器官出血，脾肿大，关节肿大，淋巴结化脓	涂片镜检，分离鉴定细菌，血清学诊断	青霉素、阿莫西林等有效，可用疫苗预防，但效果差
猪丹毒	猪丹毒杆菌	3～12月龄多发，散发性或地方流行性，夏季多发，经皮肤、消化道感染，病程短，发病急，病死率高	体温42℃以上，体表有规则或不规则疹块，并可结痂、坏死脱落	脾肿大、菜花心，皮肤疹块	涂片镜检，分离细菌	青霉素治疗有效，可用弱毒疫苗预防

附表5　引起猪繁殖障碍的疾病鉴别诊断

病名	病原	流行特点	主要临床症状	特征病理变化	实验室诊断	防治
猪细小病毒病	猪细小病毒	只感染猪，仅母猪表现繁殖障碍，垂直传播，流行期长	怀孕30～50d感染时主要生产木乃伊化胎儿，怀孕50～60d感染时多产死胎，怀孕70d时常流产，怀孕70d后感染产仔正常	发育不良，死胎充血、水肿、出血、体腔积液或木乃伊化	分离病毒，测定抗体	无法治疗，疫苗预防

(续)

病名	病原	流行特点	主要临床症状	特征病理变化	实验室诊断	防治
流行性乙型脑炎	流行性乙型脑炎病毒	人畜共患,夏、秋季多见,与蚊虫叮咬有关,散发性,感染率高,发病率低,孕猪和仔猪多发	孕母猪突发流产、死胎,少数为活仔,但1~2d发病死亡,公猪睾丸单侧性肿胀	脑膜和脑实质充血、出血、水肿,肺水肿,肿胀的睾丸实质充血、出血	分离病毒,血清学诊断	无法治疗,疫苗预防
伪狂犬病	伪狂犬病病毒	多种动物易感,猪最易感,感染率高,发病严重,仔猪死亡率高,垂直传播,流行期长	仔猪呼吸道和神经症状,孕猪流产、产死胎和木乃伊胎,且以产死胎为主,弱仔猪发病死亡快	无明显肉眼病理变化,非化脓性脑炎和神经节炎,脑组织有核内包涵体	分离病毒,接种家兔,血清学诊断	无法治疗,疫苗预防
猪繁殖与呼吸综合征	猪繁殖与呼吸综合征病毒	孕猪和乳猪易感,新疫区发病率高,仔猪死亡率高,可水平传播和垂直传播	流产、死胎、木乃伊胎多见于妊娠后期,母猪有肢体麻痹性神经症状,新生仔猪死亡率高	仔猪肺部出现重度多灶性乃至弥漫性黄褐色或褐色的肝变,脾、淋巴结肿大	分离病毒,检测抗体	无法治疗,可用疫苗预防
猪瘟	猪瘟病毒	只感染猪,不分品种、年龄、性别,无季节性,感染、发病、死亡率均高,流行广、流行期长,易继发或混合感染其他病,多途径传播,可垂直传播	体温40~41℃,先便秘,后腹泻,皮肤出血,公猪包皮积尿,个别有神经临床症状	败血症,全身皮肤及脏器广泛出血,雀斑肾,脾边缘梗死,肠道纽扣状溃疡	分离病毒,测定抗体,接种家兔	无法治疗,主要依靠疫苗预防和紧急接种
猪链球菌病	链球菌	各种年龄均易感,地方流行性,与饲养管理、卫生条件有关,发病急,感染和发病率高,流行期长,病型多	多在急性暴发时发生大批流产,可见于妊娠各个时期,病猪还有相应的其他症状	内脏器官出血,脾肿大,关节肿大,淋巴结化脓	涂片镜检,分离鉴定细菌,血清学诊断	早治有效,可用疫苗预防,但效果差
布鲁氏菌病	布鲁氏菌	人畜共患,多见于产仔季节,感染率高,但仅少数孕猪发病	孕猪流产可见于妊娠各个时期,以早、中期多见,公猪表现睾丸炎和附睾炎	胎儿自溶、水肿、出血,体腔积液,常有木乃伊化胎儿,母猪子宫内膜炎	病原学、血清学检查	无治疗价值,淘汰病猪,疫苗预防

2. 鸡病鉴别诊断表

附表6　鸡腹泻性疾病的鉴别诊断

病名	病原	流行特点	主要临床症状	特征病理变化	实验室诊断	防治
鸡白痢	鸡白痢沙门菌	2周龄内多见，发病死亡率均高，急性。垂直传播	病雏闭目昏睡，粪便糊糊样，堵在肛门周围；成年鸡为慢性，贫血拉稀，产蛋下降，卵黄性腹膜炎而呈"垂腹"	肝、脾和肾肿大、充血，卵黄吸收不良，呈奶油状，心肌、肌胃、肺脏和肠道有灰白色坏死	确诊依靠细菌鉴定，抗体测定	检疫淘汰阳性鸡，药敏试验指导用药
禽副伤寒	沙门菌	1～2月龄青年鸡多见	主要表现为水泻样下痢	出血性肠炎，盲肠有干酪样物，肝、脾有坏死灶	同上	同上
禽伤寒	沙门菌	主要发生于青年鸡和成年鸡	黄绿色稀粪	肝、脾肿大和充血，肝青铜色，有坏死灶	同上	同上
禽大肠杆菌病	大肠杆菌	大小禽类均可感染发病，多与其他疾病并发或继发	离群呆立，不食，拉黄白色稀粪，眼炎	败血症、肝周炎、心包炎、卵黄性腹膜炎、眼炎、关节炎、脐炎、肉芽肿	细菌学检查	选取敏感药物进行治疗，疫苗预防
传染性法氏囊病	传染性法氏囊病毒	只有鸡感染发病，3～6周龄为发病高峰期，发病急，死亡快	鸡群突然大批发病，病初啄肛现象严重，排白色水样稀粪，重者脱水，最后死亡	法氏囊水肿、出血，后期萎缩；胸肌和腿肌出血，肾脏和输尿管有尿酸盐沉积，肌胃和腺胃交界处黏膜出血	病毒分离鉴定，琼脂扩散试验	疫苗有效，高免卵黄抗体治疗有效
新城疫	新城疫病毒	各种年龄的鸡均可感染，幼雏和中雏易感性最强，发病急，传播快，发病率和死亡率极高	精神沉郁，呼吸困难，嗉囊积液，倒提病鸡有大量酸臭液体从口中流出，下痢，粪便稀薄，呈黄绿色或黄白色，神经症状明显	全身黏膜和浆膜出血，腺胃乳头、食道与腺胃交界处、腺胃与肌胃交界处可见出血或溃疡，肠道黏膜有枣核样溃疡，盲肠扁桃体肿大、出血和坏死	病毒分离鉴定，血清学试验	抗体监测，合理免疫，正确选择疫苗
禽巴氏杆菌病	多杀性巴氏杆菌	成年鸡多发，尤其是高产母鸡，多散发	突然发病，腹泻，呆立或伏卧，缩颈闭眼，不食，呼吸困难，鸡冠、肉髯水肿及关节炎	败血症，肝脏表面有针尖大坏死点，十二指肠出血并充满红色内容物，心包炎并积满淡黄色液体	涂片镜检，细菌培养，接种小鼠	链霉素及多种抗菌药物有效，可用疫苗预防

附表7　鸡呼吸道疾病的鉴别诊断

病名	病原	流行特点	主要临床症状	特征病理变化	实验室诊断	防治
新城疫	新城疫病毒	各种年龄的鸡均可感染，幼雏和中雏易感性最强，发病急，传播快，发病率和死亡率极高	精神沉郁，呼吸困难，嗉囊积液，倒提病鸡有大量酸臭液体从口中流出，下痢，粪便稀薄，呈黄绿色或黄白色，神经症状明显	全身黏膜和浆膜出血，腺胃乳头、食道与腺胃交界处、腺胃与肌胃交界处可见出血或溃疡，肠道黏膜有枣核样溃疡，盲肠扁桃体肿大、出血和坏死	病毒分离鉴定，血清学试验	抗体监测，合理免疫，正确选择疫苗
禽流感	A型流感病毒	不同品种和日龄的禽类均可感染，高致病性禽流感发病急、传播快，致死率可达100%	发病突然，羽毛蓬松，食欲废绝，精神极度沉郁，呆立，闭目，冠髯发绀，结膜发炎，分泌物增多，头颈部水肿，呼吸困难，甩头，蛋鸡产蛋量下降，有的出现神经症状，惊厥，两腿瘫痪	皮下、浆膜、黏膜及各组织器官广泛出血，脾脏有灰白色斑点样坏死，胰脏出血、坏死，头部水肿，法氏囊出血，低致病禽流感呼吸道和生殖道有黏液或干酪样物，输卵管柔软易碎，有成熟卵子堆积	分离病毒，琼脂扩散试验，血凝和血凝抑制试验	综合性防治措施
鸡传染性支气管炎（呼吸道型）	传染性支气管炎病毒	只感染鸡，各年龄均易感，2周龄内感染后危害严重，产蛋鸡感染后产蛋异常	沉郁，减食，垂翅，低头，嗜睡，张口呼吸，伸颈，流泪，流鼻涕，产蛋鸡轻微啰音，产蛋量下降，产软壳蛋、畸形蛋	鼻腔、鼻窦、气管和支气管黏膜呈卡他性炎症，有浆液性或干酪样渗出物，气囊混浊，产蛋鸡卵巢充血、出血、变形支气管周围可见局灶性炎症	分离鉴定病毒，血清学诊断	无特效药物治疗，疫苗接种
鸡传染性喉气管炎	鸡传染性喉气管炎病毒	成年鸡症状最明显，传播快，感染率高，一般病死率较低	呼吸困难，咳嗽，喘息，咳出血痰，喉头出血，结膜炎，窒息而死，产蛋下降或停止	喉头和气管肿胀、出血，有分泌物堵塞，有时可见干酪样渗出物或凝血块，产蛋鸡卵巢异常，眼结膜和眶下窦上皮水肿和充血	分离病毒，检查包涵体和血清学诊断	弱毒疫苗效果不佳，对症治疗
鸡传染性鼻炎	副鸡嗜血杆菌	8～9周龄以上的鸡易感，发病急，传播快，感染率高，死亡率低	精神沉郁，减食，产蛋下降，呼吸困难，打喷嚏，流鼻涕，结膜炎，啰音，摇头，流泪，眼睑水肿	主要是鼻腔和窦黏膜呈急性卡他性炎腔，内有淡黄色干酪样渗出物，眼结膜充血肿胀，内有干酪样物质，气囊炎和肺炎	病原分离鉴定，血清学诊断	磺胺类药物有效，免疫接种

附表8　有神经症状鸡病的鉴别诊断

病名	病原	流行特点	主要临床症状	特征病理变化	实验室诊断	防治
禽传染性脑脊髓炎	禽脑脊髓炎病毒	鸡最易感，主要发生于3周龄以内的雏鸡，垂直传播为主	共济失调，伏地或侧卧，头颈震颤，两肢轻瘫及不完全麻痹，产蛋量下降，多数病鸡不死但失明	无肉眼可见病理变化	分离病毒，琼脂扩散试验	检疫淘汰种鸡，接种疫苗
马立克氏病	疱疹病毒	鸡和火鸡易感，2～5月龄鸡易发病，空气传播	特征症状是劈叉姿势，也有跛行、瘫痪，还有垂翅或斜颈，均为不可逆性，脱水，消瘦	外周神经如坐骨神经等损伤，呈黄白色或灰白色，横纹消失，卵巢等内脏可见小不等的肿瘤	琼脂扩散试验	无法治疗，免疫接种
新城疫	新城疫病毒	各种年龄的鸡均可感染，幼雏和中雏易感性最强，发病急，传播快，发病率和死亡率极高	精神沉郁，呼吸困难，嗉囊积液，倒提病鸡有大量酸臭液体从口中流出，下痢，粪便稀薄，呈黄绿色或黄白色，神经症状明显	全身黏膜和浆膜出血，腺胃乳头、食道与腺胃交界处、腺胃与肌胃交界处可见出血或溃疡，肠道黏膜有枣核样溃疡，盲肠扁桃体肿大、出血和坏死	病毒分离鉴定，血清学试验	抗体监测，合理免疫，正确选择疫苗
高致病性禽流感	流感病毒	不同品种和日龄的禽类均可感染，发病急、传播快，发病致死率可达100%	突然发病，羽毛蓬松，不食，精神极差，闭目呆立，头颈部水肿发绀，呼吸困难，发病突然，羽毛蓬松，食欲废绝，精神极度沉郁，呆立，闭目，冠髯发绀，结膜发炎，分泌物增多，头颈部水肿，呼吸困难，甩头，蛋鸡产蛋量下降	皮下、浆膜、黏膜及各组织器官广泛出血，脾脏有灰白色斑点样坏死，胰脏出血、坏死，头部水肿，法氏囊出血	分离病毒，琼脂扩散试验，血凝和血凝抑制试验	综合性防治措施

附表9　引起禽类产蛋下降疾病的鉴别诊断

病名	病原	流行特点	主要临床症状	特征病理变化	实验室诊断	防治
新城疫(迟发型)	新城疫病毒	各种年龄的鸡均可感染，发病急，传播快，死亡率较低	迟发型表现食欲下降，轻度呼吸道症状，蛋鸡产蛋量下降，也可能出现软壳蛋或畸形蛋	产蛋母鸡卵泡和输卵管显著充血，肝、脾、肾无特殊病理变化	病毒分离鉴定，血清学试验	抗体监测，制定合理免疫程序

(续)

病名	病原	流行特点	主要临床症状	特征病理变化	实验室诊断	防治
鸡传染性支气管炎	传染性支气管炎病毒	只感染鸡,各年龄均易感,2周龄内感染后危害严重,产蛋鸡感染后产蛋异常	鸡群表现轻度呼吸道症状,主要表现产蛋量明显下降,可持续4~8周,产畸形蛋、软壳蛋、粗壳蛋,蛋清变稀呈水样,蛋黄和蛋清分开,产蛋鸡幼龄时感染可形成永久性的输卵管损伤,外观健康但不产蛋	呼吸型表现呼吸道严重损伤并伴有轻微的肾脏损伤,肾型主要表现"花斑肾",尿酸盐沉积,而呼吸道损伤较轻	分离鉴定病毒,血清学诊断	无特效药物治疗,疫苗接种
产蛋下降综合征	禽腺病毒	只有鸡发病,主要感染开产前后母鸡,主要是垂直传播	突出症状是产蛋突然下降,蛋壳异常,产畸形蛋、软壳蛋、薄壳蛋等,产蛋下降10%~40%,病程持续4~10周	缺乏明显的病理变化,剖杀可见生殖道轻微炎症及萎缩性变化	血清学检查,病毒分离鉴定	无法治疗,灭活苗预防
鸡传染性鼻炎	副鸡嗜血杆菌	8~9周龄以上的鸡易感,发病急,传播快,感染率高,死亡率低	精神沉郁,减食,产蛋下降,呼吸困难,打喷嚏,流鼻涕,结膜炎,啰音,摇头,流泪,眼睑水肿	主要是鼻腔和窦黏膜呈急性卡他性炎腔,内有淡黄色干酪样渗出物,眼结膜充血肿胀,内有干酪样物质,气囊炎和肺炎	病原分离鉴定,血清学诊断	磺胺类药物有效,免疫接种
禽流感	A型流感病毒	不同品种和日龄的禽类均可感染,发病急、传播快,高致病性禽流感致死率可达100%	发病突然,羽毛蓬松,食欲废绝,精神极度沉郁,呆立,闭目,冠髯发绀,结膜发炎,分泌物增多,头颈部水肿,呼吸困难,甩头,蛋鸡产蛋量下降,有的出现神经症状,惊厥,两腿瘫痪	皮下、浆膜、黏膜及各组织器官广泛出血,脾脏有灰白色斑点样坏死,胰脏出血、坏死,头部水肿,法氏囊出血,低致病禽流感呼吸道及生殖道有黏液或干酪样物,输卵管柔软易碎,有成熟卵子堆积	分离病毒,琼脂扩散试验,血凝和血凝抑制试验	综合性防治措施
鸡传染性喉气管炎	鸡传染性喉气管炎病毒	成年鸡症状最明显,传播快,感染率高,一般病死率较低	呼吸困难,咳嗽,喘息,咳出血痰,喉头出血,结膜炎,窒息而死,产蛋下降或停止	喉头和气管肿胀、出血,有分泌物堵塞,有时可见干酪样渗出物或凝血块,产蛋鸡卵巢异常,眼结膜和眶下窦上皮水肿和充血	分离病毒,检查包涵体和血清学诊断	弱毒疫苗效果不佳,对症治疗

3. 牛病鉴别诊断表

附表10 牛消化道传染病的鉴别

病名	病原	流行特点	主要临床症状	特征病理变化	实验室诊断	防治
牛黏膜病	牛病毒性腹泻病毒	6~18月龄幼牛最易感，冬、春季多发，地方流行性	急性型发病突然，体温升高，流眼泪、鼻涕，咳嗽，流涎，呼吸急促，口腔黏膜糜烂，水泻，粪带黏液或血，蹄部皮肤糜烂，跛行。慢性型间歇性腹泻，鼻镜糜烂，跛行	特征病理变化是食道黏膜纵行排列的组织糜烂。此外，口腔、胃、肠道黏膜也有糜烂，淋巴结水肿等	病毒的分离鉴定，血清学检查	对症治疗，疫苗预防
犊牛大肠杆菌病	大肠杆菌	1月龄内犊牛多发，条件致病性，冬季多见，地方流行性或散发性	体温升高，下痢，粪便初呈黄色粥样，随后变为水样，呈灰白色，并混有未消化的凝乳块、血液、泡沫，有腐败气味，后期排粪失禁	急性胃肠炎，真胃内有大量凝乳块，黏膜充血、水肿，肠管松弛，肠壁菲薄，肠内容物混有血液和气泡，水样，肠系膜淋巴结肿大	细菌分离鉴定	选取敏感药物进行治疗，疫苗预防
牛沙门菌病	鼠伤寒、都柏林、肠炎沙门菌	成年牛、犊牛均可感染，1月龄左右的犊牛最易感，无季节性，多散发性或地方流行性	妊娠母牛可发生流产；成年牛高热，食欲废绝，下痢；犊牛体温升高，下痢（恶臭、带血或黏液）	流产母牛子宫黏膜增厚，胎盘水肿；成年牛回肠和大肠肠壁增厚，肠黏膜发红、出血、坏死；犊牛脾脏、肝脏肿大，广泛的黏膜和浆膜出血	细菌分离鉴定	加强饲养管理，对症治疗
牛副结核病	副结核分枝杆菌	幼龄牛最易感，幼龄时感染，成年才出现症状，散发性或地方流行性，传播慢，流行期长	顽固性腹泻，腥臭，带气泡、黏液或血块，毛焦皮糙，下颌及垂皮水肿；逐渐消瘦、衰弱，体温一般无变化。3~4个月死亡	尸体消瘦，主要病变是消化道和淋巴结。特征性病理变化是空肠、回肠黏膜有脑回状皱褶，肠壁增厚、变硬，黏膜黄白或灰黄色，肠系膜水肿	细菌分离培养，血清补体结合反应	无治疗价值，及时淘汰病牛和阳性牛，加强饲养管理
牛肠结核	结核分枝杆菌	多见于犊牛，过于拥挤，阴暗潮湿，通风不良等均可诱发	食欲不振，消化不良，顽固性下痢，逐渐消瘦，粪便带黏液和脓液	小肠和盲肠有大小不等的结核结节或溃疡	细菌学检查，变态反应试验	检疫淘汰病畜，净化畜群

附表11　牛呼吸困难性传染病的鉴别

病名	病原	流行特点	主要临床症状	特征病理变化	实验室诊断	防治
牛流行热	牛流行热病毒	主要侵害奶牛和黄牛，3～5岁牛多发，吸血昆虫传播，周期性流行，发病率高，死亡率低	呼吸型体温40℃以上，精神不振，食欲减少，流泪，结膜充血，眼睑水肿，口角出现多量泡沫状黏液；胃肠型和瘫痪型还有反刍停止，黄褐色干硬粪便，四肢关节肿痛，躯体僵硬，步态不稳，跛行或卧地等	很少死亡，可见全身肌肉有出血斑点，胸腔积暗紫红色液体	病毒分离、血清学诊断等	一般防疫措施，疫苗接种
牛传染性鼻气管炎	牛传染性鼻气管炎病毒	肉牛多见，其次是奶牛，20～60日龄犊牛最易感，寒冷季节多发	上呼吸道及气管黏膜发炎，呼吸困难，流鼻液，波浪热，外阴肿胀，黏稠分泌物，常举尾，排尿有痛感，公牛包皮、阴茎有脓疱	局部黏膜形成小脓疱	病毒分离和血清学诊断	无特效药物，淘汰阳性牛
牛巴氏杆菌病	多杀性巴氏杆菌	散发性，环境、气候、饲养管理等多种诱因激发	发热，肺炎型主要表现呼吸困难，痛性干咳，有鼻漏，便秘，后期下痢并带血，恶臭	纤维素性胸膜肺炎，肺与胸膜粘连，肝变区间质增宽，切面大理石状，胃肠道呈急性卡他性炎	涂片镜检，细菌培养，接种小鼠	链霉素及多种抗菌药物有效，可用疫苗预防
牛黏膜病	牛病毒性腹泻病毒	6～18月龄幼牛最易感，冬、春季多发，地方流行性	急性型发病突然，体温升高，流眼泪、鼻涕、咳嗽，流涎，呼吸急促，口腔黏膜糜烂，水泻，粪带黏液或血，蹄部皮肤糜烂，跛行。慢性型间歇性腹泻，鼻镜糜烂，跛行	特征病理变化是食道黏膜纵行排列的组织糜烂；此外，口腔、胃、肠道黏膜也有糜烂，淋巴结水肿等	病毒的分离鉴定，血清学检查	对症治疗，疫苗预防
牛传染性胸膜肺炎	丝状支原体	各种牛均易感性，依其品种、生活方式及个体抵抗力不同而有区别，地方流行性，冬季多见	体温40～42℃，稽留热，鼻孔扩张，前肢外展，呼吸极度困难，呈腹式呼吸，喜站；咳嗽逐渐频繁，疼痛短促，最后窒息死亡	大理石样肺和纤维素性胸膜肺炎。初为小叶性肺炎，肺充血水肿，鲜红或紫红。中期纤维素性胸膜肺炎，病肺与胸膜粘连	病原学和血清学检查	检疫、扑杀，免疫接种

附表 12　神经症状型牛传染病的鉴别

病名	病原	流行特点	主要临床症状	特征病理变化	实验室诊断	防治
狂犬病	狂犬病病毒	所有的温血动物均易感，人畜共患，散发性，有被咬伤史，潜伏期长，致死率高	兴奋，起卧不安，用蹄刨地，高声吼叫，磨牙、流涎等，间歇性发作，随后出现麻痹症状，叫声嘶哑，反刍停止，倒地不起，衰竭而死，病程3~4d	尸体消瘦，体表有伤痕，口腔和咽喉黏膜充血或糜烂，消化道黏膜充血或出血，非化脓性脑炎，脑组织有核内包涵体	直接染色检查、组织学检查、荧光抗体检查和血清学检验	无法治疗，扑杀深埋
牛恶性卡他热	恶性卡他热病毒	常散发，1~4岁牛多发，病牛常与绵羊有接触史，病死率高	多种临床病型，高热稽留，糜烂性口炎，结膜炎，角膜混浊，鼻镜干燥，鼻液增多	口腔、鼻腔及眼部的黏膜糜烂、溃疡，常覆有纤维素性脓性分泌物，气管假膜，支气管肺炎，小肠黏膜出血、溃疡，脑膜充血，有浆液性浸润	分离病毒，血清学试验	扑杀
伪狂犬病	伪狂犬病病毒	多种动物易感，牛常因接触病猪而发病死亡，病死率100%，一年四季可发	表现皮肤奇痒，不停舔患部或用力摩擦，使局部皮肤发红、擦伤，后期出现神经症状，表现狂躁、咽喉麻痹、流涎、磨牙、吼叫，不久死亡	体表皮肤擦伤、撕裂，皮下水肿，肺充血、水肿，心外膜出血，心包积水，非化脓性脑炎	分离病毒，接种家兔，血清学诊断	无法治疗，疫苗预防
牛传染性鼻气管炎	牛传染性鼻气管炎病毒	肉牛多见，其次是奶牛，20~60日龄犊牛最易感，寒冷季节多发	上呼吸道及气管黏膜发炎，呼吸困难，流鼻液，波浪热，外阴肿胀，黏稠分泌物，常举尾，排尿有痛感，公牛包皮、阴茎有脓疱	局部黏膜形成小脓疱	病毒分离和血清学诊断	无特效药物，淘汰阳性牛
破伤风	破伤风梭菌	单蹄兽最易感，无明显的季节性，多散发性，有创伤史	牛较少发生，反刍停止，伴随瘤胃臌气，两耳竖立，鼻孔开大，头颈伸直，牙关紧闭，流涎，尾根翘起、四肢强直，形如木马	病变不明显，仅黏膜、浆膜有小出血点，肺脏充血、水肿，骨骼肌变性或坏死	涂片镜检，动物试验，免疫荧光	防受伤，注射破伤风类毒素及对症治疗

附表13　繁殖障碍性牛传染病的鉴别要点

病名	病原	流行特点	主要临床症状	特征病理变化	实验室诊断	防治
布鲁氏菌病	布鲁氏菌	人畜共患，成年孕牛易感性最高，主要发生于产犊季节。新疫区及初次怀孕牛表现流产，老疫区及再孕者表现胎衣不下	流产多见于孕后6～8个月，常伴有胎衣不下和子宫内膜炎，公牛睾丸炎和附睾炎，还可见关节炎、滑膜囊炎，跛行	子宫绒毛膜下胶样浸润，胎膜增厚，表面有纤维素和脓液。胎儿多呈败血症变化，脾和淋巴结肿大。睾丸、附睾有化脓坏死灶	病原学、血清学检查	疫苗接种，加强检疫，淘汰阳性牛
牛传染性鼻气管炎	牛传染性鼻气管炎病毒	肉牛多见，其次是奶牛，20～60日龄犊牛最易感，寒冷季节多发	上呼吸道及气管黏膜发炎，呼吸困难，流鼻液，波浪热，外阴肿胀，黏稠分泌物，常举尾，排尿有痛感，公牛包皮、阴茎有脓疱	局部黏膜形成小脓疱	病毒分离和血清学诊断	无特效药物，淘汰阳性牛
牛黏膜病	牛病毒性腹泻病毒	6～18月龄幼牛最易感，冬、春季多发，地方流行性	急性型发病突然，体温升高，流眼泪、鼻涕，咳嗽，流涎，呼吸急促，口腔黏膜糜烂，水泻，粪带黏液或血，蹄部皮肤糜烂，跛行。慢性型间歇性腹泻，鼻镜糜烂，跛行	特征病理变化是食道黏膜纵行排列的组织糜烂；此外，口腔、胃、肠道黏膜也有糜烂，淋巴结水肿等	病毒的分离鉴定，血清学检查	对症治疗，疫苗预防
蓝舌病	蓝舌病病毒	易感性较低，牛以隐性感染为主，虫媒传播	体温40.5～41.5℃，稽留热，厌食，流涎，嘴唇肿胀，口腔黏膜充血、呈青紫色，唇、舌黏膜糜烂，吞咽困难，鼻流脓性分泌物，结痂后导致呼吸困难	口腔糜烂、水肿，瘤胃坏死灶，心血管和肌肉出血，蹄部炎性变化，脾脏肿大	分离病毒，血清学诊断	定期进行药浴、灭虫，免疫接种
牛沙门菌病	鼠伤寒、都柏林、肠炎沙门菌等	成年牛、犊牛均可感染，1月龄左右的犊牛最易感，无季节性，多散发性或地方流行性	妊娠母牛可发生流产；成年牛高热，食欲废绝，下痢；犊牛体温升高，下痢（恶臭、带血或黏液）	流产母牛子宫黏膜增厚，胎盘水肿；成年牛回肠和大肠肠壁增厚，肠黏膜发红、出血、坏死；犊牛脾脏、肝脏肿大，广泛的黏膜和浆膜出血	细菌分离鉴定	加强饲养管理，对症治疗